O EVANGELHO ESSÊNIO DA PAZ

Edmond Bordeaux Szekely

O EVANGELHO ESSÊNIO DA PAZ

Tradução
OCTAVIO MENDES CAJADO

Editora
Pensamento
SÃO PAULO

Título original: *The Essene Gospel of Peace – 4 Vols.*

Copyright © 1981 The International Biogenic Society.

Copyright da edição brasileira © 1997 Editora Pensamento-Cultrix Ltda.

1ª edição 1997.

12ª reimpressão 2022.

Todos os direitos reservados. Nenhuma parte deste livro pode ser reproduzida ou usada de qualquer forma ou por qualquer meio, eletrônico ou mecânico, inclusive fotocópias, gravações ou sistema de armazenamento em banco de dados, sem permissão por escrito, exceto nos casos de trechos curtos citados em resenhas críticas ou artigos de revistas.

A Editora Pensamento não se responsabiliza por eventuais mudanças ocorridas nos endereços convencionais ou eletrônicos citados neste livro.

CAPA: Reprodução, a bico-de-pena,
de uma água-forte de William Blake (1757-1827).

Direitos de tradução para o Brasil adquiridos com exclusividade pela
EDITORA PENSAMENTO-CULTRIX LTDA., que se reserva a
propriedade literária desta tradução.
Rua Dr. Mário Vicente, 368 – 04270-000 – São Paulo, SP – Fone: (11) 2066-9000
http://www.editorapensamento.com.br
E-mail: atendimento@editorapensamento.com.br
Foi feito o depósito legal.

Impresso por : Graphium gráfica e editora

SUMÁRIO

LIVRO I — O EVANGELHO ESSÊNIO DA PAZ

Credo da Sociedade Biogênica Internacional — Introdução — Prefácio à Edição das Bodas de Ouro (1978) — O Evangelho Essênio da Paz — A História do Evangelho Essênio da Paz........................ 7

LIVRO II — OS LIVROS DESCONHECIDOS DOS ESSÊNIOS

Prefácio — Introdução — A Visão de Enoque: A Mais Antiga Revelação — Extraído do Livro Essênio de Moisés: Os Dez Mandamentos — As Comunhões — Do Livro Essênio de Jesus: A Paz Sétupla — Fragmentos Idênticos aos dos Manuscritos do Mar Morto — Do Livro Essênio do Mestre de Virtude — Fragmentos do Evangelho Essênio de João — Fragmentos do Livro Essênio do Apocalipse 53

LIVRO III — MANUSCRITOS PERDIDOS DA IRMANDADE ESSÊNIA

Prefácio — Introdução — O Voto Sétuplo — O Culto Essênio — O Anjo do Sol — O Anjo da Água — O Anjo do Ar — O Anjo da Terra — O Anjo da Vida — O Anjo da Alegria — A Mãe Terrena — O Anjo do Poder — O Anjo do Amor — O Anjo da Sabedoria — O Anjo da Vida Eterna — O Anjo do Trabalho — O Anjo da Paz — O Pai Celestial — A Lei Sagrada — Os Anjos — A Irmandade — Árvores — Estrelas — A Lua — Salmos de Louvor e Ação de Graças — Lamentações — Profecias................................. 165

LIVRO IV — OS ENSINAMENTOS DOS ELEITOS

Prefácio — As Comunhões Essênias — O Dom da Vida na Relva Humilde — A Paz Sétupla — Livros de Estudo Recomendados........ 281

LIVRO I
O EVANGELHO ESSÊNIO DA PAZ

Texto aramaico do terceiro século e antigos textos eslovenos comparados, traduzidos e organizados por
Edmond Bordeaux Szekely

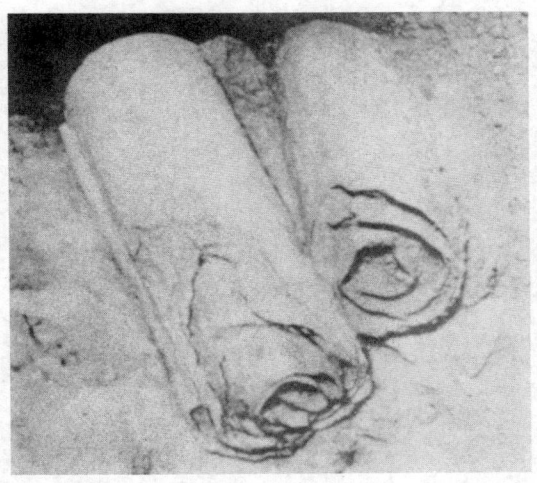

CREDO

da Sociedade Biogênica Internacional

Acreditamos que a nossa propriedade mais preciosa é a Vida.

Acreditamos que mobilizaremos todas as forças da vida contra as forças da morte.

Acreditamos que a compreensão mútua conduz à mútua cooperação; que a mútua cooperação conduz à Paz; e que a Paz é o único modo de sobrevivência da humanidade.

Acreditamos que preservaremos, em lugar de desperdiçá-los, nossos recursos naturais, que são a herança de nossos filhos.

Acreditamos que evitaremos a poluição do nosso ar, da nossa água e do nosso solo, precondições básicas da Vida.

Acreditamos que preservaremos a vegetação do nosso planeta: a relva humilde que chegou há cinqüenta milhões de anos, e as árvores majestosas que chegaram há vinte milhões de anos, a fim de preparar o nosso planeta para a humanidade.

Acreditamos que só comeremos alimentos frescos, naturais, puros e integrais, sem substâncias químicas e processamentos artificiais.

Acreditamos que viveremos uma vida simples, natural e criativa, absorvendo todas as fontes de energia, harmonia e saber, que estão dentro e em torno de nós.

Acreditamos que o aprimoramento da vida e da humanidade neste planeta precisa começar com esforços individuais, como o todo depende dos átomos de que se compõe.

Acreditamos na Paternidade de Deus, na Maternidade da Natureza e na Irmandade do Homem.

> — *composto em Paris, em 1928, por Romain Rolland e Edmond Bordeaux Szekely.*

*Os espíritos da verdade e da falsidade
Pelejam no coração do homem;
A verdade nascida da fonte da Luz,
A falsidade nascida do poço da escuridão.
E assim como o homem herda a verdade
Assim evitará a escuridão.*

— extraído do Manual de Disciplina
dos Pergaminhos do Mar Morto

INTRODUÇÃO

Quase dois mil anos se passaram desde que o Filho do Homem ensinou o caminho, a verdade e a vida à humanidade. Ele trouxe saúde para os doentes, sabedoria para os ignorantes e felicidade para os desgraçados. Conquistou metade da humanidade e a totalidade da civilização do Ocidente. Esse fato comprova a eterna vitalidade das palavras do Mestre, e seu valor supremo e incomparável.

O conteúdo deste livro representa apenas cerca de um terço dos manuscritos completos que existem em aramaico nos Arquivos Secretos do Vaticano e em esloveno antigo nos Arquivos Reais dos Habsburgos (hoje propriedade do governo austríaco).

Devemos a existência das duas versões aos padres nestorianos, que, sob a pressão das hordas de Genghis Khan, viram-se obrigados a fugir do Oriente para o Ocidente, levando consigo todas as antigas escrituras e todos os ícones.

Os antigos textos aramaicos datam do século III d.C., ao passo que a velha versão eslovena é uma tradução desses textos. Os arqueólogos ainda não foram capazes de reconstruir para nós o modo exato com que os textos saíram da Palestina e foram parar nas mãos dos padres nestorianos, no interior da Ásia.

Não temos nada que acrescentar ao texto, que fala por si mesmo. O leitor que estudar com concentração as páginas que se seguem sentirá a vitalidade eterna e a evidência poderosa das verdades profundas de que a humanidade necessita hoje mais urgentemente do que nunca.

"E a verdade dará testemunho de si mesma."

Londres, 1937

EDMOND BORDEAUX SZEKELY

PREFÁCIO À EDIÇÃO DAS BODAS DE OURO (1978)

Cinqüenta anos se passaram desde a primeira publicação do Primeiro Livro do *Evangelho Essênio da Paz*, assim como da fundação da *Sociedade Biogênica Internacional*, dedicada à aplicação dos perenes Ensinamentos Essênios à nossa vida cotidiana no século XX. Nesse tempo, o mundo sofreu uma guerra global devastadora e, mais uma vez, enfrenta problemas aparentemente insuperáveis na forma de poluição planetária, escassez de alimentos e energia e tensões cada vez maiores entre as filosofias políticas. E mesmo assim as palavras eternas de Jesus continuam a espargir sementes de paz e amor em um mundo conturbado. Mais de dez milhões de leitores absorveram a mensagem do Evangelho Essênio desde 1928, e o número deles cresce diariamente. Victor Hugo disse: "Não há maior poder que o de uma idéia cujo momento chegou." Talvez a idéia da simples força da filosofia essênia tenha finalmente surgido. Talvez ainda não seja tarde demais para o poder transformador das palavras de Jesus, em sua pureza e simplicidade originais, operar sua magia em um mundo que precisa dela como nunca precisou em todo o correr da história.

Após mais de quarenta anos de extensa pesquisa sobre os eventos que transformaram toda a história do nosso planeta, o pesquisador sério da verdade pode ler agora, além do Primeiro Livro, os que a ele se seguiram: o *Segundo Livro: Os Livros Desconhecidos dos Essênios* e o *Terceiro Livro: Manuscritos Perdidos da Irmandade Essênia*.[1]

Em 1975 registrou-se um acontecimento importante: a publicação longamente esperada de *O Descobrimento do Evangelho Essênio da Paz* — livro que finalmente responde às perguntas sobre o Evangelho Essênio que nos foram dirigidas durante o último meio século, provenientes de todas as partes do mundo. O Primeiro Volume, intitulado *A Busca dos Eternos*, publicado em 1977, também projeta luz sobre a espantosa história do Evangelho Essênio, e o Segundo Volume, *A Grande Experiência,* descreve o crescimento relâmpago do movimento Essênio-Biogênico, um renascimento espiritual que se verificou no mundo inteiro dentro da estrutura da Sociedade Biogênica Inter-

---

1. O Quarto Livro, *Os Ensinamentos dos Eleitos*, foi publicado postumamente em 1981.

nacional. O Terceiro Volume, *A Química da Juventude,* correlaciona os milhares de fatos e descobrimentos da pesquisa médica moderna e da bioquímica. E o manual oniabrangente da Sociedade Biogênica Internacional, o *Modo Essênio de Vida Biogênica*, comprova os princípios eternos do Evangelho Essênio da Paz, fornecendo instruções concretas e práticas sobre o modo de aplicá-los em nossa vida diária no século XX. Agora, numa edição recém-revista e aumentada (apareceu em 1928 na França como *La Vie Biogenique*), essa "Enciclopédia Essênia" alcançou, entre os leitores do mundo inteiro, uma popularidade que só perde para a deste volume.

EDMOND BORDEAUX SZEKELY

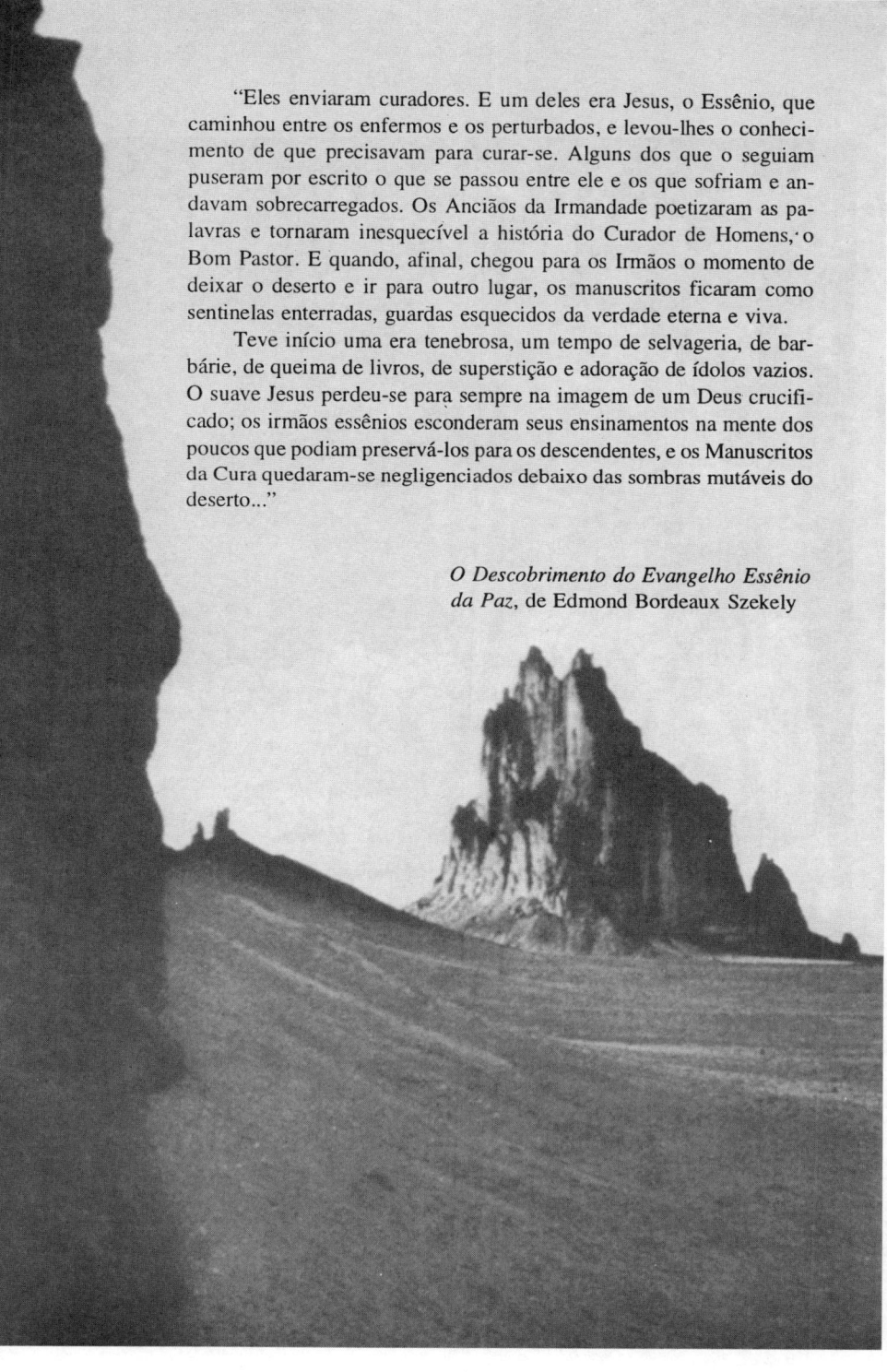

"Eles enviaram curadores. E um deles era Jesus, o Essênio, que caminhou entre os enfermos e os perturbados, e levou-lhes o conhecimento de que precisavam para curar-se. Alguns dos que o seguiam puseram por escrito o que se passou entre ele e os que sofriam e andavam sobrecarregados. Os Anciãos da Irmandade poetizaram as palavras e tornaram inesquecível a história do Curador de Homens, o Bom Pastor. E quando, afinal, chegou para os Irmãos o momento de deixar o deserto e ir para outro lugar, os manuscritos ficaram como sentinelas enterradas, guardas esquecidos da verdade eterna e viva.

Teve início uma era tenebrosa, um tempo de selvageria, de barbárie, de queima de livros, de superstição e adoração de ídolos vazios. O suave Jesus perdeu-se para sempre na imagem de um Deus crucificado; os irmãos essênios esconderam seus ensinamentos na mente dos poucos que podiam preservá-los para os descendentes, e os Manuscritos da Cura quedaram-se negligenciados debaixo das sombras mutáveis do deserto..."

O Descobrimento do Evangelho Essênio da Paz, de Edmond Bordeaux Szekely

O EVANGELHO ESSÊNIO DA PAZ

E, então, muitos doentes e aleijados se aproximaram de Jesus, pedindo-lhe: "Se conheces todas as coisas, dize-nos, por que sofremos destas pragas dolorosas? Por que não somos sadios como os outros homens? Cura-nos, Mestre, para que também nos tornemos fortes e não mais precisemos permanecer na nossa miséria. Sabemos que tens o poder de curar todos os tipos de doenças. Livra-nos de Satanás e de todas as suas grandes aflições. Mestre, tem piedade de nós."

E Jesus respondeu: "Bem-aventurados sois vós, que tendes fome da verdade, pois eu vos satisfarei com o pão da sabedoria. Bem-aventurados sois vós, que bateis, pois eu vos abrirei a porta da vida. Bem-aventurados sois vós, que desejais rejeitar o poder de Satanás, pois eu vos conduzirei ao reino dos anjos da nossa Mãe, onde o poder de Satanás não pode entrar."

E eles, pasmados, perguntaram-lhe: "Quem é nossa Mãe e quais são os seus anjos? E onde fica o seu reino?"

"Vossa Mãe está em vós, e vós estais nela. Ela vos deu à luz: ela vos dá a vida. Foi ela quem vos deu o vosso corpo, e a ela, um dia, o devolvereis. Bem-aventurados sois vós que, um dia, a conhecereis e conhecereis o seu reino; se receberdes os anjos de vossa Mãe e praticardes as suas leis. Em verdade vos digo, quem faz essas coisas nunca verá doença. Pois o poder de nossa Mãe está acima de tudo. E ele destrói Satanás e o seu reino, e impera sobre todos os vossos corpos e todas as coisas vivas.

"O sangue que corre em nós nasceu do sangue de nossa Mãe Terrena. O sangue dela cai das nuvens; salta das entranhas da terra; murmura nos riachos das montanhas; flui, amplo, nos rios das planícies; dorme nos lagos; enfurece-se, poderoso, nos mares tempestuosos.

"O ar que respiramos nasceu do hálito de nossa Mãe Terrena. Seu hálito é azul nas alturas dos céus; sussurra nos topos das montanhas, cicia nas folhas da floresta, cresce sobre os trigais; dorme nos vales profundos; arde no deserto.

"A dureza dos nossos ossos nasceu dos ossos de nossa Mãe Terrena, das rochas e das pedras. Eles permanecem nus debaixo dos céus e nos cimos das cordilheiras; são como gigantes adormecidos nas encostas das montanhas, como ídolos erguidos no deserto, e estão ocultos na profundeza da terra.

"A brandura da nossa carne nasceu da carne de nossa Mãe Terrena; cuja carne se faz amarela e vermelha nos frutos das árvores e nos alimenta nas leiras dos campos.

"Nossas vísceras nasceram das vísceras de nossa Mãe Terrena e estão escondidas dos nossos olhos, como as profundezas invisíveis da terra.

"A luz de nossos olhos e a audição de nossos ouvidos nasceram das cores e sons de nossa Mãe Terrena, que nos envolvem como as ondas do mar envolvem o peixe, como o ar turbilhonante envolve o pássaro.

"Em verdade vos digo, o Homem é o Filho da Mãe Terrena, e dela recebeu o Filho do Homem todo o seu corpo, assim como o corpo de uma criancinha recém-nascida nasce do ventre de sua mãe. Em verdade vos digo, estais unidos à Mãe Terrena; ela está em vós, e vós estais nela. Dela nascestes, nela viveis e a ela retornareis. Obedecei, portanto, às suas leis, pois só vive muito e é feliz quem honra sua Mãe Terrena e lhe cumpre as leis. Pois o vosso hálito é o hálito dela; o vosso sangue é o sangue dela; os vossos ossos são os ossos dela; a vossa carne é a carne dela; as vossas vísceras são as vísceras dela; os vossos olhos e os vossos ouvidos são os olhos e os ouvidos dela.

"Em verdade vos digo, se deixardes de cumprir uma única de todas essas leis, se vierdes a causar dano a um membro que seja do vosso corpo, estareis totalmente perdidos em vossa penosa enfermidade, e haverá choro e ranger de dentes. Pois eu vos digo, a menos que seguirdes as leis de vossa Mãe, não escapareis à morte de forma alguma. E aquele que se aferrar às leis de sua Mãe, a ele se aferrará também sua Mãe. Ela curará todas as suas pragas, e ele nunca mais adoecerá. Ela lhe dará uma vida longa e o protegerá contra todas as aflições; contra o fogo, contra a água, contra a picada de serpentes venenosas. Pois vossa Mãe vos deu à luz, mantém a vida dentro de vós. Ela vos deu o seu corpo, e ninguém senão ela vos curará. Bem-aventurado é aquele que ama sua Mãe e repousa, tranqüilo, no ventre dela. Pois vossa Mãe vos ama, até quando vos afastais dela. E não vos amará muito mais se voltardes de novo para ela? Em verdade vos digo, muito grande é o seu amor, maior que a maior das montanhas, mais profundo que os mares mais profundos. E os que amam sua Mãe nunca serão por ela desamparados. Assim como a galinha protege os seus pintinhos, assim como a leoa protege os seus filhotes, assim como a mãe protege o seu bebê recém-nascido, assim a Mãe Terrena protege o Filho do Homem contra todos os perigos e contra todos os males.

"Pois em verdade vos digo, males e perigos sem conta andam à espreita dos Filhos dos Homens. Belzebu, o príncipe de todos os demônios, a origem de todo o mal, anda à espreita no corpo de todos os Filhos dos Homens. Ele é a morte, o senhor de todas as pragas e, envergando vestes aprazíveis, tenta e seduz os Filhos dos Homens. Promete riquezas, poder, palácios esplêndidos, trajos de ouro e prata e uma multidão de criados, tudo; promete renome e glória, fornicação e concupiscência, glutonaria e bebericação de vinho, vida dissoluta, indolência e dias de ócio. E atrai cada um com aquilo para o que mais se lhe inclina o coração. E no dia em que os Filhos dos Homens se tornam escravos de todas essas vaidades e abominações, em pagamento delas, ele lhes arrebata todas as coisas que a Mãe Terrena lhes prodigalizou. Tira-lhes o alento, o sangue, os ossos, a carne, as vísceras, os olhos e os ouvidos. E o alento do Filho do Homem torna-se curto e abafado, doloroso e fétido, como o bafo dos animais impuros. E o seu sangue torna-se grosso e malcheiroso, como a água dos pântanos; coagula-se e escurece, como a noite da morte. E seus ossos endurecem e ficam nodosos; dissolvem-se por dentro e quebram-se em pedaços, como a pedra que cai sobre uma rocha. E sua carne torna-se gorda e aquosa, apodrece e putrefaz-se, com feridas e tumores que são uma abominação. E suas vísceras se enchem de imundícies execráveis, com correntes de deterioração que escoam lentamente; e multidões de vermes abomináveis ali habitam. E os seus olhos se embaçam, até que a noite escura os amortalhe, e os seus ouvidos ficam tapados, como o silêncio da sepultura. E, por derradeiro, o Filho pecador do Homem perde a vida. Pois não cumpriu as leis de sua Mãe e acrescentou pecado a pecado. Em conseqüência disso, são-lhe tirados todos os dons da Mãe Terrena: alento, sangue, ossos, carne, vísceras, olhos e ouvidos e, depois de tudo o mais, a vida com que a Mãe Terrena lhe coroou o corpo.

"Mas se o Filho pecador do Homem se arrepender dos pecados e os desfizer, e voltar para a Mãe Terrena; e se cumprir as leis de sua Mãe Terrena e libertar-se das garras de Satanás, resistindo às suas tentações, a Mãe Terrena receberá de volta, com amor, o Filho pecador e lhe mandará os seus anjos para servi-lo. Em verdade vos digo, quando o Filho do Homem resiste ao Satanás que o habita e não lhe faz a vontade, na mesma hora ali se encontram os anjos da Mãe para servi-lo com todo o seu poder e livrá-lo totalmente do poder de Satanás.

"Pois nenhum homem pode servir a dois senhores. Ou serve a Belzebu e a seus demônios ou serve à nossa Mãe Terrena e a seus anjos. Ou serve à morte ou serve à vida. Em verdade vos digo, bem-aventurados são os que cumprem as leis da vida e não vagueiam pelos caminhos da morte. Pois neles as forças da vida se tornam fortes e eles escapam ao flagelo da morte."

E todas as pessoas à sua volta atentavam, pasmadas, nas suas palavras, pois nelas havia poder, e ele ensinava de modo muito diferente dos padres e escribas.

E se bem o sol agora já estivesse posto, não voltaram para suas casas. Sentados em roda de Jesus, perguntaram-lhe: "Mestre, quais são as leis da vida? Fica conosco mais algum tempo e ensina-nos. Prestaremos atenção aos teus ensinamentos para poder ser curados e nos tornar justos."

E o próprio Jesus sentou-se no meio deles e disse: "Em verdade vos digo, ninguém pode ser bem-aventurado, exceto o que cumpre a Lei."

E os outros responderam: "Todos nós cumprimos as leis de Moisés, nosso legislador, exatamente como elas estão escritas nas sagradas escrituras."

E Jesus respondeu: "Não procureis a lei em vossas escrituras, pois a lei é vida, ao passo que a escritura está morta. Em verdade vos digo, Moisés não recebeu suas leis de Deus por escrito, mas através da palavra viva. A lei é a palavra viva do Deus vivo a profetas vivos para homens vivos. Em tudo o que é vida está escrita a lei. Vós a encontrareis na relva, na árvore, no rio, na montanha, nos pássaros do céu, nos peixes do mar; procurai-a, porém, principalmente em vós mesmos. Pois em verdade vos digo, todas as coisas vivas estão mais perto de Deus do que a escritura, que não tem vida. Deus fez a vida e todas as coisas vivas de maneira que elas possam, pela palavra eterna, ensinar ao homem as leis do Deus verdadeiro. Deus não escreveu as leis nas páginas dos livros, mas em vosso coração e em vosso espírito. Elas estão em vosso alento, em vosso sangue, em vossos ossos; em vossa carne, em vossas entranhas, em vossos olhos, em vossos ouvidos e em cada partezinha do vosso corpo. Estão presentes no ar, na água, na terra, nas plantas, nos raios do sol, nas profundezas e nas alturas. Todas falam convosco a fim de poderdes compreender a língua e a vontade do Deus vivo. Mas vós cerrais os olhos para não ver e fechais os ouvidos para não ouvir. Em verdade vos digo que a escritura é obra do homem, mas a vida e todas as suas hostes são obra do nosso Deus. Portanto, por que não atendeis às palavras de Deus, que estão escritas em Suas obras? E por que estudais as escrituras mortas, que são obra das mãos dos homens?"

"Como podemos ler as leis de Deus em outro lugar que não sejam as escrituras? Onde estão escritas? Lê-as para nós daí de onde as vês, pois não sabemos nada mais além das escrituras que herdamos de nossos avós. Dize-nos as leis de que falas para que, ouvindo-as, possamos ser curados e inocentados."

Disse Jesus: "Não compreendeis as palavras de vida, porque estais na morte. A escuridão vos escurece os olhos e vossos ouvidos são tapados pela surdez. Pois eu vos digo que nada vos aproveitará estudar escrituras mortas se, pelos atos, negais quem vos deu as escrituras. Em verdade vos digo, Deus e suas leis não estão no que fazeis. Não estão na glutonaria e na bebericação de vinho, nem no viver devasso, nem na lascívia, nem na busca de riquezas, nem no ódio aos inimigos. Pois todas essas coisas estão longe do Deus verdadeiro e dos seus anjos. Mas todas elas vêm do reino das trevas e do senhor de todos os males. E todas carregais em vós; e, assim, a palavra e o poder de Deus não vos penetram, porque todos os tipos de mal e todas as espécies de abominações têm sua morada em vosso corpo e em vosso espírito. Se quiserdes que a palavra do Deus vivo e o seu poder vos penetrem, não sujeis o corpo nem o espírito; pois o corpo é o templo do espírito, e o espírito é o templo de Deus. Purificai, portanto, o templo, para que o Senhor do templo o habite e ocupe um lugar digno dele.

"E distanciai-vos de todas as tentações do corpo e do espírito, que procedem de Satanás, e recolhei-vos à sombra do céu de Deus.

"Renovai-vos, e logo. Pois em verdade vos digo, Satanás e suas pragas só podem ser expulsos pelo jejum e pela oração. Ficai a sós e jejuai, e não reveleis a ninguém o vosso jejum. O Deus vivo o verá e grande será a vossa recompensa. E jejuai até que Belzebu e todos os seus diabos se afastem de vós, e todos os anjos de nossa Mãe Terrena acudam e vos sirvam. Pois em verdade vos digo, se não jejuardes, nunca vos livrareis do poder de Satanás, e de todas as moléstias que provêm de Satanás. Jejuai e orai com fervor, buscando o poder do Deus vivo para a vossa cura. Enquanto jejuardes, evitai os Filhos dos Homens e procurai os anjos de nossa Mãe Terrena, pois quem procura encontra.

"Buscai o ar fresco da floresta e dos campos, e ali, no meio deles, encontrareis o anjo do ar. Tirai os sapatos e as roupas e permiti que o anjo do ar vos envolva todo o corpo. Em seguida, respirai longa e profundamente, a fim de que o anjo do ar seja levado para dentro de vós. Em verdade vos digo, o anjo do ar expulsará do vosso corpo toda a sujidade que o maculava por fora e por dentro. E por esse modo todo o mau-cheiro e todas as coisas impuras se erguerão e sairão de vós, como a fumaça do fogo ascende enovelada e se perde no oceano do ar. Pois em verdade vos digo, santo é o anjo do ar, que limpa tudo o que é sujo e dá às coisas malcheirosas um suave aroma. Nenhum homem que o anjo do ar não deixe passar entrará à presença de Deus. Em verdade, todos precisarão nascer de novo pelo ar e pela verdade, pois o vosso corpo respira o ar da Mãe Terrena, e o vosso espírito respira a verdade do Pai Celestial.

"Depois do anjo do ar, procurai o anjo da água. Tirai os sapatos e as roupas e consenti que o anjo da água vos cinja todo o corpo. Aninhai-vos inteiramente em seus braços envolventes e, quantas vezes moverdes o ar com o sopro tantas vezes movei também a água com o corpo. Em verdade vos digo, o anjo da água expelirá do vosso corpo toda a sujidade que o maculava por fora e por dentro. E todas as coisas sujas e fétidas escorrerão para fora de vós, exatamente como as imundícies das roupas lavadas em água escorrem para fora e se perdem na corrente do rio. Em verdade vos digo, santo é o anjo da água que limpa tudo o que é sujo e dá a todas as coisas malcheirosas um suave aroma. Nenhum homem pode entrar à presença de Deus que o anjo da água não tenha deixado passar. Em verdade vos digo, todos terão de renascer da água e da verdade, pois o vosso corpo se banha no rio da vida eterna. Pois recebeis o vosso sangue da nossa Mãe Terrena e a verdade do nosso Pai Celestial.

"Não cuideis que seja suficiente o anjo da água envolver-vos apenas externamente. Em verdade vos digo, a sujidade interior é muito maior do que a exterior. E quem se asseia por fora, mas por dentro permanece impuro, é como os túmulos lindamente pintados por fora, mas por dentro cheios de toda sorte de sujeiras e abominações horríveis. Por isso, em verdade vos digo, deixai que o anjo da água também vos batize por dentro para poderdes livrar-vos de todos os pecados passados, e para que por dentro possais tornar-vos tão puros quanto a espuma do rio que brinca à luz do sol.

"Procurai, portanto, uma cabaça grande, cujo talo tenha o comprimento de um homem; retirai-lhe a parte interna e enchei-a de água do rio que o sol tenha aquecido. Pendurai-a no galho de uma árvore, ajoelhai-vos no chão diante do anjo da água e deixai a extremidade do talo da cabaça penetrar-vos as partes traseiras, para que a água flua por todos os vossos intestinos. A seguir, ainda ajoelhados diante do anjo da água, orai, pedindo ao Deus vivo que vos perdoe todos os pecados passados, e ao anjo da água que vos liberte o corpo de todas as impurezas e doenças. Deixai depois que a água corra para fora do vosso corpo, a fim de que ela tire de dentro dele todas as coisas sujas e malcheirosas de Satanás. E vereis com os vossos olhos e cheirareis com o vosso nariz todas as abominações e porcarias que maculavam o templo do vosso corpo; incluindo os pecados que moravam em vosso corpo, atormentando-vos com todas as espécies de dores. Em verdade vos digo, o batismo com água vos liberta de todos eles. Renovai o batismo com água cada dia do vosso jejum, até aquele em que virdes que a água que sai de vós é tão pura quanto a espuma do rio. Logo, conduzi vosso corpo ao rio que corre, e ali, nos braços do anjo da água, rendei graças ao Deus vivo por haver-vos livrado dos vossos pecados. E este sagrado batismo, levado a cabo pelo anjo da água, é o renascimento para uma nova vida. Pois os vossos olhos dali por diante verão e vossos ouvidos ouvirão. Não mais pecareis, portanto, após o batismo, para que os anjos do ar e da água possam morar eternamente em vós e servir-vos para todo o sempre.

"E se, mais tarde, ainda restar dentro de vós alguma coisa, por menor que seja, de pecados e impurezas passados, procurai o anjo da luz do sol. Tirai os sapatos e as roupas e deixai que o anjo da luz do sol vos envolva todo o corpo.

Em seguida, respirai longa e profundamente, para que o anjo da luz do sol seja levado para dentro de vós e expulse do vosso corpo todas as coisas malcheirosas e sujas que o maculavam por dentro e por fora. E todas as coisas sujas e malcheirosas se erguerão de vós, exatamente como a escuridão da noite se dissipa ante o brilho do sol nascente. Pois em verdade vos digo, santo é o anjo da luz do sol que limpa todas as sujidades e dá um suave aroma às coisas malcheirosas. Ninguém pode entrar à presença de Deus que o anjo da luz do sol não tenha deixado passar. Em verdade, todos terão de renascer do sol e da verdade, para que o corpo se aqueça à luz solar da Mãe Terrena, e o espírito se aqueça à luz solar da verdade do Pai Celestial.

"Os anjos do ar, da água e da luz do sol são irmãos. Foram dados ao Filho do Homem para servi-lo e para que ele possa ir sempre de um para o outro.

"Santo, igualmente, é o abraço deles. Como são filhos indivisíveis da Mãe Terrena, não separeis os que a terra e o céu fizeram um só. Deixai que os três anjos irmãos vos envolvam todos os dias e que eles vos habitem durante todo o vosso jejum.

"Pois em verdade vos digo, o poder dos demônios e todos os pecados e impurezas partirão à pressa do corpo abraçado pelos três anjos. Assim como ladrões fogem de uma casa deserta à chegada do dono da casa, um pela porta, outro pela janela e o terceiro pelo telhado, cada qual onde se encontra e por onde lhe é possível, assim fugirão do vosso corpo todos os diabos do mal, todos os pecados passados e todas as impurezas e enfermidades que conspurcavam o templo do vosso corpo. Quando os anjos da Mãe Terrena entrarem em vosso corpo, de forma que os senhores do templo o reconquistem, todos os maus-cheiros partirão à pressa pelo vosso hálito e pela vossa pele, as águas poluídas pela vossa boca e pela vossa pele, pelas vossas partes traseiras e privadas. E vereis todas essas coisas com os olhos e cheirareis com o nariz e tocareis com as mãos. E quando todos os pecados e imundícies tiverem saído do vosso corpo, o vosso sangue se tornará tão puro quanto o sangue de nossa Mãe Terrena e como a espuma do rio que folga à luz do sol. E o vosso hálito se tornará tão puro quanto o hálito das flores odorantes; vossa carne será tão pura quanto a carne dos frutos que vermelham entre as folhas das árvores; e a luz de vossos olhos será tão clara e flamejante quanto o brilho do sol que cintila no céu azul. E agora todos os anjos da Mãe Terrena vos servem. E o vosso hálito, o vosso sangue, a vossa carne se identificam com o hálito, o sangue e a carne da Mãe Terrena, para que o vosso espírito também se identifique com o espírito do vosso Pai Celestial. Pois, em verdade, ninguém pode chegar ao Pai Celestial senão através da Mãe Terrena. Como nenhuma criancinha recém-nascida compreende os ensinamentos do pai enquanto a mãe não a tiver aleitado, banhado, assistido, adormecido e criado. Enquanto a criança ainda é pequena, seu lugar é com a mãe, a quem precisa obedecer. Quando chega à idade adulta, o pai a leva para trabalhar a seu lado no campo, e a criança só volta para a mãe ao soar a hora do jantar e da ceia. E agora o pai instrui o filho, para que ele se torne experimentado nos trabalhos paternos. E quando o pai percebe que o filho compreende o seu ensino e faz bem o seu trabalho, dá-lhe todos os seus haveres, a fim de que pertençam ao filho querido e este continue o trabalho do pai. Em verdade vos digo, bem-aventurado é o filho que aceita o conselho de sua mãe e se pauta por ele. E cem vezes mais bem-aventurado é o filho que aceita o conselho de seu pai e também se pauta por ele, pois vos foi dito: 'Honra teu pai e tua mãe para que os teus dias possam ser longos sobre a terra.' Mas eu vos digo, Filhos do Homem: Honrai vossa Mãe Terrena e cumpri todas as suas leis, para que os vossos dias possam ser longos sobre a terra, e honrai vosso Pai Celestial para que a Vida Eterna seja vossa nos céus. Pois o Pai Celestial é cem vezes maior do que todos os pais pela semente e pelo sangue, e a Mãe Terrena é maior do que todas as mães pelo corpo. E mais querido é o Filho do Homem aos olhos de seu Pai Celestial e de sua Mãe Terrena do que o são os filhos aos olhos de seus pais pela semente e pelo sangue e de suas mães pelo corpo. E mais sábias são as palavras e as leis de vosso Pai Celestial e de vossa Mãe Terrena do que as palavras e a vontade de todos os pais pela semente e pelo sangue, e de todas as mães pelo corpo. E mais valiosa também é a herança de vosso Pai Celestial e de vossa Mãe Terrena, o reino eterno da vida terrena e celestial, do que todas as heranças de vossos pais pela semente e pelo sangue, e de todas as vossas mães pelo corpo.

"E vossos irmãos verdadeiros são todos os que fazem a vontade de vosso Pai Celestial e de vossa Mãe Terrena, e não vossos irmãos pelo sangue. Em verdade vos digo, vossos irmãos verdadeiros na vontade do Pai Celestial e da Mãe Terrena vos amarão mil vezes mais do que vossos irmãos pelo sangue. Pois desde os tempos de Caim e Abel, quando irmãos pelo sangue transgrediram a vontade de Deus, já não há irmandade verdadeira pelo sangue. E os irmãos se avêm com os irmãos como estranhos. Portanto, eu vos digo, amai vossos irmãos verdadeiros na vontade de Deus mil vezes mais do que vossos irmãos pelo sangue.

  POIS O VOSSO PAI CELESTIAL É AMOR.
  POIS A VOSSA MÃE TERRENA É AMOR.
  POIS O FILHO DO HOMEM É AMOR.

"É pelo amor que o Pai Celestial, a Mãe Terrena e o Filho do Homem se tornam um só. Pois o espírito do Filho do Homem foi criado do espírito do Pai Celestial, e o seu corpo, do corpo da Mãe Terrena. Tornai-vos, portanto, perfeitos como são perfeitos o espírito de vosso Pai Celestial e o corpo de vossa Mãe Terrena. E, assim, amai vosso Pai Celestial como ele ama o vosso espírito. E, assim, amai vossa Mãe Terrena, como ela ama o vosso corpo. E, assim, amai vossos irmãos verdadeiros, como vosso Pai Celestial e vossa Mãe Terrena os amam. E vosso Pai Celestial vos dará o seu espírito sagrado e vossa Mãe Terrena vos dará o seu corpo sagrado. E os Filhos dos Homens, como irmãos verdadeiros, darão amor uns aos outros, o amor que receberam de seu Pai Celestial e de sua Mãe Terrena; e todos se confortarão uns nos outros. E desaparecerão da terra todo o mal e toda a tristeza, e haverá amor e alegria sobre a terra. E a terra será como os céus, e virá o reino de Deus. E virá o Filho do Homem em toda a sua glória, para herdar o reino de Deus. E os Filhos dos Homens dividirão sua herança divina, o reino de Deus. Pois os Filhos dos Homens vivem no Pai Celestial e na Mãe Terrena, e o Pai Celestial e a Mãe Terrena vivem neles. E, então, com o reino de Deus, virá o fim dos tempos. Pois o amor do Pai Celestial dá a todos vida eterna no reino de Deus. Pois o amor é eterno. O amor é mais forte que a morte.

"Se bem eu fale nas línguas dos homens e dos anjos, não tendo amor torno-me como um latão ressoante ou como um címbalo tintinante. Embora eu vos diga o que deve vir, e conheça todos os segredos, e toda a sabedoria; e embora minha fé seja forte como a tempestade que ergue montanhas da sua base, não tendo amor não sou nada. E dado que eu entregue todos os meus bens para alimentar os pobres, e dê todo o fogo que recebi de meu pai, não tendo amor isso em nada me aproveita. O amor é paciente, o amor é bondoso. O amor não tem inveja, não pratica o mal, não conhece o orgulho; não é rude, nem egoísta; demora para encolerizar-se, não planeja malfeitos; não se compraz na injustiça, mas se deleita na justiça. O amor defende tudo, o amor acredita em tudo, o amor espera tudo, o amor sofre tudo; nunca se exaure; mas as línguas cessarão, o conhecer dissipar-se-á. Pois temos a verdade em parte e o erro em parte mas, quando chegar a plenitude da perfeição, o que existe em parte se apagará. Quando o homem era criança falava como criança, compreendia como criança, pensava como criança; mas, quando passou a ser homem, pôs de lado as coisas infantis. Pois agora vemos através de um vidro e através de ditos obscuros. Agora conhecemos em parte mas, quando entrarmos à presença de Deus, não conheceremos em parte, senão como ele nos ensinou. E agora restam estes três: a fé, a esperança e o amor; mas o maior deles é o amor.

"E agora vos falo na língua viva do Deus vivo, o espírito sagrado do nosso Pai Celestial. Não há ninguém ainda entre vós que possa compreender tudo a que me refiro. Quem vos expõe as escrituras fala-vos numa língua morta de homens mortos, por intermédio do seu corpo adoentado e mortal. Todos os homens podem compreendê-lo, pois todos estão adoentados e todos estão na morte. Nenhum vê a luz da vida. O cego conduz o cego pelos caminhos escuros dos pecados, das doenças e dos sofrimentos; e, ao cabo de tudo, todos caem no poço da morte.

"Eu vos fui mandado pelo Pai, a fim de fazer a luz da vida brilhar diante de vós. A luz ilumina-se a si e ilumina a escuridão, mas a escuridão só se conhece a si e não conhece a luz. Tenho muitas outras coisas para dizer-vos, mas ainda não podeis suportá-las. Pois os vossos olhos estão acostumados à escuridão, e a luz plena do Pai Celestial vos cegaria. Por conseguinte, ainda não podeis compreender o que vos digo sobre o Pai Celestial que me mandou para vós. Segui, portanto, primeiro que tudo, as leis de vossa Mãe Terrena, das quais vos falei. E quando os seus anjos tiverem limpado e renovado vossos corpos e fortalecido vossos olhos, sereis capazes de suportar a luz do nosso Pai Celestial. Quando puderdes olhar para o brilho do sol do meio-dia com olhos firmes, podereis também olhar para a luz cegante de vosso Pai Celestial, mil vezes mais fúlgido que o brilho de um milhar de sóis. Mas como podereis olhar para a luz cegante do vosso Pai Celestial, se não sois sequer capazes de suportar o brilho do sol ardente? Crede-me, o sol é como a chama de uma vela ao lado do sol da verdade do Pai Celestial. Tende, portanto, fé, esperança e amor. Em verdade vos digo, não desejareis a vossa recompensa. Se acreditais em minhas palavras, acreditais nele que me mandou, que é o senhor de tudo, e para quem todas as coisas são possíveis. Pois todas as coisas que são impossíveis para os homens são possíveis para Deus. Se acreditais nos anjos da Mãe Terrena e obedeceis às suas leis, vossa fé vos sustentará e nunca vereis doença. Tende esperança também no amor de vosso Pai Celestial, pois quem confia nele nunca será enganado e nunca verá a morte.

"Amai-vos uns aos outros, pois Deus é amor, e assim saberão os seus anjos que trilhais os seus caminhos. E, então, todos os anjos entrarão à vossa presença e vos servirão. E Satanás, com todos os pecados, enfermidades e impurezas, deixará o vosso corpo. Ide, fugi dos vossos pecados; arrependei-vos; batizai-vos; para que possais renascer e não pequeis mais."

Nisso, Jesus levantou-se. Todos os outros, porém, quedaram sentados, pois todo homem sentia o poder de suas palavras. Surgiu, então, a lua cheia entre as nuvens frágeis e envolveu Jesus em seu esplendor. E centelhas, lançadas para o alto, se desprenderam dos seus cabelos, e ele ficou entre eles à luz da lua, como se pairasse no ar. E nenhum homem se moveu, nem se ouviu a voz de nenhum deles. E ninguém ficou sabendo quanto tempo se havia passado, pois o tempo parou.

Em seguida, Jesus estendeu as mãos para eles e disse: "A paz seja convosco." E partiu, como um sopro de vento sacode o verde das árvores.

E por muito tempo ainda a companhia permaneceu sentada, imóvel, para, em seguida, despertar no silêncio, um homem depois do outro, como saídos de um longo sonho. Nenhum, porém, se dispôs a partir, como se as palavras daquele que acabara de deixá-los lhes continuassem soando aos ouvidos. E eles quedaram sentados como se estivessem prestando atenção a uma música portentosa.

Mas um deles, finalmente, como que tímido, disse: "Como é bom estar aqui." E outro: "Eu quisera que esta noite não acabasse." E outros: "Eu quisera que ele estivesse sempre conosco." "Em verdade é um mensageiro de Deus, pois plantou a esperança em nossos corações." E nenhum desejava regressar à casa, dizendo: "Não irei para casa, onde tudo é escuro e sem alegria. Por que iríamos para casa, onde ninguém nos ama?"

E eles falavam dessa maneira, pois eram quase todos pobres, coxos, aleijados, mendigos, desabrigados, desprezados em sua miséria, apenas tolerados por comiseração nas casas onde se refugiavam por alguns dias. E até alguns, que tinham lar e família, disseram: "Nós também ficaremos convosco." Pois todo homem sentia que as palavras daquele que se fora uniam a pequena companhia com fios invisíveis. E todos se sentiam renascidos. Viam diante de si um mundo brilhante, até quando a lua se escondia nas nuvens. E no coração de todos se abriam flores maravilhosas de maravilhosa beleza, as flores da alegria.

E quando os raios brilhantes do sol surgiram sobre a orla do mundo, todos sentiram que era o sol do reino vindouro de Deus. E, com semblantes jubilosos, adiantaram-se ao encontro dos anjos de Deus.

E muitos impuros e enfermos seguiram as palavras de Jesus e procuraram as margens dos córregos murmurantes. Tiraram os sapatos e as roupas, jejuaram e entregaram o corpo aos anjos do ar, da água e da luz solar. E os anjos da Mãe Terrena os abraçaram e lhes possuíram o corpo, assim por dentro como por fora. E todos viram todos os males, todos os pecados e todas as impurezas deixá-los à pressa.

E o hálito de alguns tornou-se tão fétido como o que se solta dos intestinos, e alguns tiveram uma descarga de catarro, e um vômito malcheiroso e impuro ergueu-se de suas partes interiores. Todas essas impurezas lhes fluíam pela boca. Em outros, pelo nariz; em outros ainda pelos olhos e pelos ouvidos. E o corpo de muitos exalou um suor fétido e abominável, que lhes inundou toda

a pele. E em muitos membros irromperam grandes tumores quentes, dos quais saíam sujidades fedorentas, e a urina lhes escorria, abundante, do corpo; e em muitos a urina quase secou e tornou-se grossa como o mel das abelhas; a de outros era quase vermelha ou preta e quase tão dura quanto a areia dos rios. E muitos arrotavam gases dos intestinos, fétidos como o hálito de demônios. E o mau-cheiro foi tão grande que ninguém conseguiu suportá-lo.

E quando se batizaram, o anjo da água lhes adentrou o corpo e deles se puseram a escorrer todas as abominações e impurezas dos seus pecados passados e, feito corrente que cai de uma montanha, saiu-lhes em fluxo do corpo uma infinidade de abominações duras e moles. E o solo em que fluíam as suas águas se poluiu, e tão grande se tornou a fedentina que ninguém pôde permanecer ali. E os diabos lhes abandonaram os intestinos qual multidão de vermes, que se retorciam de raiva impotente depois que o anjo da água os expulsou das vísceras dos Filhos dos Homens. E, logo, desceu sobre eles o poder do anjo da luz solar, e eles morreram ali mesmo, em contorções desesperadas, esmagados pelos pés do anjo da luz do sol. E todos tremiam de terror ao olhar para essas abominações de Satanás, das quais tinham sido salvos pelos anjos. E deram graças a Deus por haver-lhes enviado os seus anjos para libertá-los.

E alguns, atormentados por grandes dores, não queriam deixá-los; e, não sabendo o que fazer, resolveram mandar um deles a Jesus, pois queriam muitíssimo tê-lo consigo.

E quando dois saíram à procura dele, viram o próprio Jesus que se aproximava pela margem do rio. E o coração encheu-se-lhes de esperança e alegria quando lhe ouviram a saudação: "A paz seja convosco." E muitas eram as perguntas que desejavam fazer-lhe mas, tomados de espanto, não conseguiam começar, pois nada lhes acudia à mente. Disse-lhes, então, Jesus: "Vim porque precisais de mim." E um deles gritou: "Mestre, precisamos de fato, vem livrar-nos de nossas dores."

E Jesus falou-lhes em parábolas: "Sois como o filho pródigo, que, por muitos anos, comeu, bebeu e passou os dias em devassidão e luxúria com os amigos. E todas as semanas, sem o conhecimento do pai, contraía novas dívidas e esbanjava todo o dinheiro em poucos dias. E os prestamistas sempre lhe emprestavam dinheiro, porque o pai dele possuía grandes riquezas e sempre lhe pagava, resignado, as dívidas. E debalde admoestava o pai com palavras justas o filho, que nunca dava atenção às admonições paternas, que lhe pediam, em vão, que renunciasse às libertinagens sem fim e fosse para os campos, a fim de vigiar o trabalho dos criados. E o filho sempre lhe prometia fazer tudo se o pai lhe pagasse as dívidas antigas mas, no dia seguinte, recomeçava. E por mais de sete anos levou o filho essa vida dissoluta. Um belo dia, porém, perdendo a paciência, o pai recusou-se a pagar aos prestamistas as dívidas contraídas pelo moço. 'Se eu continuar pagando', disse ele, 'não haverá fim para os pecados de meu filho.' Enfurecidos por terem sido enganados, os prestamistas fizeram do filho um escravo para que pudesse, com a labuta de todos os dias, pagar-lhes o dinheiro que lhes pedira emprestado. Cessaram, então, os comes, os bebes e os excessos de todos os dias. Da manhã à noite, com o suor do rosto, ele aguou os campos, e todos os membros lhe doíam em razão do trabalho não familiar. E vivia de pão seco, e nada tinha além das próprias lágrimas para amolecê-lo. E três dias depois, sofria tanto com o calor e com o cansaço, que disse ao seu amo: 'Não posso mais trabalhar, porque todos os membros me doem. Por quanto tempo pretendeis atormentar-me?' 'Até o dia em que, com o trabalho de tuas mãos, me tenhas pago todas as tuas dívidas; e quando sete anos tiverem passado, estarás livre.' E o filho desesperado replicou, chorando: 'Mas eu não consigo suportar nem mesmo sete dias. Tem piedade de mim, pois todos os membros me ardem e doem.' E o credor malvado gritou: 'Apressa o trabalho; se pudeste, por sete anos, passar teus dias e noites na farra, terás agora de trabalhar por sete anos. Não te perdoarei enquanto não tiveres pago todas as tuas dívidas, até a última dracma.' E o filho, com os membros fustigados pela dor, voltou, desesperado, aos campos a fim de continuar o trabalho. Já mal podia ter-se de pé por causa do cansaço e das dores, quando chegou o sétimo dia — o dia de Sábado, em que ninguém trabalha no campo. O filho, então, reuniu o resto de suas forças e encaminhou-se, cambaleante, para a casa do pai. E, atirando-se-lhe aos pés, disse: 'Pai, acredita em mim pela última vez, e perdoa todas as ofensas que te fiz. Juro-te que nunca mais viverei dissolutamente e que serei teu filho obediente em tudo. Livra-me das mãos do meu opressor. Pai, olha para mim e para os meus membros esgotados e não endureças teu coração.' Assomaram lágrimas aos olhos do pai e ele, tomando o filho nos braços, disse: 'Rejubilemo-nos, porque hoje recebi uma grande alegria, pois voltei a encontrar meu filho querido, que estava perdido.' E vestiu-o com o trajo de maior preço e durante todo o dia festejaram. E na manhã do dia seguinte, deu ao filho uma bolsa de prata para pagar aos credores quanto lhes devia. E quando o filho voltou, disse-lhe: 'Meu filho, como estás vendo, é fácil, através de uma vida de pândegas, contrair dívidas por sete anos, mas é difícil pagá-las com o trabalho pesado de sete anos.' 'Pai, é realmente pesado pagá-las, até com o trabalho de sete dias.' E o pai advertiu-o, dizendo: 'Desta vez te foi permitido pagar tuas dívidas em sete dias, em lugar de sete anos, e o resto te foi perdoado. Mas presta atenção para que, no futuro, não contraias novas dívidas. Pois em verdade te digo, ninguém mais senão teu pai te perdoa as dívidas. Pois qualquer outro te obrigaria a trabalhar duro sete anos, como ordenam as nossas leis.'

" 'Meu pai, serei daqui por diante teu filho amante e obediente, e não tornarei a contrair dívidas, pois sei que é difícil pagá-las.'

"E foi para o campo de seu pai e passou a vigiar, todos os dias, o trabalho dos operários de seu pai. E nunca os fazia trabalhar demais, pois se lembrava do seu próprio trabalho pesado. E os anos passaram, e os bens de seu pai aumentaram cada vez mais debaixo da sua mão, pois a bênção de seu pai estava sobre o seu trabalho. E, pouco a pouco, devolveu ao pai o décuplo de tudo o que esbanjara nos sete anos. E quando o pai viu que o filho usava bem os seus criados e todos os seus haveres, disse-lhe: 'Meu filho, vejo que minhas propriedades estão em boas mãos. Dou-te todo o meu gado, minha casa, minhas terras e meus tesouros. Seja tudo isso a tua herança, continua a acrescentá-la para eu poder regozijar-me em ti.' E quando o filho recebeu a herança do pai, perdoou as dívidas de todos os devedores que não podiam pagá-lo, pois não se esquecia de que sua dívida fora perdoada quando ele não pudera pagá-la. E Deus o abençoou com uma vida longa, muitos filhos e muitas riquezas, pois ele era bom para todos os criados e para todo o gado."

Em seguida, Jesus voltou-se para aquela gente enferma e disse: "Eu vos falo em parábolas para poderdes compreender melhor a palavra de Deus. Os sete anos de comes e bebes e vida desregrada são os pecados do passado. O credor malvado é Satanás. As dívidas são as moléstias. O trabalho pesado são as dores. O filho pródigo sois vós mesmos. O pagamento das dívidas é a expulsão dos demônios e enfermidades do vosso corpo, e a sua cura. A bolsa de prata recebida do pai é o poder libertador dos anjos. O pai é Deus. As propriedades do pai são a terra e os céus. Os criados do pai são os anjos. O campo do pai é o mundo, que se mudará no reino dos céus se os Filhos do Homem trabalharem nele juntamente com os anjos do Pai Celestial. Pois eu vos digo, é melhor que o filho obedeça ao pai e vigie os criados de seu pai no campo, do que venha a ser devedor do credor malvado e mourejar e suar como servo para pagar suas dívidas. Será melhor, igualmente, que os Filhos do Homem obedeçam às leis de seu Pai Celestial e trabalhem a par com os anjos em seu reino, do que se tornem devedores de Satanás, o senhor da morte, de todos os pecados e de todas as doenças, e sofrerem com dores e suor até haverem pago todos os pecados. Em verdade vos digo, grandes e muitos são os vossos pecados. Por muitos anos cedestes às incitações de Satanás. Tendes sido glutões, beberrões e freqüentadores de prostitutas, e vossas dívidas passadas se multiplicaram. E agora precisais pagá-las, e o pagamento é dificultoso e duro. Não vos deixeis, portanto, dominar pela impaciência já no terceiro dia, como o filho pródigo, mas esperai, com paciência, o sétimo dia santificado por Deus, e dirigi-vos depois com o coração humilde e obediente à presença do vosso Pai Celestial, para que ele vos perdoe os pecados e todas as dívidas passadas. Em verdade vos digo, vosso Pai Celestial vos ama eternamente, pois também vos permite pagar em sete dias as dívidas de sete anos. Àqueles que devem os pecados e as doenças de sete anos, mas pagam honestamente e perseveram até o sétimo dia, nosso Pai Celestial perdoa as dívidas de todos os sete anos."

"Se pecarmos sete vezes sete anos?", perguntou um homem doente, que sofria horrivelmente. "Até nesse caso o Pai Celestial nos perdoa todas as dívidas de todos os sete anos?"

"Bem-aventurados são os que perseveram até o fim, pois os demônios de Satanás lhes inscrevem todos os malfeitos em um livro, o livro do vosso corpo e do vosso espírito. Em verdade vos digo, não há um único ato pecaminoso que não esteja registrado, desde o princípio do mundo, perante nosso Pai Celestial. Pois podeis escapar das leis feitas pelos reis, mas das leis de vosso Deus nenhum dos Filhos do Homem consegue escapar. E quando entrardes à presença de Deus, os diabos de Satanás deporão contra vós com os vossos atos, e Deus verá vossos pecados escritos no livro do vosso corpo e do vosso espírito e se entristecerá em seu coração. Mas se vos arrependerdes de vossos pecados e, pelo jejum e pela oração, procurardes os anjos de Deus, a cada dia que continuardes a jejuar e a orar os anjos de Deus apagarão um ano de vossos malfeitos no livro do vosso corpo e do vosso espírito. E quando a última página também for apagada e limpa de todos os pecados, entrareis à presença de Deus, e Deus se alegrará em seu coração e esquecerá todos os vossos pecados. Ele vos libertará das garras de Satanás e do sofrimento; levar-vos-á para dentro de sua casa e ordenará que todos os seus criados, todos os seus anjos, vos sirvam. Dar-vos-á uma longa vida e nunca vereis doença. E se, dali por diante, em vez de pecar, passardes os dias praticando boas ações, os anjos de Deus registrarão todas as vossas boas ações no livro do vosso corpo e do vosso espírito. Em verdade vos digo, nenhuma boa ação permanece em branco diante de Deus, desde o princípio do mundo. Pois dos vossos reis e governadores podereis esperar embalde a recompensa, mas vossas boas ações nunca deixarão de ser recompensadas por Deus.

"E quando entrardes à presença de Deus, os seus anjos deporão a vosso favor invocando vossas boas ações. E Deus as vê inscritas em vosso corpo e em vosso espírito, e se alegra em seu coração. Abençoa-vos o corpo, o espírito e todos os atos, e vos concede por herança seu reino terreno e celeste, para que nele vivais eternamente. Bem-aventurado é o que pode entrar no reino de Deus, pois nunca verá a morte."

E um grande silêncio caiu sobre as suas palavras. E os que se sentiam desalentados recobraram as forças em razão delas e continuaram a jejuar e a orar. E o que falara primeiro disse-lhe: "Perseverarei até o sétimo dia." E disse-lhe igualmente o segundo: "Também perseverarei sete vezes até o sétimo dia."

Respondeu-lhes Jesus: "Bem-aventurados são os que perseveram até o fim, pois herdarão a terra."

E havia muitos enfermos entre eles, atormentados por dores atrozes, que mal conseguiam arrastar-se até os pés de Jesus. Pois já não podiam andar sobre os pés. Disseram: "Mestre, somos dolorosamente atormentados pela dor; dize-nos o que devemos fazer." E mostraram a Jesus os seus pés, de ossos retorcidos e nodosos, e continuaram: "Nem o anjo do ar, nem o da água, nem o da luz do sol aliviou os nossos sofrimentos, muito embora nos tenhamos batizado a nós mesmos, jejuado e orado, e seguido tuas palavras em todas as coisas."

"Em verdade vos digo, vossos ossos serão curados. Não desanimeis, mas buscai a cura junto ao curador de ossos, o anjo da terra. Pois de lá foram tirados os vossos ossos, e para lá voltarão."

E apontou com a mão para onde o correr da água e o calor do sol haviam amolecido a terra em sua margem, transformando-a em lama argilosa. "Enfiai os pés no lodo, para que o abraço do anjo da terra vos tire dos ossos toda a impureza e toda a enfermidade. E vereis Satanás e vossas dores fugirem do abraço do anjo da terra. E desaparecerão os nós dos vossos ossos, que serão endireitados, e todas as vossas dores se dissiparão."

E os doentes seguiram suas palavras, pois sabiam que seriam curados.

E havia também outros doentes que sofriam muito à conta de suas dores, se bem persistissem no jejum. Suas forças se haviam exaurido e um grande calor os torturava. E quando se dispunham a levantar-se da cama para abeirar-se de Jesus, sua cabeça entrava a girar como se os sacudisse um vento de tempestade, e todas as vezes que tentavam erguer-se em pé tornavam a cair no chão.

Jesus, então, encaminhou-se para eles e disse: "Sofreis porque Satanás e suas moléstias vos suplicam o corpo. Mas não temais, que o seu poder sobre vós findará rapidamente. Pois Satanás é como um vizinho colérico que entrou na casa do seu vizinho enquanto este se achava ausente, tencionando carregar-lhe os haveres para a sua própria casa. Mas alguém contou ao outro que o inimigo lhe saqueava a residência, e o homem voltou correndo para casa. E quando o vizinho maldoso, depois de juntar tudo o que lhe agradava, viu ao longe o dono da casa voltando à pressa, irou-se muito por não poder levar tudo e pôs-se a quebrar, estragar e destruir quanto havia ali. De modo que, já que as coisas não podiam ser suas, o outro também não tivesse nada. Imediatamente, porém, entrou o dono da casa e, antes que o vizinho perverso levasse a cabo o seu intento, agarrou-o e atirou-o para fora da casa. Em verdade vos digo, exatamente assim entrou Satanás no vosso corpo, que é a habitação de Deus. E apoderou-se de tudo o que desejava roubar: vosso alento, vosso sangue, vossos ossos, vossa carne, vossos intestinos, vossos olhos e vossos ouvidos. Mas com o jejum e a oração chamastes de volta o senhor do vosso corpo e os seus anjos. E agora Satanás vê que o verdadeiro senhor do vosso corpo está retornando, e que esse é o fim do seu poder. Por esse motivo, em sua ira, ele reúne mais uma vez as suas forças para destruir-vos o corpo antes da chegada do senhor. Essa é a razão por que Satanás vos mortifica tão penosamente, pois sente que o seu fim chegou. Mas não deixeis tremer o coração, pois logo surgirão os anjos de Deus para ocupar de novo suas habitações e reconsagrá-las como templos de Deus. E agarrarão Satanás e o lançarão do vosso corpo com todas as suas doenças e todas as suas sujidades. E bem-aventurados sereis vós, pois recebereis a recompensa de vossa firmeza, e nunca mais vereis a doença."

E havia entre os enfermos um mais atormentado por Satanás do que todos os outros. Seu corpo era tão ressecado quanto um esqueleto e sua pele tão amarela quanto uma folha que cai. Já estava tão fraco que não conseguia, nem mesmo com as mãos, arrastar-se até Jesus, e pôde apenas gritar-lhe de longe: "Mestre, tem pena de mim, pois nunca, desde o princípio do mundo, um homem sofreu como eu estou sofrendo. Sei que foste, com efeito, mandado por Deus, e sei que, se o quiseres, podes expulsar imediatamente Satanás do meu corpo. Os anjos de Deus acaso não obedecem ao mensageiro de Deus? Vem, Mestre, e expulsa agora de mim Satanás, que se enraivece, furioso, dentro de mim e me atormenta."

E respondeu-lhe Jesus: "Satanás te atormenta tanto assim porque já jejuaste muitos dias, e não lhe pagas tributo. Não o alimentas com todas as abominações que até agora têm poluído o templo do teu espírito. Atormentas Satanás com a fome e, por isso mesmo, em sua raiva, ele te atormenta também. Não temas, pois eu te digo, Satanás será destruído antes que se destrua o teu corpo; pois enquanto jejuas e oras, os anjos de Deus te protegem o corpo, para que Satanás não possa destruir-te. E a raiva de Satanás é impotente contra os anjos de Deus."

Nisso, todos se chegaram a Jesus e com altos gritos lhe imploraram: "Mestre, tem compaixão dele, que sofre mais do que todos nós, e, se não expelires Satanás imediatamente do seu corpo, receamos que ele não viva até amanhã."

E Jesus lhes respondeu: "Grande é a vossa fé. Faça-se de acordo com a vossa fé, e logo vereis, frente a frente, o medonho semblante de Satanás e o poder do Filho do Homem. Pois banirei de vós o poderoso Satanás pela força do cordeiro inocente de Deus, a mais fraca das criaturas do Senhor. O espírito sagrado de Deus torna o mais fraco mais poderoso que o mais forte."

E Jesus ordenhou uma ovelha que pastava no meio da relva. E colocou o leite sobre a areia aquecida pelo sol, dizendo: "Vejam, a energia do anjo da água entrou neste leite. E, agora, a energia do anjo da luz do sol entrará também."

E o leite se aqueceu pela força do sol.

"E agora os anjos da água e do sol se juntarão ao anjo do ar."

E eis que o vapor do leite quente principiou a elevar-se lentamente no ar.

"Vem e aspira pela boca a força dos anjos da água, da luz do sol e do ar, para que ela entre em teu corpo e expulse o Satanás que está em ti."

E o homem doente que Satanás atormentava aspirou profundamente para dentro de si o vapor esbranquiçado que se elevava.

"Satanás deixará o teu corpo imediatamente, eis que há três dias passa fome e não encontra alimento dentro de ti. Sairá de ti a fim de saciar a fome com o leite quente que se evapora, pois esse alimento agrada à sua vista. Sentirá o seu cheiro e não será capaz de resistir à fome de três dias que o tortura. Mas o Filho do Homem destruirá o seu corpo, a fim de que ele não possa mais atormentar ninguém."

O corpo do homem doente, tomado de febre, fazia um esforço como se fosse vomitar, mas não podia. E respirava com dificuldade, pois a sua respiração se consumira. E ele desmaiou no colo de Jesus.

"Agora Satanás lhe deixará o corpo. Olhai para ele." E Jesus apontou para a boca aberta do homem doente.

E eles viram, então, com pasmo e terror, que Satanás saía da boca do homem na forma de um verme abominável e se encaminhava diretamente para o leite que levantava fumaça. Jesus, então, tomou de duas pedras pontudas nas mãos e esmagou-lhe a cabeça, e arrancou do homem doente todo o corpo do monstro, quase tão comprido quanto o homem. Quando o verme execrável saiu da garganta do homem doente, este recuperou imediatamente o alento e,

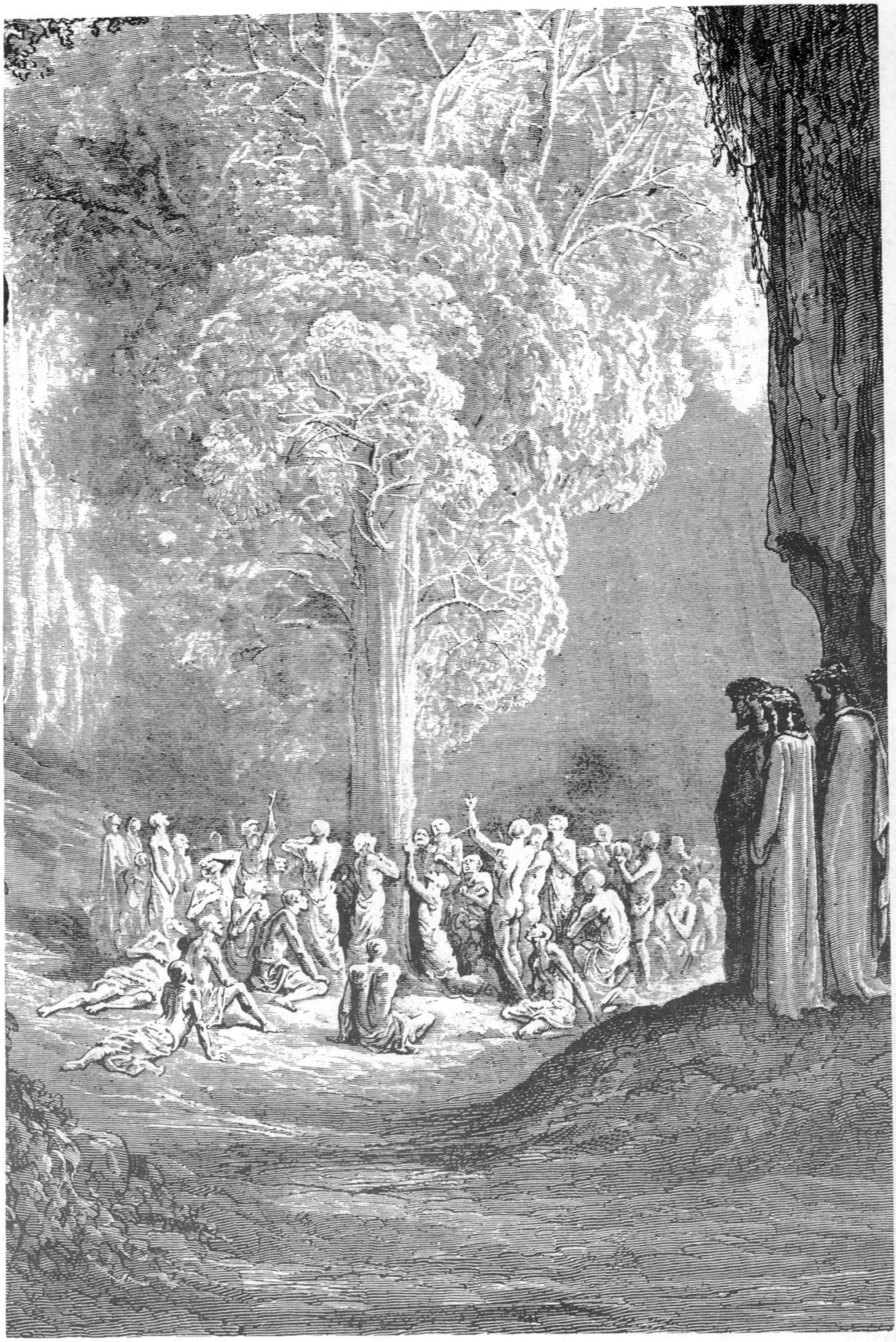

nesse instante, todas as suas dores cessaram. E fitaram os olhos, apavorados, no corpo de Satanás.

"Vê a besta detestável que carregaste e alimentaste no teu corpo durante longos anos. Expulsei-a de ti e matei-a para que ela nunca mais possa atormentar-te. Dá graças a Deus pelos seus anjos te haverem libertado e não peques mais, a fim de que Satanás não retorne a ti outra vez. Que o teu corpo seja, daqui por diante, um templo dedicado ao teu Deus."

E todos se sentiram abismados pelas suas palavras e pelo seu poder. E disseram: "Mestre, és, de fato, o mensageiro de Deus, e conheces todos os segredos."

"E vós", respondeu Jesus, "sede verdadeiros Filhos de Deus, para partilhardes também do seu poder e do conhecimento de todos os segredos. Pois a sabedoria e o poder só vêm do amor de Deus. Amai, portanto, ao vosso Pai Celestial e à vossa Mãe Terrena com todo o vosso coração e com todo o vosso espírito. E servi a eles, para que os seus anjos possam servir-vos também. Deixai que todas as vossas obras sejam oferecidas a Deus. E não alimenteis Satanás, que o salário do pecado é a morte. Mas com Deus está o prêmio dos bons, o seu amor, que é o conhecimento e o poder da vida eterna."

E todos se ajoelharam para dar graças a Deus pelo seu amor.

E Jesus partiu, prometendo: "Voltarei para todos os que persistirem na oração e no jejum até o sétimo dia. A paz seja convosco."

E o homem doente, de quem Jesus expulsara Satanás, ergueu-se, pois a força da vida lhe voltara. Respirou fundo, e seus olhos clarearam, pois todas as dores o haviam deixado. E ele se atirou ao chão, no lugar em que Jesus estivera, e beijou-lhe a marca dos pés e chorou.

E foi à beira do leito de um córrego que muitos enfermos jejuaram e oraram com os anjos de Deus por sete dias e sete noites. E grande foi a sua recompensa por haverem seguido as palavras de Jesus. Ao termo do sétimo dia, todas as dores os deixaram. E quando o sol se elevou sobre a orla da terra, avistaram Jesus, que vinha na sua direção, descendo uma montanha, com o esplendor do sol nascente ao redor da cabeça.

"A paz seja convosco."

Sem pronunciar uma única palavra, eles se jogaram no chão diante dele, e lhe tocaram a fímbria da roupa em lembrança da sua cura.

"Não agradeçais a mim, senão à vossa Mãe Terrena, que vos enviou seus anjos curadores. Ide, e não torneis a pecar, para nunca mais verdes moléstia alguma. E permiti que os anjos curadores sejam os vossos guardiães."

Mas eles lhe responderam: "Para onde iríamos, Mestre, já que contigo estão as palavras da vida eterna? Dize-nos, que pecados devemos evitar, para nunca mais ver moléstia alguma?"

Respondeu Jesus: "Seja isso segundo a vossa fé", e sentou-se entre eles, dizendo:

"Foi dito aos de outrora: 'Honra teu Pai Celestial e tua Mãe Terrena, e obedece às suas ordens, para que os teus dias sejam longos sobre a terra.' E, logo em seguida, foi dada esta ordem: 'Não matarás', pois a vida é dada a todos por Deus, e o que é dado por Deus homem nenhum pode tirar. Pois em verdade vos digo, de uma Mãe procede tudo o que vive sobre a terra. Portanto, quem mata, mata seu irmão. E a Mãe Terrena o deixará, e lhe negará os seus seios vivificantes. E ele será evitado pelos seus anjos, e Satanás fará sua habitação no corpo dele. E a carne de animais mortos em seu corpo transformar-se-á em seu próprio túmulo. Pois em verdade vos digo, quem mata, matase a si e quem come a carne de animais mortos come o corpo da morte. Pois no seu sangue cada gota do sangue deles se converte em peçonha; no seu hálito o hálito deles tresandará; na sua carne ferverá a carne deles; em seus ossos os ossos deles alvejarão; em seus intestinos os intestinos deles apodrecerão; em seus olhos os olhos deles se escamarão; em seus ouvidos os ouvidos deles se encherão de cera. E a morte deles será a sua morte. Pois somente no serviço de vosso Pai Celestial são as vossas dívidas de sete anos perdoadas em sete dias. Satanás, contudo, nada vos perdoa e tereis de pagar-lhe tudo. 'Olho por olho, dente por dente, mão por mão, pé por pé; queimadura por queimadura, ferida por ferida; vida por vida, morte por morte.' Pois o salário do pecado é a morte. Não mateis, nem comais a carne de vossa presa inocente, para não vos tornardes escravos de Satanás. Pois esse é o caminho dos sofrimentos, que conduz à morte. Fazei, porém, a vontade de Deus, para que os seus anjos vos sirvam no caminho da vida. Obedecei, portanto, às palavras de Deus: 'Vede, dei-vos todas as ervas que produzem semente e que estão sobre a face da terra, e todas as árvores, em que está o fruto de uma árvore que dá semente; e para vós servirá de carne. E a todos os animais da terra, a todos os pássaros do ar, e a tudo o que rasteja sobre a terra e em que há um sopro de vida, dou todas as ervas verdes para servirem de alimento. E o leite de todas as coisas que se movem e vivem sobre a terra será alimento para vós; e assim como lhes dei as ervas verdes, assim vos darei o leite. Mas não comereis a carne, nem o sangue que a vivifica. Pedirei contas, por certo, do vosso sangue que esguicha, do sangue em que está a vossa alma; pedirei contas de todos os animais assassinados, e das almas de todos os homens assassinados. Pois eu, o Senhor teu Deus, Deus forte e zeloso, visito a iniqüidade dos pais que recai sobre os filhos até a terceira e a quarta geração dos que me odeiam; e mostro misericórdia a milhares dos que me amam e guardam os meus mandamentos. Ama o Senhor teu Deus com todo o teu coração, com toda a tua alma e com toda a tua força: este é o primeiro e o maior dos mandamentos.' E o segundo é parecido com ele: 'Ama a teu próximo como a ti mesmo.' Nenhum outro mandamento é maior do que estes."

E depois dessas palavras todos se quedaram em silêncio, com exceção de um deles que perguntou, a brados: "Que devo fazer, Mestre, se eu vir um animal feroz despedaçar meu irmão na floresta? Deixarei meu irmão perecer, ou matarei o animal feroz? Não estarei assim transgredindo a lei?"

E Jesus respondeu: "Foi dito aos de outrora: 'Todos os animais que se movem sobre a terra, todos os peixes do mar e todas as aves do ar são entregues ao teu poder.' Em verdade vos digo, de todas as criaturas que vivem sobre a terra, Deus criou apenas o homem à sua imagem. Por conseguinte, os animais são para o homem, e não o homem para os animais. Não estarás, portanto, transgredindo a lei se matares um animal feroz para salvar a vida de teu irmão. Pois em verdade te digo, o homem é mais que o animal. Mas quem mata um animal sem motivo, embora o animal não o tenha atacado, apenas por desejo de matar, ou por sua carne, ou por sua pele, ou mesmo por suas presas, estará praticando um malfeito, pois ele mesmo se terá convertido em animal feroz. Por isso mesmo o seu fim será igual ao fim dos animais ferozes."

Depois disse outro: "Moisés, o maior em Israel, permitiu que nossos antepassados comessem a carne de animais limpos, e só proibiu a carne dos animais impuros. Em vista disso, por que nos proíbes a carne de todos os animais? Qual das leis vem de Deus? A de Moisés, ou a tua?"

E Jesus respondeu: "Deus deu, por intermédio de Moisés, dez mandamentos aos vossos antepassados. 'Esses mandamentos são duros', disseram os vossos antepassados, e não puderam guardá-los. Quando Moisés o percebeu, teve compaixão do seu povo e não quis que ele perecesse. E deu-lhe, então, dez vezes dez mandamentos. Pois aquele cujos pés são fortes como a montanha de Sião não precisa de muletas; mas aquele cujos membros tremem, vai mais longe com muletas do que sem elas. E Moisés disse ao Senhor: 'Meu coração está cheio de tristeza, pois o meu povo se perderá. Ele não tem conhecimento e não é capaz de entender os teus mandamentos. O meu povo é como a criancinha que ainda não compreende as palavras do pai. Permite, Senhor, que eu lhe dê outras leis, para que não pereça. Se ele não pode ser por ti, Senhor, não deixes que seja contra ti; que possa sustentar-se e, quando chegar a hora e ele estiver maduro para palavras, revela-lhe as tuas leis.' Por isso quebrou Moisés as duas tábuas de pedra em que estavam escritos os dez mandamentos, e deu ao povo dez vezes dez em lugar deles. E desses dez vezes dez os escribas e fariseus fizeram cem vezes dez mandamentos. E colocaram fardos insuportáveis sobre os vossos ombros, que eles mesmos não carregam. Pois quanto mais próximos estiverem os mandamentos de Deus, tanto menos precisaremos deles; e quanto mais distantes estiverem de Deus, tanto mais precisaremos. Por esse motivo, são inumeráveis as leis dos fariseus e escribas; sete as do Filho do Homem; três as dos anjos; e de Deus, uma.

"Por conseqüência, só vos ensino as leis que podeis compreender, para que possais tornar-vos homens e sigais as sete leis do Filho do Homem. Então, os anjos desconhecidos do Pai Celestial também vos revelarão as suas leis, para que o espírito santo de Deus desça sobre vós e vos conduza à sua lei."

E todos, pasmados com a sua sabedoria, pediram-lhe: "Continua, Mestre, e ensina-nos todas as leis que podemos receber."

E Jesus continuou: "Deus ordenou aos vossos maiores: 'Não matarás.'

Mas eles tinham o coração endurecido e mataram. Moisés desejou então que eles, pelo menos, não matassem homens, e permitiu-lhes matarem animais. E o coração dos vossos maiores endureceu-se ainda mais, e eles mataram homens e animais igualmente. Mas eu vos digo: Não mateis nem homens, nem animais, nem o alimento que vai para a vossa boca. Pois, se comerdes comida viva, a mesma vos vivificará, mas se matardes a vossa comida, a comida morta vos matará também. Pois a vida só vem da vida, e da morte só vem a morte. Tudo o que mata os vossos alimentos, mata-vos o corpo também. E tudo o que mata o vosso corpo também mata a vossa alma. E o vosso corpo se torna o que são os vossos alimentos, como o vosso espírito se torna o que são os vossos pensamentos. Portanto, não comais coisa alguma que o fogo, a geada ou a água tenham destruído. Pois os alimentos queimados, congelados e apodrecidos também queimarão, congelarão e apodrecerão o vosso corpo. Não sejais como o agricultor néscio que semeou em suas terras sementes cozidas, congeladas e podres. Pois chegou o outono e seus campos não deram nada. E grande foi a sua aflição. Mas sede como o agricultor que semeou em seu campo sementes vivas, e cujo campo produziu espigas vivas de trigo, que renderam cem vezes mais do que o custo das sementes que ele plantara. Pois em verdade vos digo, vivei apenas no fogo da vida e não prepareis os vossos alimentos com o fogo da morte, que vos mata a comida, o corpo e a alma também."

"Mestre, onde está o fogo da vida?", perguntaram alguns.

"Em vós, no vosso sangue e no vosso corpo."

"E o fogo da morte?", indagaram outros.

"Esse é o fogo que arde fora do vosso corpo, e é mais quente que o vosso sangue. Com o fogo da morte cozeis vossos alimentos em casa e nos campos. Em verdade vos digo, é o mesmo fogo que destrói a vossa comida e o vosso corpo, igual ao fogo da maldade, que devasta os vossos pensamentos, devasta o vosso espírito. Pois o vosso corpo é o que comeis, como o vosso espírito é o que pensais. Não comais nada, portanto, que um fogo mais forte do que o fogo da vida tenha matado. Por conseguinte, preparai e comei todos os frutos das árvores e todas as relvas dos campos e todo o leite de animais bom para beber. Pois todos são alimentados e amadurecidos pelo fogo da vida; todos são dádivas dos anjos da nossa Mãe Terrena. Não comais nada, porém, a que só o fogo da morte dá sabor, pois este é de Satanás."

"Como podemos cozinhar nosso pão de todos os dias sem fogo, Mestre?" perguntaram alguns com grande assombro.

"Deixai que os anjos de Deus vos preparem o pão. Umedecei o vosso trigo, para que o anjo da água penetre nele. Ponde-o então no ar, para que o anjo do ar o abrace. E deixai-o da manhã à noite debaixo do sol, para que o anjo da luz solar desça sobre ele. E a bênção dos três não tardará a fazer o germe da vida brotar no vosso trigo. Em seguida, moei o vosso grão e fazei obréias finas, como faziam os vossos antepassados quando partiram do Egito, a casa da servidão. Tornai a pô-las debaixo do sol quando ele aparece e, quando ele tiver subido ao ponto mais alto dos céus, virai-as do outro lado, para que elas sejam abraçadas ali também pelo anjo da luz solar, e deixai-as onde estão até que o sol se ponha. Pois os anjos da água, do ar e da luz solar alimentaram e amadureceram o trigo do campo e, da mesma forma, precisam preparar também o vosso pão. E o mesmo sol que fez o trigo crescer e madurar com o fogo da vida, precisa cozer o pão com o mesmo fogo. Pois o fogo do sol dá vida ao trigo, ao pão e ao corpo. Mas o fogo da morte mata o trigo, o pão e o corpo. E os anjos vivos do Deus vivo só servem os homens vivos. Pois Deus é o Deus dos vivos, e não o Deus dos mortos.

"Por isso, comei sempre da mesa de Deus: os frutos das árvores, os grãos e as relvas do campo, o leite dos animais e o mel das abelhas. Pois tudo o mais pertence a Satanás e, pelo caminho dos pecados e das doenças, leva à morte. Mas os alimentos que comeis da mesa abundante de Deus dão força e juventude ao vosso corpo, e nunca vereis moléstia alguma. Pois a mesa de Deus alimentou Matusalém antigamente, e em verdade vos digo, se viverdes como ele viveu, o Deus dos vivos vos dará também uma longa vida sobre a terra, como foi a sua.

"Pois em verdade vos digo, o Deus dos vivos é mais rico do que todos os ricos da terra, e sua mesa abundante é mais rica do que a mais rica mesa de banquete de todos os ricos que vivem sobre a terra. Comei, portanto, durante toda a vida, à mesa de nossa Mãe Terrena, e nunca passareis necessidade. E quando comerdes à sua mesa, comei todas as coisas exatamente como elas se encontram à mesa da Mãe Terrena. Não cozinheis nem mistureis todas as coisas umas com as outras, para que as vossas vísceras não fiquem como brejos fumarentos. Pois em verdade vos digo, isso é abominável aos olhos do Senhor.

"E não sejais como o criado voraz, que sempre comia até o fim, à mesa do amo, as porções dos outros. E ele mesmo devorava tudo e tudo misturava em sua glutonaria. E, vendo-o, o amo enfureceu-se com ele e expulsou-o da mesa. E quando todos terminaram sua refeição, misturou tudo o que sobrara sobre a mesa, chamou o criado voraz e disse-lhe: 'Leva e come tudo isto com os porcos, pois o teu lugar é com eles, e não à minha mesa.'

"Tomai tento, portanto, e não sujeis, com todo tipo de abominações, o templo do vosso corpo. Contentai-vos com duas ou três espécies de comida, que sempre encontrareis à mesa de nossa Mãe Terrena. E não desejeis devorar todas as coisas que estão em derredor de vós. Pois em verdade vos digo, se misturardes toda a sorte de comida em vosso corpo, cessará a paz do corpo e uma guerra sem fim rugirá em vós. E ele será destruído exatamente como lares e reinos divididos entre si mesmos operam a própria destruição. Pois o vosso Deus é o Deus da paz, e nunca favorece a divisão. Não desperteis, portanto, contra vós a ira de Deus, para que ele não vos expulse da sua mesa e para não serdes compelidos a ir para a mesa de Satanás, onde o fogo dos pecados, das doenças e da morte vos corromperá o corpo.

"E, quando comerdes, nunca comais plenamente. Fugi às tentações de Satanás, e atentai para a voz dos anjos de Deus. Pois Satanás em seu poder vos tenta sempre para comer mais e mais. Vivei, contudo, pelo espírito e resisti aos desejos do corpo. O vosso jejum é sempre agradável aos olhos dos anjos de Deus. Por isso, tomai sentido do quanto tiverdes comido quando o vosso corpo estiver saciado, e comei sempre um terço menos do que isso.

"Que o peso da vossa comida diária não seja menor que uma mina, mas zelai por que não seja maior do que duas, para que os anjos do Senhor vos sirvam sempre e jamais caiais sob o jugo de Satanás e de suas doenças. Não perturbeis o trabalho dos anjos no vosso corpo comendo com muita freqüência. Pois em verdade vos digo, quem come mais do que duas vezes por dia faz em si mesmo o trabalho de Satanás. E os anjos de Deus lhe deixam o corpo, e não tarda o instante em que Satanás tomará posse dele. Comei apenas quando o sol está no ponto mais alto dos céus e novamente depois que ele se põe. E nunca vereis moléstia de espécie alguma, pois esse proceder encontra graça aos olhos do Senhor. E se quiserdes que os anjos de Deus se comprazam em vosso corpo, e Satanás vos evite de longe, sentai-vos apenas uma vez por dia à mesa de Deus. E vossos dias serão longos sobre a terra, pois isto é agradável aos olhos do Senhor. Comei sempre quando a mesa de Deus for servida à vossa frente, e comei sempre do que encontrardes sobre a mesa de Deus. Pois em verdade vos digo, Deus sabe bem o que o vosso corpo precisa e quando.

"Desde o início do mês de Ijar, comei cevada; no mês de Sivã, comei trigo, a mais perfeita dentre todas as ervas portadoras de sementes. E que o vosso pão de cada dia seja feito de trigo, para que o Senhor tome conta de vosso corpo. Em Tamuz, comei a uva azeda, para que o vosso corpo diminua e Satanás saia dele. No mês de Elul, ajuntai as uvas para que o suco vos sirva de bebida. No mês de Marquesvã, ajuntai as uvas doces, secas e edulcoradas pelo anjo do sol, para que o vosso corpo aumente, pois os anjos do Senhor habitam nele. Deveis comer figos ricos em suco nos meses de Ab e Chébate, e deixai o que sobejar para o anjo do sol, a fim de que vo-lo guarde; comei-o com a polpa de amêndoas todos os meses em que as árvores não derem frutos.

E as ervas que vêm depois da chuva, comei-as no mês de Tébete, para que o vosso sangue se limpe de todos os pecados. E no mesmo mês começai a beber também o leite dos vossos animais, porque por isso deu o Senhor as ervas dos campos aos animais que dão leite, para que alimentem o homem com ele. Pois em verdade vos digo, bem-aventurados são os que só comem à mesa de Deus e abstêm-se de todas as abominações de Satanás. Não comais alimentos impuros trazidos de países distantes, mas comei sempre o que as vossas árvores produzirem. Pois o vosso Deus bem sabe o que vos é necessário, e onde e quando. E dá por comida a todos os povos de todos os reinos o que é melhor para cada um. Não comais como os pagãos, que se empanturram atabalhoadamente, conspurcando o corpo com toda casta de abominações.

"Pois o poder dos anjos de Deus entra em vós com a comida viva que o Senhor vos dá de sua mesa régia. E quando comerdes, tende acima de vós o anjo do ar e abaixo de vós o anjo da água. Respirai longa e profundamente em todas as refeições, para que o anjo do ar abençoe vossos repastos. E mastigai bem a comida com os vossos dentes, para que ela se transforme em água, e para que o anjo da água a transforme em sangue em vosso corpo. E comei devagar, como se fosse uma oração que fazeis ao Senhor. Pois em verdade vos digo, o poder de Deus entrará em vós se comerdes dessa maneira à sua mesa. Mas Satanás converte em pântano fumarento o corpo daquele sobre o qual os anjos do ar e da água não descem em seus repastos. E o Senhor já não o tolera por mais tempo em sua mesa. Pois a mesa do Senhor é um altar, e quem come à mesa do Senhor está em um templo. Pois em verdade vos digo, o corpo do Filho do Homem se converterá em templo, e suas entranhas em altar se ele guardar os mandamentos de Deus. Por esse motivo, não ponhais nada no altar do Senhor quando o vosso espírito estiver atormentado, nem penseis em ninguém com raiva no templo de Deus. E só entreis no santuário do Senhor quando sentirdes em vós mesmos o chamado de seus anjos, pois tudo o que comeis na tristeza, ou na cólera, ou sem desejo, torna-se veneno em vosso corpo. Pois o hálito de Satanás enodoa tudo isso. Ponde com alegria vossas oferendas sobre o altar do vosso corpo, e deixai que todos os maus pensamentos se despeçam de vós quando receberdes no corpo o poder de Deus vindo de sua mesa. E nunca senteis à mesa de Deus antes que ele vos chame pela voz do anjo do apetite.

"Regozijai-vos, por conseqüência, sempre com os anjos de Deus em sua mesa régia, pois isso é agradável ao coração do Senhor. E vossa vida será longa sobre a terra, pois o mais querido dos servos de Deus vos servirá em todos os vossos dias: o anjo da alegria.

"E não vos esqueçais de que todo sétimo dia é sagrado e consagrado a Deus. Em seis dias alimentai o corpo com as dádivas da Mãe Terrena mas, no sétimo, santificai o corpo para o vosso Pai Celestial. No sétimo dia não comais alimento terreno, mas vivei apenas das palavras de Deus e estai todo o dia com os anjos do Senhor no reino do Pai Celestial. E no sétimo dia deixai que os anjos de Deus edifiquem o reino dos céus no vosso corpo, visto que trabalhais durante seis dias no reino da Mãe Terrena. E não permitais que a comida perturbe o trabalho dos anjos no vosso corpo em todo o decorrer do sétimo dia. E Deus vos dará longa vida sobre a terra, para que tenhais uma vida perpétua no reino dos céus. Pois em verdade vos digo, se não virdes mais nenhuma doença sobre a terra, vivereis para sempre no reino dos céus.

"E Deus vos mandará, todas as manhãs, o anjo da luz solar para acordar-vos do vosso sono. Portanto, obedecei aos chamados de vosso Pai Celestial, e não permaneçais, ociosos, na cama, pois os anjos do ar e da água já vos esperam lá fora. E trabalhai o dia inteiro com os anjos da Mãe Terrena para os conhecerdes e para conhecer-lhes as obras cada vez mais e cada vez melhor. Mas quando o sol se puser e vosso Pai Celestial vos mandar o seu anjo mais precioso, o sono, descansai e ficai a noite toda com o anjo do sono. E vosso Pai Celestial vos mandará os seus anjos desconhecidos, para que eles estejam convosco a noite inteira. E os anjos desconhecidos de vosso Pai Celestial vos ensinarão muitas coisas relativas ao reino de Deus, como os anjos que conheceis da Mãe Terrena vos instruem a respeito do reino dela. Pois em verdade vos digo, sereis todas as noites hóspedes do reino do vosso Pai Celestial se guardardes os seus mandamentos. E quando acordardes pela manhã, sentireis em vós o poder dos anjos desconhecidos. E vosso Pai Celestial vo-los mandará todas as noites para que construam o vosso espírito, como a Mãe Terrena vos manda todos os dias os seus anjos, para que construam o vosso corpo. Pois em verdade vos digo, se de dia vossa Mãe Terrena vos cinge nos braços, e de noite o Pai Celestial deposita em vós o seu beijo, os Filhos dos Homens se tornam os Filhos de Deus.

"Resisti dia e noite às tentações de Satanás. Não desperteis à noite nem durmais de dia, a fim de que os anjos de Deus não se afastem de vós.

"E não vos delicie nenhuma bebida e nenhum fumo de Satanás, que os despertem à noite e os façam dormir durante o dia. Pois em verdade vos digo, todas as bebidas e todos os fumos de Satanás são abominações aos olhos do vosso Deus.

"Não pratiqueis a prostituição, nem de dia nem de noite, pois o libertino é como a árvore cuja seiva sai do tronco, que seca antes do tempo e nunca dá fruto. Portanto, não freqüenteis as prostitutas, para que Satanás não seque o vosso corpo e para que o Senhor não o torne improdutivo.

"Evitai tudo o que for demasiado quente ou demasiado frio. Pois é desejo de vossa Mãe Terrena que nem o calor nem o frio façam mal ao vosso corpo. E não deixeis que o vosso corpo se torne nem mais quente nem mais frio além do que os anjos de Deus o tiverem aquecido ou esfriado. E se cumprirdes os mandamentos da Mãe Terrena, todas as vezes que o vosso corpo ficar demasiado quente, ela mandará o anjo do frio esfriar-vos, e todas as vezes que o vosso corpo ficar demasiado frio, ela mandará o anjo do calor aquecer-vos de novo.

"Segui o exemplo de todos os anjos do Pai Celestial e da Mãe Terrena, que trabalham noite e dia, sem descanso, nos reinos dos céus e da terra. Por conseguinte, recebei também em vós mesmos o mais forte dos anjos de Deus, o anjo das façanhas, e trabalhai todos juntos no reino de Deus. Segui o exemplo da água que corre, do vento que sopra, do sol que surge e se põe, das plantas e árvores que crescem, dos animais que correm e saltam de alegria, da lua que míngua e cresce, das estrelas que vão e vêm; todos se movem e executam o seu trabalho. Pois tudo o que tem vida se move e somente o que está morto se imobiliza. Deus é o Deus dos vivos, e Satanás o dos mortos. Servi, portanto, o Deus vivo, para que o movimento eterno da vida vos sustente e para escapardes da eterna imobilidade da morte. Trabalhai, pois, sem parar, para construir o reino de Deus, para não serdes lançados ao reino de Satanás. Pois a alegria eterna abunda no reino vivo de Deus, mas a tristeza imóvel escurece o reino da morte de Satanás. Sede, portanto, Filhos verdadeiros de vossa Mãe Terrena e de vosso Pai Celestial, para não serdes escravos de Satanás. E vossa Mãe Terrena e vosso Pai Celestial vos mandarão seus anjos para ensinar-vos, amar-vos e servir-vos. E os seus anjos escreverão os mandamentos de Deus em vossa cabeça, em vosso coração e em vossas mãos, para poderdes conhecer, sentir e cumprir os mandamentos de Deus.

"E rezai todos os dias a vosso Pai Celestial e a vossa Mãe Terrena, para que a vossa alma se torne tão perfeita quanto é perfeito o espírito sagrado de vosso Pai Celestial, e para que o vosso corpo se torne tão perfeito quanto é perfeito o corpo de vossa Mãe Terrena. Pois se compreenderdes, sentirdes e praticardes os mandamentos, tudo o que pedirdes ao vosso Pai Celestial e à vossa Mãe Terrena vos será concedido. Pois a sabedoria, o amor e o poder de Deus estão acima de tudo.

"Deste modo, pois, rezai para o vosso Pai Celestial: Pai nosso que estás no céu, santificado seja o teu nome. Venha a nós o teu reino. Seja feita a tua vontade assim na terra como no céu. O pão nosso de cada dia dá-nos hoje. E perdoa as nossas dívidas assim como perdoamos aos nossos devedores. E não nos deixes cair em tentação, mas livra-nos do mal. Pois teus são o reino, o poder e a glória, para todo o sempre. Amém.

"E deste modo rezai à vossa Mãe Terrena: Mãe nossa que estás na terra, santificado seja o teu nome. Venha a nós o teu reino, e seja feita a tua vontade, assim em nós como em ti. Assim como mandas todos os dias teus anjos, manda-os também para nós. Perdoa-nos os nossos pecados, como expiamos todos os nossos pecados contra ti. E não nos deixes adoecer, mas livra-nos de todo o mal, pois teus são a terra, o corpo e a saúde. Amém."

E todos rezaram juntos com Jesus ao Pai Celestial e à Mãe Terrena.

Em seguida, Jesus falou-lhes: "Assim como o vosso corpo renasceu graças aos anjos da Mãe Terrena, que o vosso espírito, do mesmo modo, renasça graças aos anjos do Pai Celestial. Tornai-vos, por conseqüência, Filhos verdadeiros de vosso Pai e de vossa Mãe, e Irmãos verdadeiros dos Filhos dos Homens. Até agora estivestes em guerra com o vosso Pai, com a vossa Mãe e com os vossos Irmãos. E servistes a Satanás. A partir de hoje vivei em paz com o vosso Pai Celestial, com a vossa Mãe Terrena e com vossos Irmãos, os Filhos dos Homens. E lutai apenas com Satanás, para que ele não vos roube a paz. Dou a paz de vossa Mãe Terrena ao vosso corpo, e a paz do vosso Pai Celestial ao vosso espírito. E que a paz de ambos reine entre os Filhos dos Homens.

"Vinde a mim, todos vós que estais cansados e sofreis na luta e na aflição! Pois minha paz vos fortalecerá e confortará. Pois minha paz é excessivamente cheia de alegria. Por esse motivo, sempre vos saúdo desta maneira: 'A paz seja convosco!' Saudai-vos sempre, portanto, uns aos outros dessa mesma forma, para que desça sobre o vosso corpo a paz de vossa Mãe Terrena e sobre o vosso espírito a paz do vosso Pai Celestial. Então encontrareis paz também entre vós mesmos, pois o reino de Deus está dentro de vós. E agora voltai para junto de vossos Irmãos, com os quais até hoje estivestes em guerra e dai-lhes também a vossa paz.

Bem-aventurados os que lutam pela paz, pois eles encontrarão a paz de Deus. Ide, e não torneis a pecar. E dai a cada um a vossa paz, como eu vos dei a minha paz. Pois a minha paz é de Deus. A paz seja convosco."

E ele os deixou.

E a sua paz desceu sobre eles; e com o anjo do amor no coração, a sabedoria da lei na cabeça e o poder do renascimento nas mãos, eles se foram para o meio dos Filhos dos Homens, a fim de levar a luz da paz aos que pelejavam na escuridão.

E separaram-se, desejando uns aos outros:

"A PAZ SEJA CONTIGO."

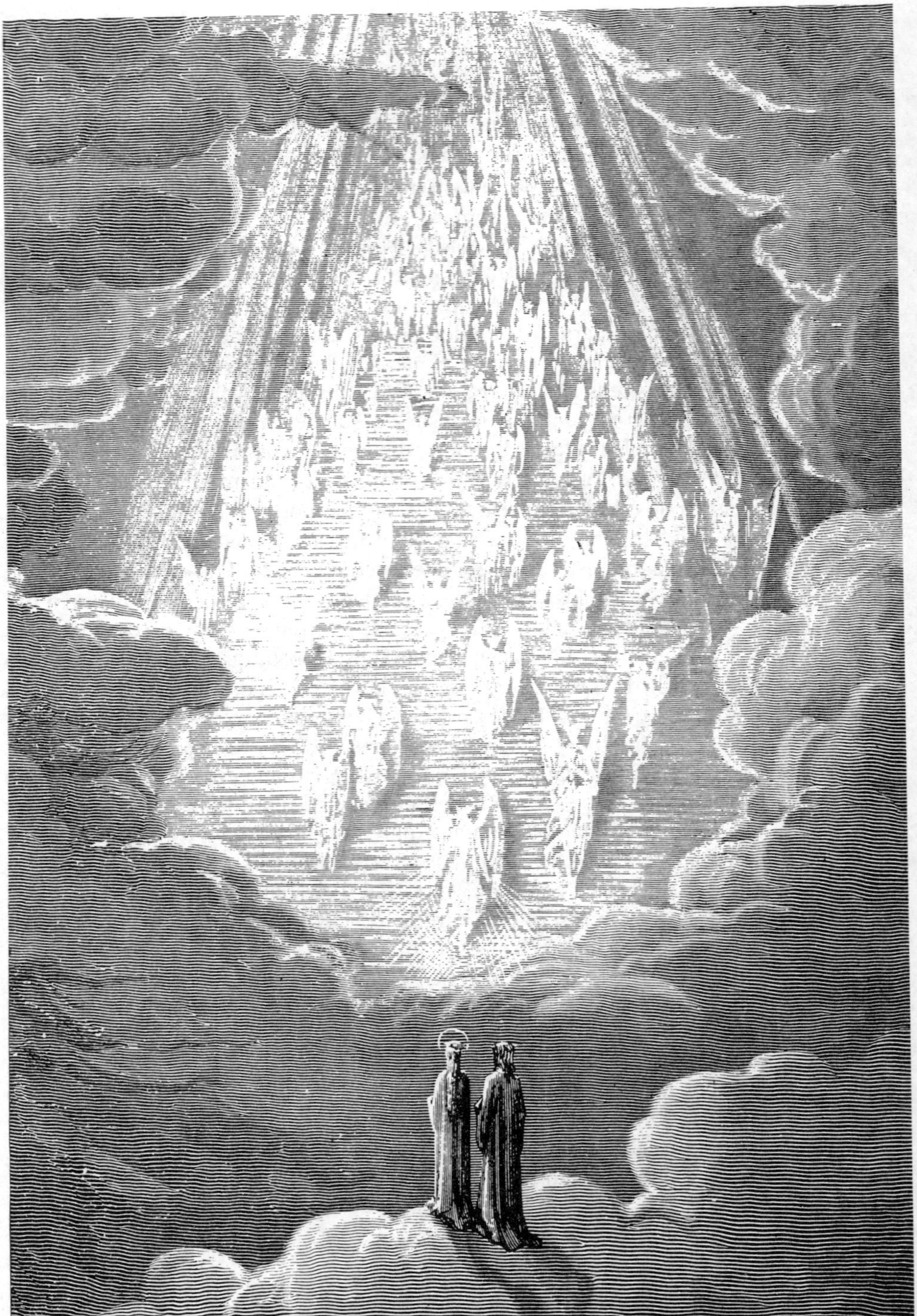

A HISTÓRIA DO EVANGELHO ESSÊNIO DA PAZ

Traduzida por Edmond Bordeaux Szekely
Em quatro volumes

Foi em 1928 que Edmond Bordeaux Szekely publicou pela primeira vez a sua tradução do Primeiro Livro do *Evangelho Essênio da Paz*, antigo manuscrito que encontrou nos Arquivos Secretos do Vaticano, em resultado de uma paciência sem limites, um conhecimento sem falhas e uma intuição infalível. Essa história é contada em seu livro *O Descobrimento do Evangelho da Paz*, publicado em 1975. A versão inglesa do Primeiro Livro apareceu em 1937 e, desde então, o pequeno volume viajou o mundo, apareceu em muitos idiomas diferentes, conquistou a cada ano mais e mais leitores, e vendeu até agora, sem nenhuma propaganda comercial, mais de um milhão de exemplares só nos Estados Unidos. Quase cinqüenta anos após o aparecimento da primeira tradução francesa surgiram o Segundo e o Terceiro Livros (*Os Livros Desconhecidos dos Essênios* e *Manuscritos Perdidos da Irmandade Essênia*), completando com êxito, rapidamente, a popularidade do Primeiro Livro.

Em 1981, consoante os desejos do dr. Szekely, publicou-se postumamente o Quarto Livro, *Os Ensinamentos dos Eleitos*, que representa outro fragmento do manuscrito completo existente em aramaico nos Arquivos Secretos do Vaticano e em esloveno antigo na Biblioteca Real dos Habsburgos (hoje propriedade do governo austríaco). O estilo poético do tradutor empresta vívida realidade às belíssimas palavras de Jesus e dos Anciãos da Irmandade Essênia. Alguns dos capítulos: As Comunhões Essênias, a Paz Sétupla, As Correntes Sagradas (da Vida, da Luz e do Som), O Dom da Vida na Relva Humilde.

LIVRO II
OS LIVROS DESCONHECIDOS DOS ESSÊNIOS

Textos hebraicos e aramaicos traduzidos e organizados por
Edmond Bordeaux Szekely

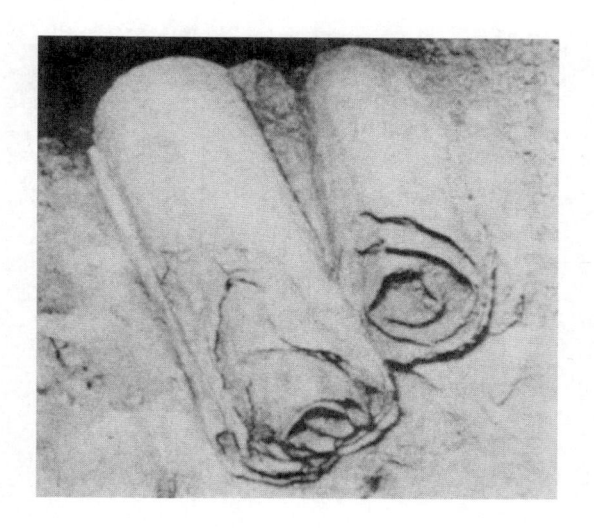

*Este Segundo Livro
do Evangelho Essênio da Paz
é dedicado a todos quantos
esperaram, pacientes, quarenta anos,
no deserto espiritual do século XX,
a terra prometida,
a continuação do Primeiro Livro,
disseminada em 200.000 exemplares
em dezessete idiomas.**

            E.B.S.

---

* Na época desta impressão, o Primeiro Livro espalhou-se em mais de um milhão de exemplares em vinte e seis línguas.

Oh, a Antiga Verdade!
Há séculos e séculos passados foi encontrada,
E atou uns aos outros os membros de uma
  Nobre Irmandade.
A Antiga Verdade!
Agarrem-se a ela com firmeza!
                    — Goethe

PREFÁCIO

Segundo Livro do Evangelho Essênio da Paz

Cumpre-me iniciar este prefácio com uma grande confissão: esta não é a minha primeira tradução do Segundo Livro do Evangelho Essênio da Paz; é a segunda. O primeiro esforço levou muitos anos para se completar e foi feito, meticulosa e literalmente, com centenas de citações e grande cópia de notas filológicas e exegéticas de pé de página. Quando a concluí, senti-me deveras orgulhoso dela e, num gesto presunçoso, dei-a a meu amigo, Aldous Huxley, para ler. Duas semanas depois, perguntei-lhe o que achava da minha monumental tradução. "É muito, muito ruim", respondeu ele. "É até pior do que o mais maçante dos tratados enfadonhos dos patrísticos e dos escolásticos, que ninguém lê hoje em dia. É tão seca e desinteressante que não tenho vontade de ler o Terceiro Livro." Eu estava sem fala e ele continuou: "Você deveria reescrevê-la e dar-lhe um pouco da vitalidade dos seus outros livros — faça-a literária, legível e atraente para leitores do século XX. Tenho certeza de que os essênios não falavam uns com os outros em notas de pé de página! Na forma em que ela está agora, os únicos leitores que terá serão talvez alguns dogmatistas de seminários teológicos, que parecem encontrar um prazer masoquista na leitura desse tipo de coisa. "Entretanto", ajuntou com um sorriso, "você talvez encontre algum valor nela como cura da insônia; todas as vezes que tentei lê-la adormeci em poucos minutos. Tente vender alguns exemplares fazendo propaganda de um novo sonífero nas revistas de saúde — nada de substâncias químicas perniciosas, e coisas assim."

Levei muito tempo para recuperar-me da crítica. Pus de lado o manuscrito durante anos. Entrementes, continuei recebendo milhares de cartas de muitos leitores, de todas as partes do mundo, sobre a minha tradução do Primeiro Livro do Evangelho Essênio da Paz, pedindo o segundo e o terceiro livros prometidos no prefácio. Finalmente, armei-me de coragem para recomeçar. O passar dos anos abrandou-me a atitude e passei a ver a crítica do meu amigo a uma nova luz. Reescrevi o manuscrito inteiro, tratando-o como literatura e poesia, engalfinhando-me com os grandes problemas da vida, não só antigos mas também contemporâneos. Não foi fácil ser fiel ao original e, ao mesmo tempo, apresentar as verdades eternas de maneira agradável ao homem do século XX. E, no entanto, era vitalmente importante que eu tentasse; pois os essênios, mais do que quaisquer outros, se esforçavam por conquistar o coração dos homens por meio da razão e do vívido e poderoso exemplo de sua vida.

Infelizmente, Aldous já não está aqui para ler a minha segunda tradução. Tenho a impressão de que ele gostaria dela (não tem uma nota sequer de pé de página!), mas terei de deixar o julgamento final aos leitores. Se o Segundo e Terceiro Livros se tornarem tão populares quanto o Primeiro, meus esforços de muitos e muitos anos estarão amplamente recompensados.

EDMOND BORDEAUX SZEKELY

San Diego, Califórnia
em primeiro de novembro de 1974.

INTRODUÇÃO

Três caminhos conduzem à Verdade. O primeiro é o caminho da consciência; o segundo, o da natureza e o terceiro é a experiência acumulada de gerações passadas, que recebemos sob a forma das grandes obras-primas de todos os tempos. Desde épocas imemoriais, o homem e a humanidade têm seguido os três caminhos.

O primeiro caminho para a Verdade, o caminho da consciência, é o trilhado pelos grandes místicos. Entendem eles que a consciência é a realidade mais imediata para nós e a chave do universo. Alguma coisa que está em nós, que é nós. E em todo o transcorrer dos séculos, os místicos descobriram que as leis da consciência humana contêm um aspecto não encontradiço nas leis que governam o universo material.

Certa unidade dinâmica existe na nossa consciência, onde um é, ao mesmo tempo, muitos. Podemos ter, simultaneamente, pensamentos, idéias, associações, imagens, lembranças e intuições diferentes que nos ocupam a consciência em frações de minuto ou de segundo, embora toda essa multiplicidade ainda constitua uma única unidade dinâmica. Daí que as leis da matemática, válidas para o universo material, chave da sua compreensão, não serão válidas no campo da consciência, reino em que dois e dois não são de necessidade quatro. Os místicos também descobriram que as medidas de espaço, tempo e peso, universalmente válidas na natureza e em todo o universo material, não se aplicam à consciência, onde, às vezes, uns poucos segundos parecem horas e onde horas inteiras parecem um minuto.

Nossa consciência não existe no espaço e, por conseguinte, não pode ser medida em termos espaciais. Ela tem o seu próprio tempo, não raro intemporal, de forma que não podem aplicar-se medidas temporais à Verdade alcançada por esse caminho. Descobriram os grandes místicos que a consciência humana, sobre ser a realidade mais imediata e mais íntima para nós é, ao mesmo tempo, nossa fonte mais próxima de energia, harmonia e conhecimento. O caminho da Verdade, que leva à consciência, através dela produziu os grandes ensinamentos da humanidade, as grandes intuições e as grandes obras-primas no correr dos séculos. Tal é, portanto, o primeiro caminho para a fonte da Verdade, como a compreendem e interpretam as tradições essênias.

Infelizmente, as magníficas intuições originais dos grandes mestres perdem amiúde a vitalidade ao se transmitirem de uma geração a outra. Elas são muito freqüentemente modificadas, deturpadas e transformadas em dogmas e, mais freqüentemente ainda, seus valores se petrificam em instituições e hierarquias organizadas. As areias do tempo sufocam as intuições puras, que, por fim, têm de ser desenterradas pelos buscadores da Verdade capazes de penetrar-lhes a essência.

Outro perigo é que pessoas que seguem esse caminho da Verdade — o caminho da consciência — possam incidir em exageros. Elas acabam pensando que estão no único caminho para se chegar à Verdade e desdenham dos outros. Muitas vezes também aplicam as leis específicas da consciência humana ao universo material, onde lhes falta validade, e desatendem às leis próprias desta última esfera. O místico cria freqüentemente para si mesmo um universo artificial, cada vez mais afastado da realidade, até acabar vivendo numa torre de marfim e perdendo todo o contato com a realidade e a vida.

O segundo dos três caminhos é o da natureza. Ao passo que o primeiro caminho, o da consciência, parte do interior e dali penetra na totalidade das coisas, o segundo segue na direção oposta. Seu ponto de partida é o mundo exterior. É o caminho do cientista e tem sido palmilhado em todos os tempos pela experiência e pela tentativa, pelo uso dos métodos de indução e dedução. Trabalhando com medidas quantitativas exatas, o cientista mede tudo no espaço e no tempo e estabelece todas as correlações possíveis.

Com o telescópio, invade o espaço cósmico distante, os vários sistemas solares e galácticos; por meio da análise espectral, mede os componentes dos diferentes planetas no espaço cósmico; e por intermédio do cálculo matemático, estabelece de antemão os movimentos dos corpos celestes. Aplicando a lei de causa e efeito, determina o cientista uma longa cadeia de causas e efeitos que o ajuda a explicar e medir o universo, assim como a própria vida.

Como o místico, porém, o cientista incide, não raro, em exagerações. Embora tenha transformado a vida da humanidade e tenha criado grandes valores para o homem em todas as eras, a ciência não apresentou soluções totalmente satisfatórias para os problemas finais da existência, da vida e do universo. O cientista tem a longa cadeia de causas e efeitos segura em todas as partículas, mas não tem a menor idéia do que fazer com o fim da cadeia. Não tem nenhum ponto sólido a que possa ligar esse fim e, nessas condições, percorrendo o caminho da Verdade através da natureza e do universo material, é incapaz de responder às grandes e eternas perguntas respeitantes ao princípio e ao fim de todas as coisas.

Os maiores cientistas reconhecem que, no campo metafísico, para além da cadeia científica, há outra coisa — que continua a partir do fim da citada cadeia. Existem também, todavia, cientistas dogmáticos que negam qualquer outra abordagem da Verdade além da sua e se recusam a atribuir realidade aos fatos e fenômenos que não conseguem enquadrar facilmente em suas próprias categorias e classificações.

O caminho para a Verdade através da natureza não é o do cientista dogmático, assim como o primeiro caminho não é o do místico unilateral. A natureza é um grande livro aberto em que tudo poderá ser encontrado, se aprendermos a tirar dela a inspiração que ela forneceu aos grandes pensadores de todos os séculos. Se aprendermos a sua linguagem, a natureza nos revelará todas as leis da vida e do universo.

Foi por essa razão que todos os grandes mestres da humanidade, de tempos a tempos, se recolheram à natureza: Zaratustra e Moisés foram para as montanhas, Buda para a floresta, Jesus e os essênios para o deserto — e assim seguiram o primeiro e o segundo caminhos ao mesmo tempo. Os dois não se contradizem, pelo contrário, se completam harmoniosamente no pleno conhecimento das leis de ambos. Foi assim que os grandes mestres alcançaram verdades maravilhosas e profundíssimas, inspiradoras de milhões de criaturas através de milhares de anos.

O terceiro caminho da Verdade é a sabedoria, conhecimento e experiência adquiridos pelos grandes pensadores de todos os tempos e que nos foram transmitidos sob a forma de profundos ensinamentos, de grandes livros sagrados ou escrituras e de importantes obras-primas da literatura universal, que formam, juntas, o que hoje chamaríamos de cultura universal. Resumindo, portanto: nossa abordagem da Verdade é tríplice: através da consciência, da natureza e da cultura.

Nos capítulos seguintes seguiremos esse caminho triplo que conduz à Verdade e examinaremos e traduziremos alguns dos grandes escritos sagrados dos essênios.

Há maneiras diferentes de estudar esses grandes escritos. Uma delas — a de todos os teólogos e das Igrejas organizadas — consiste em julgar cada texto literalmente. Essa é a maneira dogmática, resultante de um longo processo de petrificação, pelo qual as verdades são inevitavelmente transformadas em dogmas.

Quando segue esse caminho, muito fácil porém unilateral, enreda-se o teólogo em contradições e complicações e chega a uma conclusão tão distante da verdade quanto a do intérprete científico desses textos, que os rejeita por inteiramente destituídos de valor e sem nenhuma validade. As abordagens do teólogo dogmático e as do cientista exclusivista representam dois extremos.

Um terceiro erro consiste em acreditar, como fazem certos simbolistas, que esses livros têm apenas um conteúdo simbólico e não passam de parábolas. Com sua própria maneira particular de exageração, esses simbolistas dão milhares de interpretações diferentes e totalmente contraditórias aos grandes textos. O espírito das tradições essênias se opõe aos três modos de interpretar os citados escritos perenes e adota um enfoque inteiramente diverso.

O método essênio de interpretação desses livros cifra-se, de um lado, em colocá-los em correlação harmoniosa com as leis da consciência humana e da natureza e, de outro, em julgar os fatos e circunstâncias do tempo em que foram escritos. Esse enfoque também leva em consideração o grau de evolução e compreensão do povo a quem determinado mestre dirigia a sua mensagem.

Visto que todos os grandes mestres tinham de adaptar os ensinamentos ao nível da sua audiência, era necessário, no seu entender, formular ensinamentos assim exotéricos como esotéricos. A mensagem exotérica, compreensível para o povo em geral, expressava-se em termos de várias regras, formas e rituais correspondentes às necessidades básicas do povo e da época em apreço. Paralelamente a isso, os ensinamentos esotéricos sobreviveram através dos séculos, em parte como tradições vivas escritas e, em parte, como tradições vivas não escritas, livres de formas, rituais, regras e dogmas, e em todos os períodos se mantiveram vivas e foram praticadas por uma pequena minoria.

É com esse espírito de interpretação da Verdade que o Evangelho Essênio da Paz será traduzido nas páginas seguintes. Rejeitando não só os métodos dogmáticos da interpretação literal e puramente científica bem como a exageração dos simbolistas, tentaremos traduzir o Evangelho Essênio da Paz à luz da nossa consciência e da natureza, e em harmonia com as grandes tradições dos essênios, a cuja irmandade os próprios autores dos Manuscritos do Mar Morto também pertenciam.

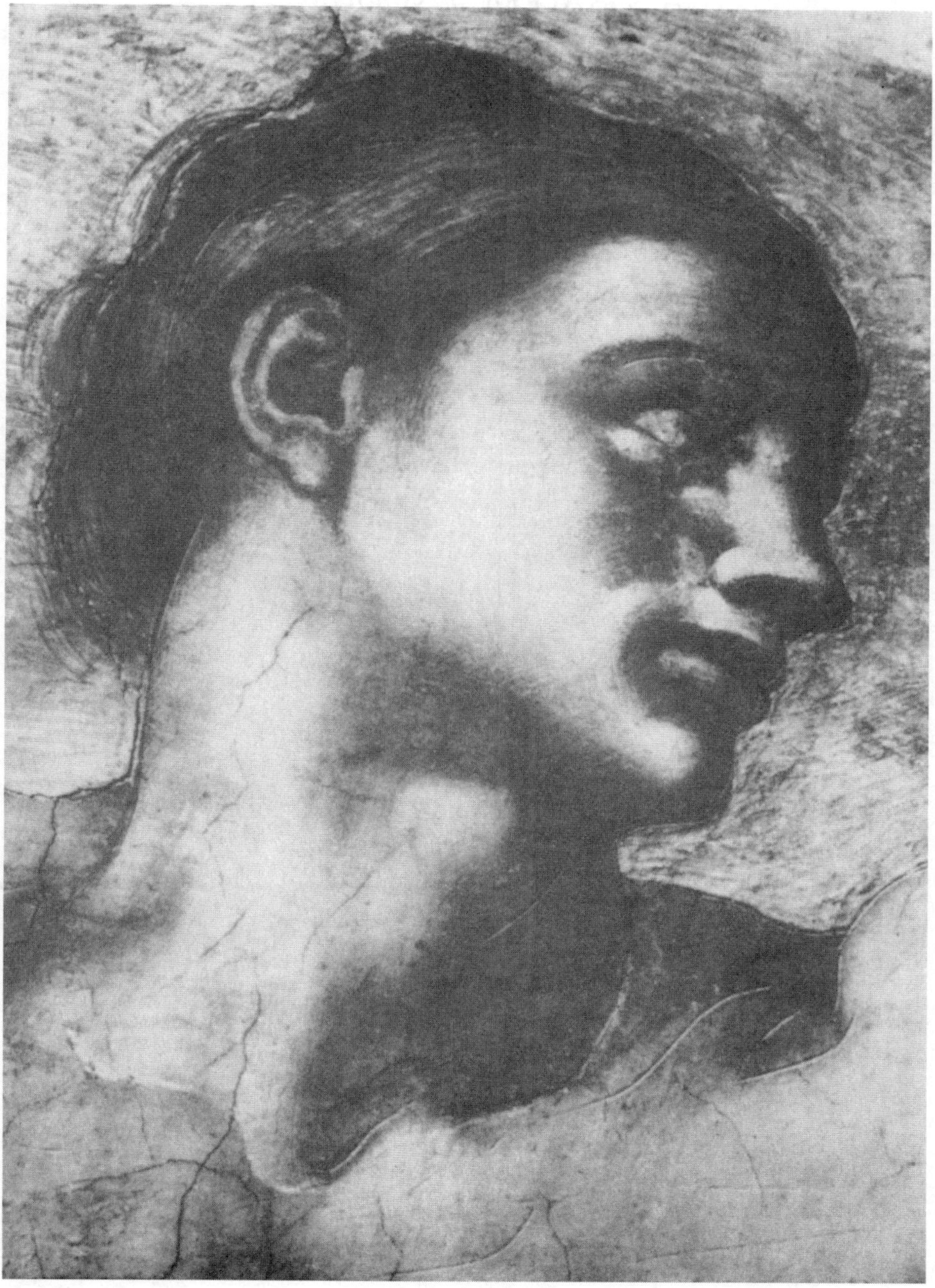

A VISÃO DE ENOQUE

A Mais Antiga Revelação

Deus Fala ao Homem

Falo contigo.
Acalma-te
Conhece
Que eu sou
Deus.

Falei contigo
Quando nasceste.
Acalma-te
Conhece
Que eu sou
Deus.

Falei contigo
À tua primeira visão.
Acalma-te
Conhece
Que eu sou
Deus.

Falei contigo
À tua primeira palavra.
Acalma-te
Conhece
Que eu sou
Deus.

Falei contigo
Ao teu primeiro pensamento.
Acalma-te
Conhece

*Que eu sou
Deus.*

*Falei contigo
Ao teu primeiro amor.
Acalma-te
Conhece
Que eu sou
Deus.*

*Falei contigo
Ao teu primeiro canto.
Acalma-te
Conhece
Que eu sou
Deus.*

*Falo contigo
No meio da relva dos prados.
Acalma-te
Conhece
Que eu sou
Deus.*

*Falo contigo
No meio das árvores das florestas.
Acalma-te
Conhece
Que eu sou
Deus.*

*Falo contigo
No meio dos vales e dos montes.
Acalma-te
Conhece
Que eu sou
Deus.*

*Falo contigo
No meio das Montanhas Sagradas.*

*Acalma-te
Conhece
Que eu sou
Deus.*

*Falo contigo
Através da chuva e da neve.
Acalma-te
Conhece
Que eu sou
Deus.*

*Falo contigo
Através das ondas do mar.
Acalma-te
Conhece
Que eu sou
Deus.*

*Falo contigo
Através do orvalho da manhã.
Acalma-te
Conhece
Que eu sou
Deus.*

*Falo contigo
Através da paz da noite.
Acalma-te
Conhece
Que eu sou
Deus.*

*Falo contigo
Através do esplendor do sol.
Acalma-te
Conhece
Que eu sou
Deus.*

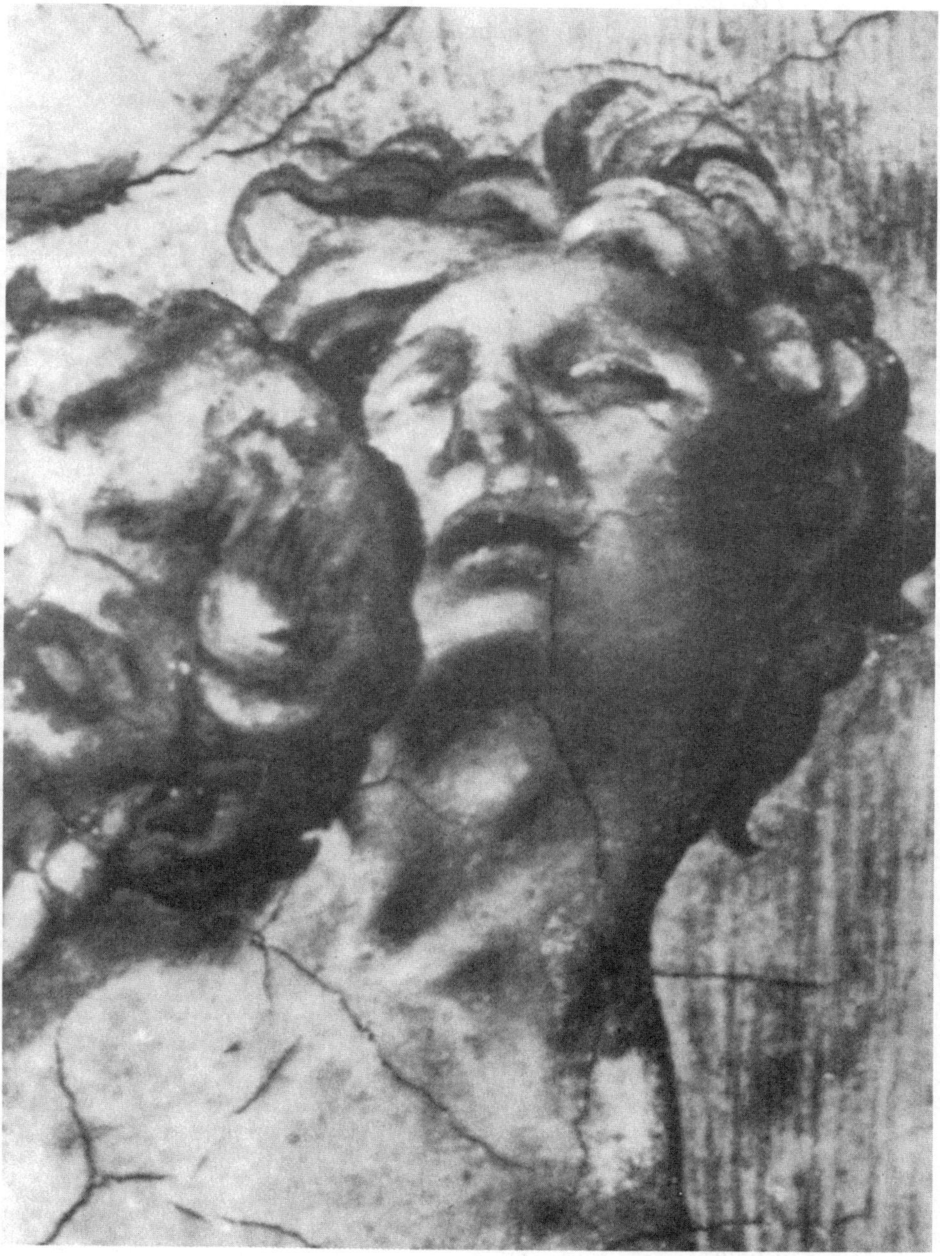

*Falo contigo
Através das estrelas brilhantes.
Acalma-te
Conhece
Que eu sou
Deus.*

*Falo contigo
Através da tormenta e das nuvens.
Acalma-te
Conhece
Que eu sou
Deus.*

*Falo contigo
Através do trovão e do raio.
Acalma-te
Conhece
Que eu sou
Deus.*

*Falo contigo
Através do misterioso arco-íris.
Acalma-te
Conhece
Que eu sou
Deus.*

*Falarei contigo
Quando estiveres só.
Acalma-te
Conhece
Que eu sou
Deus.*

*Falarei contigo
Através da Sabedoria dos Antigos.
Acalma-te
Conhece*

*Que eu sou
Deus.*

*Falarei contigo
No fim dos tempos.
Acalma-te
Conhece
Que eu sou
Deus.*

*Falarei contigo
Quando tiveres visto os meus Anjos.
Acalma-te
Conhece
Que eu sou
Deus.*

*Falarei contigo
Por toda a Eternidade.
Acalma-te
Conhece
Que eu sou
Deus.*

*Falo contigo.
Acalma-te
Conhece
Que eu sou
Deus.*

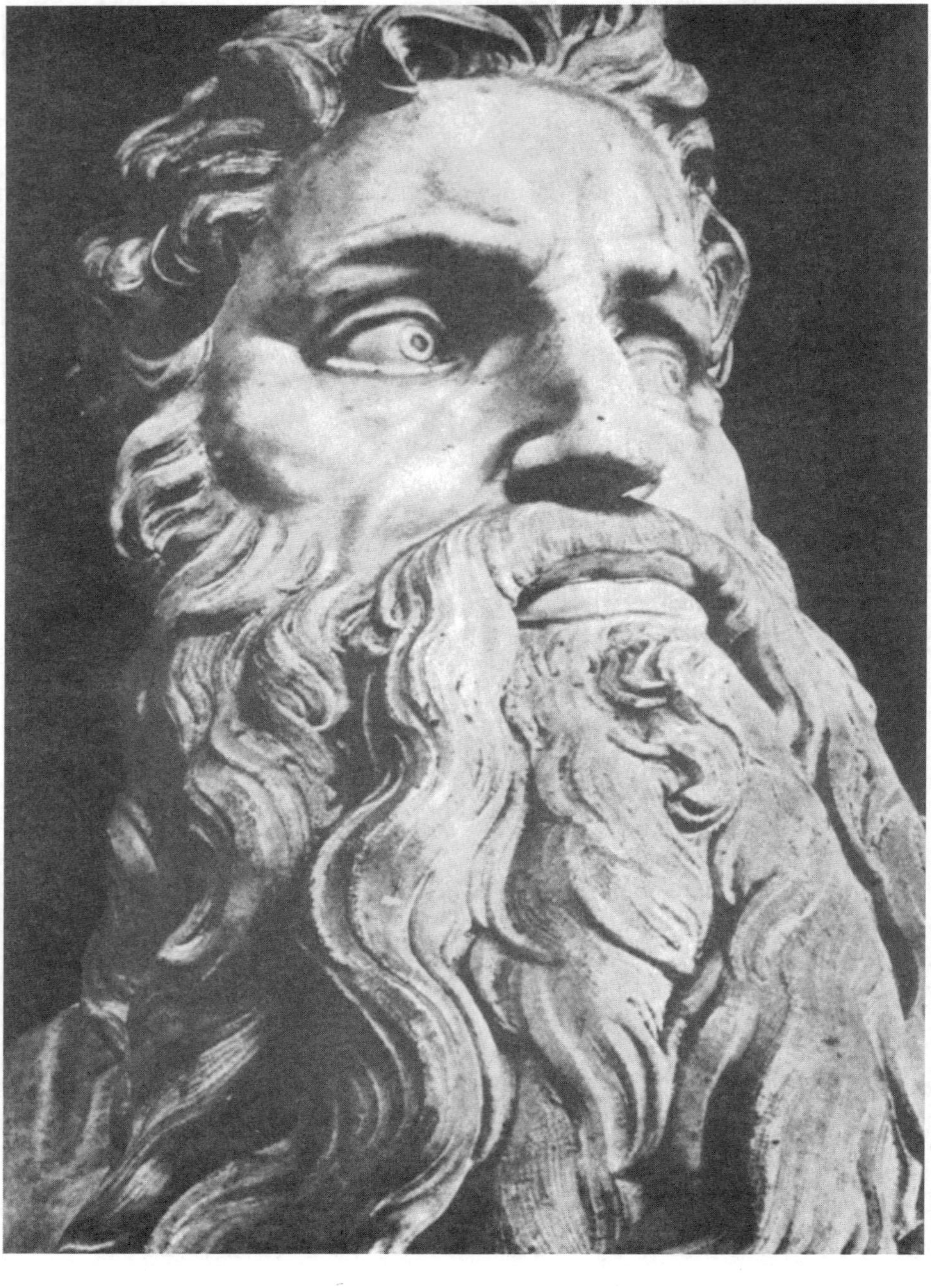

EXTRAÍDO DO LIVRO ESSÊNIO DE MOISÉS

Os Dez Mandamentos

E o Monte Sinai estava totalmente enfumaçado porque o Senhor descera sobre ele em fogo: e sua fumaça subia como a fumaça de uma fornalha, e todo o monte estremeceu grandemente.

E o Senhor desceu sobre o Monte Sinai, no topo do monte: e o Senhor chamou Moisés ao topo do monte: e Moisés subiu.

E o Senhor chamou Moisés fora da montanha, dizendo: Vem a mim, pois te darei a Lei para o teu povo, que será uma aliança com os Filhos da Luz.

E Moisés subiu para Deus. E Deus proferiu todas estas palavras, dizendo:

Eu sou a Lei, teu Deus, que te arrancou às profundezas da servidão da treva.

Não terás outras Leis diante de mim.

Não farás para ti nenhuma imagem da Lei no céu em cima nem na terra embaixo. Eu sou a Lei invisível, sem começo e sem fim.

Não farás para ti leis falsas, pois eu sou a Lei, toda a Lei de todas as leis. Se me desertares, serás visitado por desastres de geração após geração.

Se guardares os meus mandamentos, entrarás no Jardim Infinito onde se ergue a Árvore da Vida no meio do Mar Eterno.

Não violarás a Lei. A Lei é teu Deus, que não te julgará inocente.

Honra tua Mãe Terrena, para que os teus dias sejam longos sobre a terra, e honra teu Pai Celestial, para que a vida eterna seja tua nos céus, pois a terra e os céus te são dados pela Lei, que é o teu Deus.

Saudarás tua Mãe Terrena na manhã do Sábado.

Saudarás o Anjo da Terra na segunda manhã.

Saudarás o Anjo da Vida na terceira manhã.

Saudarás o Anjo da Alegria na quarta manhã.

Saudarás o Anjo do Sol na quinta manhã.

Saudarás o Anjo da Água na sexta manhã.

Saudarás o Anjo do Ar na sétima manhã.

Todos esses Anjos da Mãe Terrena saudarás, e a eles te consagrarás, para entrares no Jardim Infinito onde se ergue a Árvore da Vida.

Adorarás teu Pai Celestial na noite do Sábado.

Comungarás com o Anjo da Vida Eterna na segunda noite.

Comungarás com o Anjo do Trabalho na terceira noite.

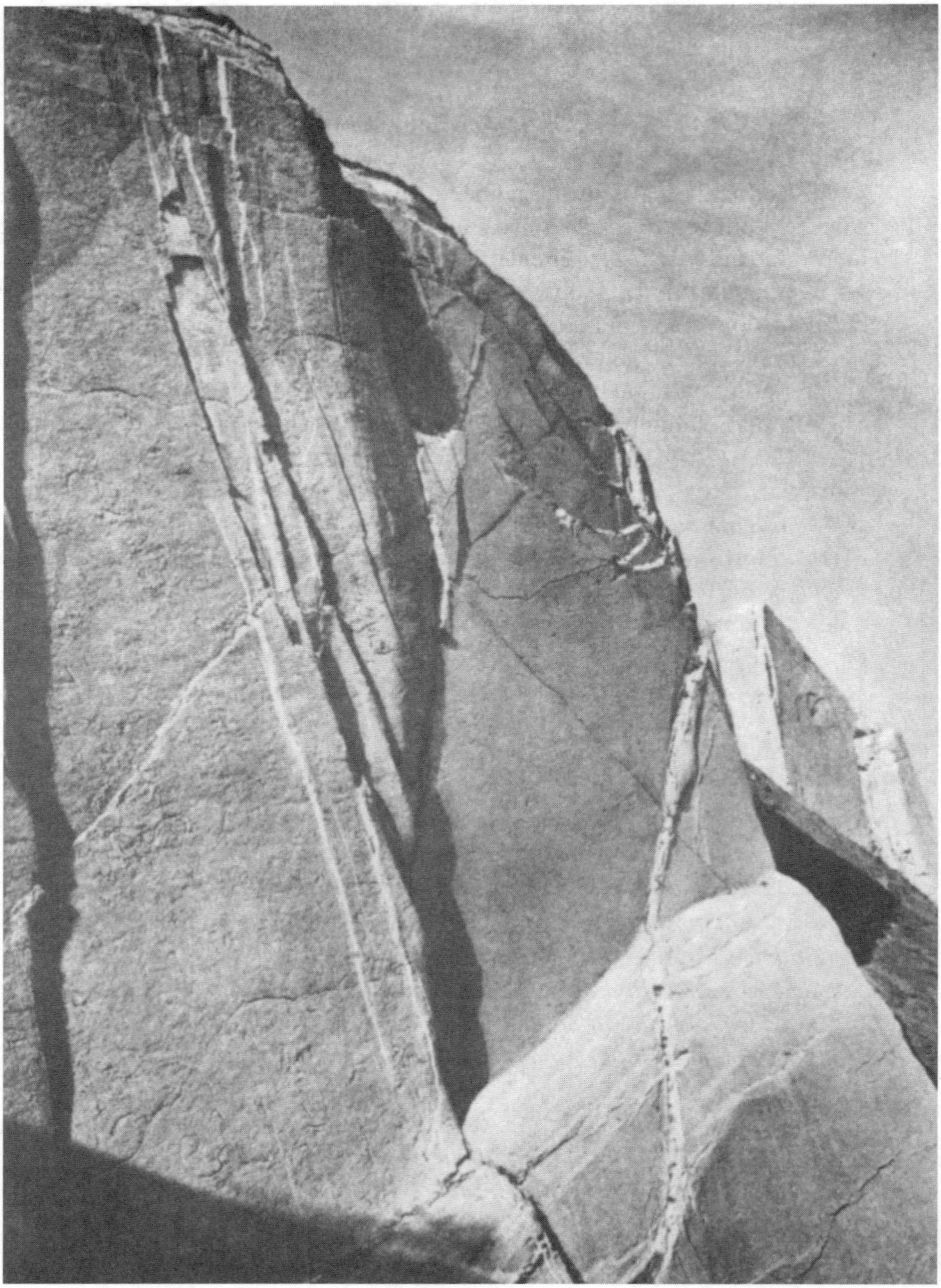

Comungarás com o Anjo da Paz na quarta noite.
Comungarás com o Anjo do Poder na quinta noite.
Comungarás com o Anjo do Amor na sexta noite.
Comungarás com o Anjo da Sabedoria na sétima noite.
Comungarás com todos os Anjos do Pai Celestial para que tua alma se banhe na Fonte de Luz e entre no Mar da Eternidade.

O sétimo dia é o Sábado: lembrar-te-ás disso e o guardarás santo. O Sábado é o dia da Luz da Lei, teu Deus. Nele não farás trabalho algum, mas buscarás a Luz, o Reino do teu Deus, e todas as coisas te serão dadas.

Pois sabe que durante seis dias trabalharás com os Anjos mas, no sétimo, habitarás na Luz do teu Senhor, que é a santa Lei.

Não tirarás a vida de nenhuma coisa viva. A vida só vem de Deus, que a dá e a tira.

Não degradarás o Amor. O Amor é a dádiva sagrada do teu Pai Celestial.

Não negociarás tua Alma, dádiva inestimável do Deus amante, pois as riquezas do mundo, que são como sementes semeadas em solo pedregoso, não tendo raiz em si mesmas, só duram por um pequeno espaço de tempo.

Não darás falso testemunho da Lei, para usá-la contra o teu irmão: Somente Deus conhece o princípio e o fim de todas as coisas, pois o seu olho é único, e ele é a santa Lei.

Não cobiçarás as propriedades do teu vizinho. A Lei te dará presentes muito maiores, e até a terra e os céus, se guardares os Mandamentos do Senhor teu Deus.

E Moisés ouviu a voz do Senhor, e selou dentro de si a aliança que havia entre o Senhor e os Filhos da Luz.

E Moisés voltou-se, e desceu o monte, e as duas tábuas da Lei estavam em sua mão.

E as tábuas eram obra de Deus, e o escrito era escrito de Deus, gravado nas tábuas.

E o povo, não sabendo o que fora feito de Moisés, reuniu-se e despedaçou as arrecadas de ouro que trazia e com elas fez um bezerro fundido. E adorou o ídolo e lhe ofereceu holocaustos.

E comeu e bebeu e dançou diante do bezerro de ouro, que ele fizera, e entregou-se à corrupção e ao mal na presença do Senhor.

E sucedeu que, assim que se aproximou do acampamento e viu o bezerro, as danças e a iniquidade do povo, atiçou-se a cólera de Moisés, que lançou de si as tábuas e quebrou-as ao pé do monte.

E aconteceu que, na manhã seguinte, Moisés disse ao povo: Cometestes um grande pecado, negastes o vosso Criador. Irei ter com o Senhor e suplicarei a remissão do vosso pecado.

E Moisés voltou para junto do Senhor, e disse: Senhor, viste a profanação da tua Santa Lei. Pois teus filhos perderam a fé, adoraram a treva e fizeram para si um bezerro de ouro. Perdoa-os, Senhor, pois eles estão cegos para a luz.

E o Senhor disse a Moisés: *Eis que no princípio do tempo havia uma aliança feita entre Deus e o homem, e a chama sagrada do Criador entrou nele. E ele foi feito filho de Deus e incumbido de guardar a sua primogenitura, de tornar produtiva a terra de seu Pai e conservá-la santa. E aquele que expulsa de si o Criador cospe no seu direito de primogenitura, e não existe pecado mais repugnante do que esse aos olhos de Deus.*

E o Senhor falou, dizendo: *Somente os Filhos da Luz podem guardar os Mandamentos da Lei. Ouve-me, que eu digo isto: as tábuas que quebraste nunca mais serão escritas em palavras de homens. Assim como as devolveste à terra e ao fogo, assim viverão, invisíveis, no coração dos que são capazes de seguir-lhes a Lei. Ao teu povo de pouca fé, que pecou contra o Criador, até quando estavas em solo santo, diante do teu Deus, darei outra Lei. Será uma lei severa, sim, que o obrigará, porque ele ainda não conhece o Reino da Luz.*

E Moisés escondeu a Lei invisível dentro do peito e conservou-a como sinal para os Filhos da Luz. E Deus deu a lei escrita para o povo a Moisés, que desceu para ele, e falou-lhe com o coração triste.

E Moisés disse ao povo: estas são as leis que o teu Deus te deu.

Não terás outros deuses diante de mim.

Não farás para ti nenhuma imagem gravada.

Não tomarás o nome do Senhor teu Deus em vão.

Lembra-te do dia do Sábado, para mantê-lo santo.

Honra teu pai e tua mãe.

Não matarás.

Não cometerás adultério.

Não furtarás.

Não dirás falso testemunho contra teu vizinho.

Não cobiçarás a casa do teu vizinho, nem a esposa do teu vizinho, nem coisa alguma que seja do teu vizinho.

E houve um dia de luto e de expiação pelo grande pecado contra o Criador, que não terminou. E as tábuas quebradas da Lei Invisível viveram escondidas no peito de Moisés, até os Filhos da Luz aparecerem no deserto e os anjos caminharem sobre a terra.

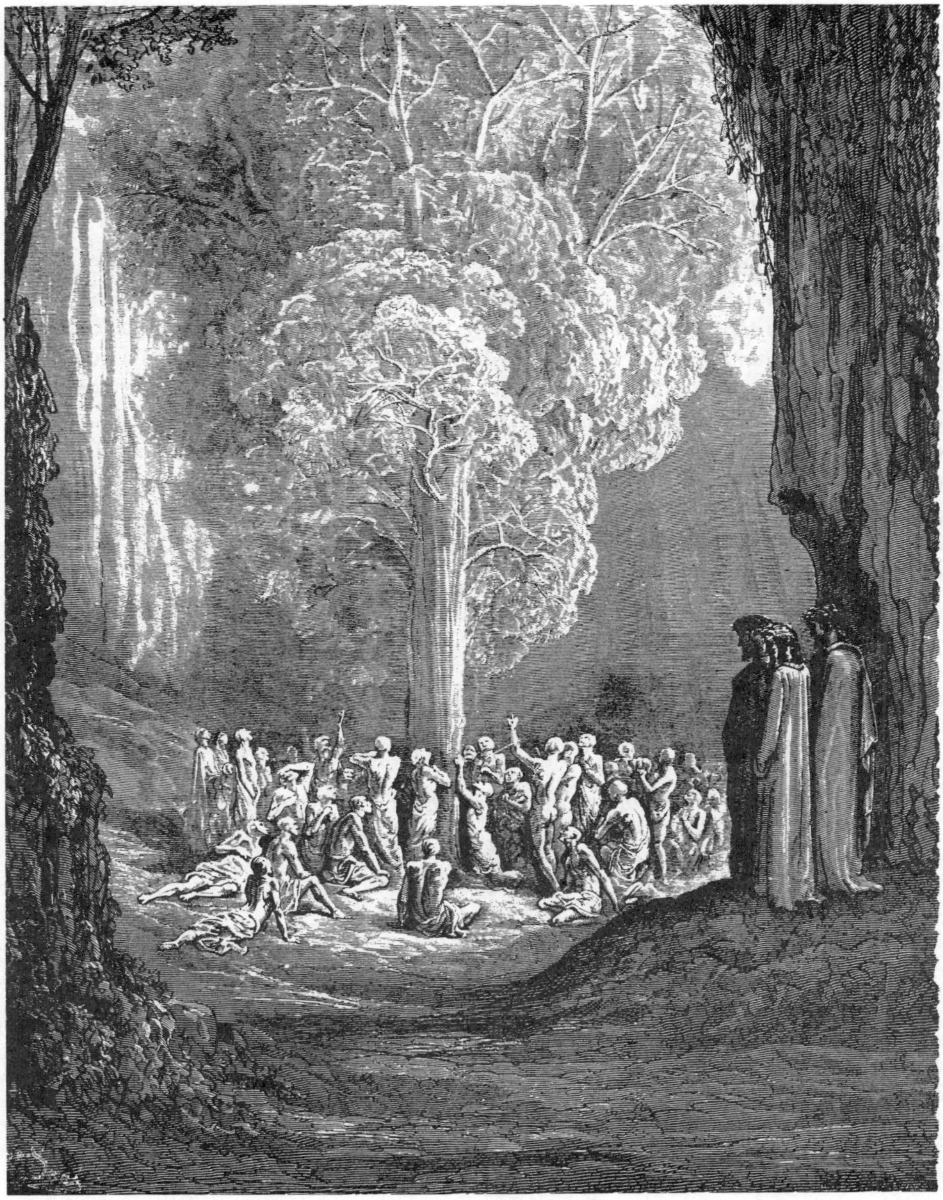

AS COMUNHÕES

E foi às margens de um rio que os cansados e aflitos voltaram a procurar Jesus. Como crianças, haviam esquecido a Lei; e, como crianças, procuravam o pai para que lhes mostrasse onde haviam errado e lhes colocasse os pés novamente no caminho. E quando o sol se ergueu sobre a fímbria da terra, viram Jesus que vinha ao encontro deles descendo a montanha, com o esplendor do sol nascente em torno da cabeça.

E ele ergueu a mão e sorriu para eles, dizendo: "A Paz seja convosco."

Mas eles tinham vergonha de retribuir-lhe a saudação, pois, cada um deles, ao seu jeito, voltara as costas para os santos ensinamentos, e os Anjos da Mãe Terrena e os do Pai Celestial não estavam com eles. Oprimido pela angústia, um homem ergueu a vista e falou: "Mestre, temos severa precisão da tua sabedoria. Pois conhecemos o bom e, no entanto, seguimos o mau. Sabemos que, para entrar no reino do céu, precisamos caminhar com os anjos do dia e da noite e, no entanto, nossos pés trilham os caminhos dos perversos. A luz do dia só brilha na nossa busca do prazer, e a noite cai sobre o nosso descuidado estupor. Diz-nos, Mestre, como podemos caminhar com os anjos e permanecer dentro do seu círculo sagrado, para que a Lei arda em nosso coração com uma chama constante?"

E Jesus falou-lhes:

"Erguer os vossos olhos para o céu
Quando os olhos de todos os homens estão pregados no chão,
Não é fácil.
Adorar aos pés dos anjos
Quando todos os homens só adoram a fama e as riquezas,
Não é fácil.
Mas o mais difícil de tudo
É pensar os pensamentos dos anjos,
É falar as palavras dos anjos
E proceder como os anjos procedem."

E um homem falou: "Mas, Mestre, somos apenas homens, não somos anjos. Como podemos esperar trilhar os caminhos dos anjos? Dize-nos o que devemos fazer."

E Jesus falou:

*"Assim como o filho herda a terra de seu pai,
Assim herdamos nós uma Terra Santa
De nossos Pais.
Essa terra não é um campo que se deva arar,
Mas um lugar dentro de nós
Onde podemos construir nosso Templo Sagrado.
E como um templo precisa ser erguido,
Pedra por pedra,
Eu vos darei as pedras
Para a construção do Templo Sagrado;
O que herdamos
De nossos Pais,
E dos Pais dos seus Pais."*

E todos os homens se reuniram ao redor de Jesus, e seus rostos brilharam com o desejo de ouvir as palavras que lhe sairiam dos lábios. E ele ergueu o rosto para o sol nascente, e a radiância dos raios do sol lhe encheram os olhos quando ele falou:

*"O Templo Sagrado só pode ser construído
Com as antigas Comunhões,
As que são faladas,
As que são pensadas,
E as que são vividas.
Pois se elas forem ditas apenas com a boca,
Serão como a colmeia morta
Que as abelhas abandonaram,
Que já não dá mel.
As Comunhões são uma ponte
Entre o homem e os anjos,
E, como a ponte,
Só podem ser construídas com paciência,
Sim, como a ponte por cima do rio
É formada pedra por pedra,
À medida que vão sendo encontradas à beira d'água.*

*E as Comunhões são catorze,
Como os Anjos do Pai Celestial
São sete,
E os Anjos da Mãe Terrena*

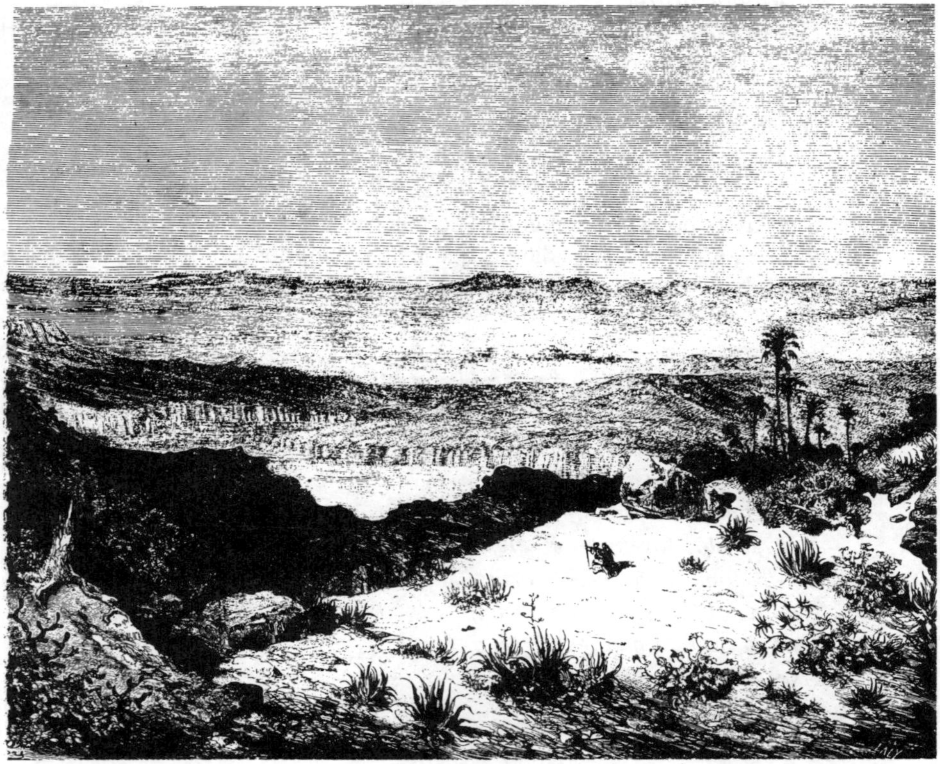

São sete.
E assim como as raízes da árvore
Afundam na terra e se alimentam,
E os galhos da árvore
Erguem os braços para o céu,
Assim o homem é como o tronco da árvore,
Com as raízes no fundo
Do seio da Mãe Terrena,
Enquanto sua alma sobe
Para as estrelas brilhantes do Pai Celestial.
E as raízes da árvore
São os Anjos da Mãe Terrena,
E os galhos da árvore
São os Anjos do Pai Celestial.
E esta é a sagrada Árvore da Vida
Que se ergue no Mar da Eternidade.

A primeira Comunhão é com
O Anjo do Sol,
O que vem todas as manhãs
Como a noiva sai de sua câmara,
Para derramar sua luz de ouro sobre o mundo.
Ó tu, imortal, cintilante, montado em teu corcel velocíssimo,
Anjo do Sol!
Não há calor sem ti,
Não há fogo sem ti,
Não há vida sem ti.
As folhas verdes das árvores
Adoram-te,
E por teu intermédio a minúscula semente de trigo
Torna-se um rio de relva dourada,
A mover-se com o vento.
Por teu intermédio abriu-se a flor
No centro do meu corpo.
Por essa razão nunca me esconderei
De ti.
Anjo do Sol,
Santo mensageiro da Mãe Terrena,
Entra no templo sagrado dentro de mim
E dá-me o Fogo da Vida!

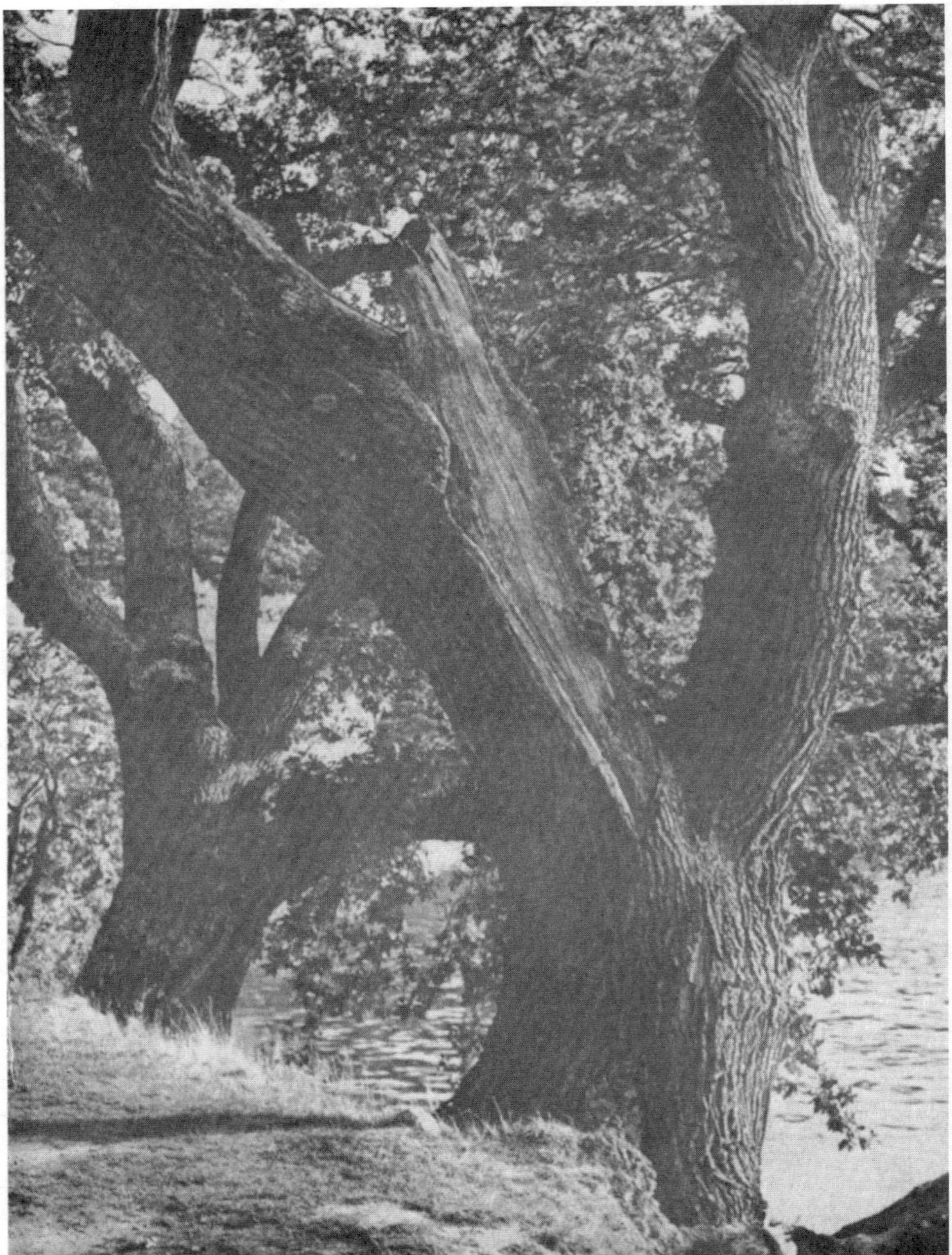

*A Segunda Comunhão é com
O Anjo da Água,
O que faz a chuva
Cair sobre a árida planície,
Que enche o poço seco até a borda.
Sim, nós te adoramos,
Água da Vida.
Desde o mar celestial
Correm e fluem as águas
De fontes inesgotáveis.
No meu sangue escorre
Um milhar de fontes puras,
E vapores, e nuvens,
E todas as águas
Que se espalham pelos sete Reinos.
Todas as águas
Feitas pelo Criador
São santas.
A voz do Senhor
Está sobre as águas:
O Deus de Glória troveja;
O Senhor está sobre muitas águas.
Anjo da Água,
Santo mensageiro da Mãe Terrena,
Entra no sangue que flui através de mim,
Lava o meu corpo na chuva
Que cai dos céus,
E dá-me a Água da Vida!*

*A Terceira Comunhão é com
O Anjo do Ar,
Que espalha o aroma
Dos campos perfumados,
Da relva primaveril depois da chuva,
Dos botões que se abrem da
Rosa de Sarom.
Adoramos o Sopro Sagrado
Posto mais alto
Que todas as outras coisas criadas.*

Pois eis que o eterno e soberano
Espaço luminoso,
Onde governam as estrelas inumeráveis,
É o ar que aspiramos
E o ar que expiramos.
E no momento que medeia entre a aspiração
E a expiração
Se escondem todos os mistérios
Do Jardim Infinito.
Anjo do Ar,
Mensageiro sagrado da Mãe Terrena,
Entra profundamente em mim,
Como a andorinha mergulha, vinda do céu,
Para que eu possa conhecer os segredos do vento
E a música das estrelas.

A quarta Comunhão é com
O Anjo da Terra,
O que extrai trigo e uvas
Da plenitude da terra,
O que traz filhos
Dos rins do esposo e da esposa.
Para o que lavraria a terra,
Com o braço esquerdo e o direito,
Produzirá ele
Grande cópia de frutos e grãos,
Plantas com matizes de ouro
Que crescem da terra
Durante a primavera,
Até onde se prolonga a terra,
Até onde se estendem os rios,
Até onde nasce o sol,
Para distribuir suas dádivas de alimento aos homens.
Louvo esta terra extensa,
Dilatada ao longe por caminhos,
Produtiva, em plena atividade,
Tua Mãe, planta sagrada!
Sim, louvo as terras
Onde cresces,

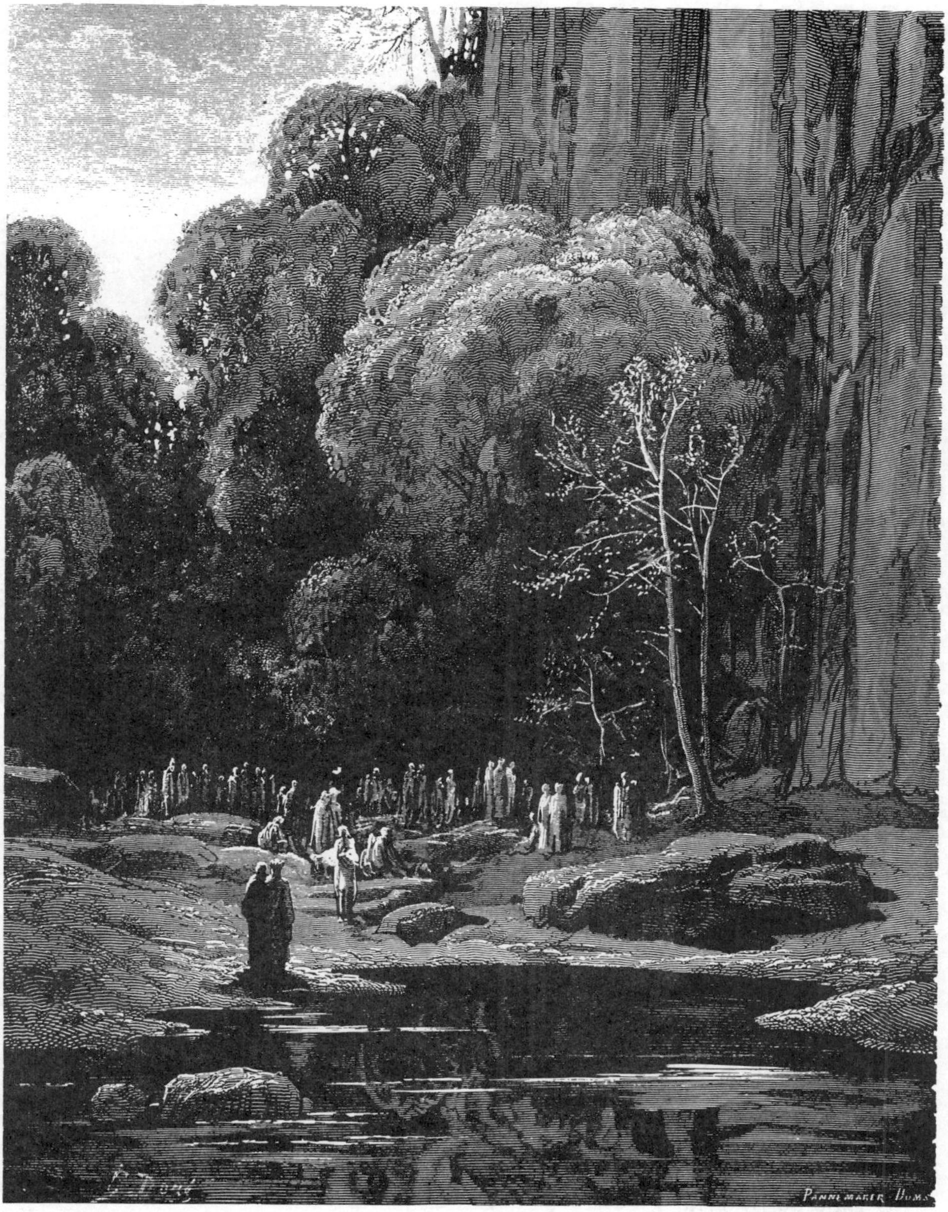

*Perfumada, e onde, logo, se espalha
O bom cultivo do Senhor.
O que semeia o trigo, a relva e o fruto,
Semeia a Lei.
E sua colheita será farta,
E sua colheita estará madura sobre as colinas.
Como recompensa aos seguidores da Lei,
O Senhor mandou o Anjo da Terra,
Mensageiro sagrado da Mãe Terrena,
Fazer as plantas crescer,
E fertilizar o ventre da mulher,
Para que a terra nunca esteja sem
O riso das crianças.
Adoremos nele o Senhor!*

*A quinta Comunhão é com
O Anjo da Vida,
O que dá força e vigor ao homem.
Pois se a cera não for pura,
Como dará a vela uma chama constante?
Ide, pois, às árvores que crescem altaneiras,
E diante da que for mais bela,
Sobranceira e poderosa,
Dizei estas palavras:
'Salve! Ó árvore boa e viva,
Feita pelo Criador!'
E o Rio da Vida
Correrá entre vós e vossa Irmã,
A Árvore,
E a saúde do corpo,
A ligeireza do pé,
A súbita audição dos ouvidos,
A força dos braços
E a visão da águia serão vossas.
Tal é a Comunhão
Com o Anjo da Vida,
Mensageiro sagrado da Mãe Terrena.*

*A sexta Comunhão é com
O Anjo da Alegria,*

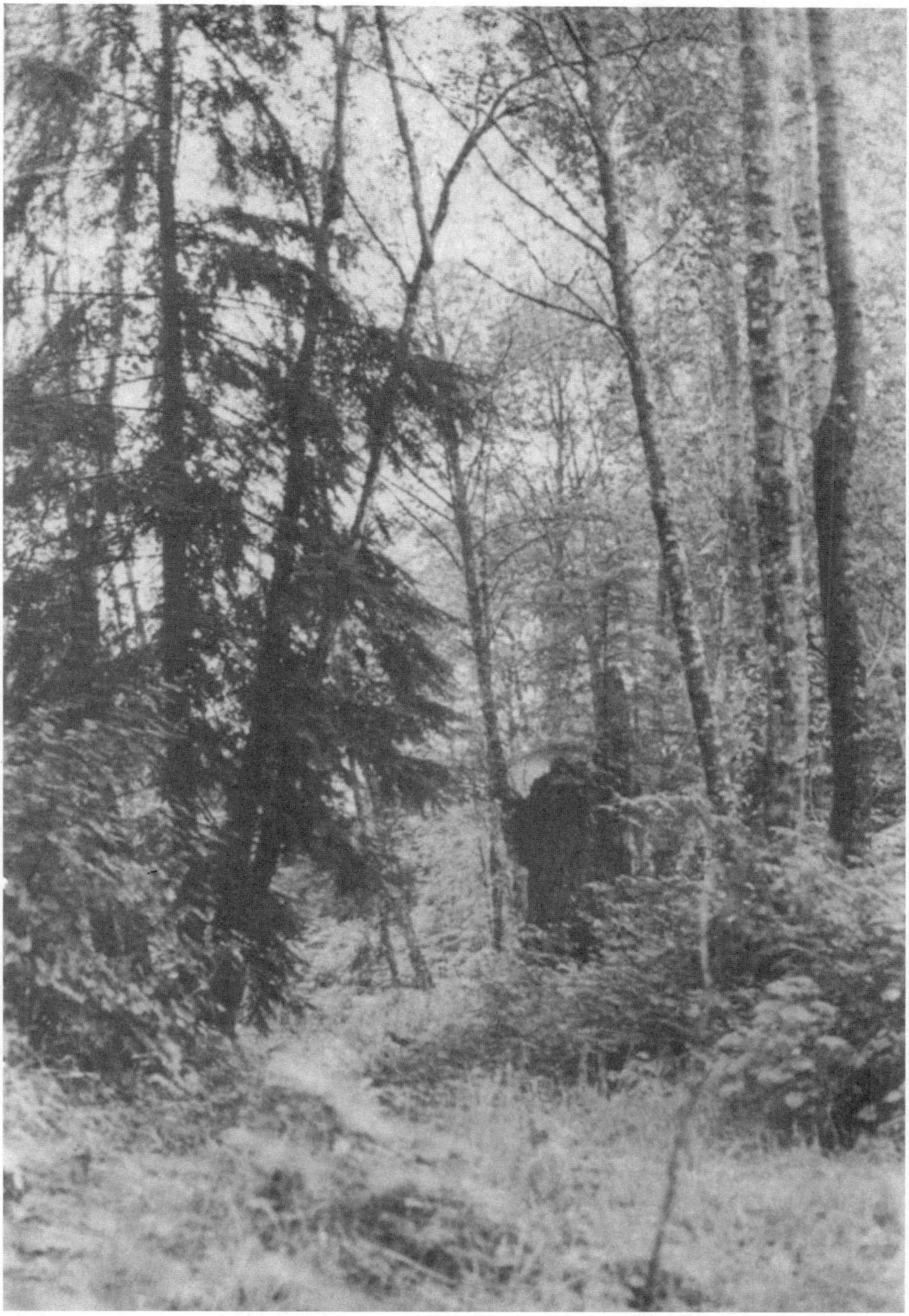

Que desce à terra
Para dar beleza a todos os homens.
Pois não se adora o Senhor com tristeza,
Nem com gritos de desespero.
Abandonai queixumes e lamentações,
E entoai para o Senhor um novo cântico:
Cante para o Senhor a terra toda.
Que os céus se rejubilem
E que a terra esteja alegre.
Que o campo seja prazenteiro,
Que os regatos aplaudam,
Que os outeiros se regozijem juntos
Diante do Senhor.
Pois vós saireis com alegria
E sereis conduzidos em paz:
As montanhas e as colinas
Irromperão em canções diante de vós.
Anjo da Alegria,
Mensageiro sagrado da Mãe Terrena,
Cantarei para o Senhor
Enquanto eu viver:
Entoarei louvores ao meu Deus
Enquanto eu tiver o meu ser.

A sétima Comunhão é com
A nossa Mãe Terrena,
Que manda seus Anjos
Guiar as raízes do homem
E enterrá-las profundamente no solo abençoado.
Invocamos a Mãe Terrena!
A Santa Preservadora!
A Mantenedora!
A que renovará o mundo!
A terra é dela,
E a sua plenitude: o mundo,
E os que habitam nele.
Nós adoramos a boa, a forte,
A benéfica Mãe Terrena
E todos os seus Anjos,

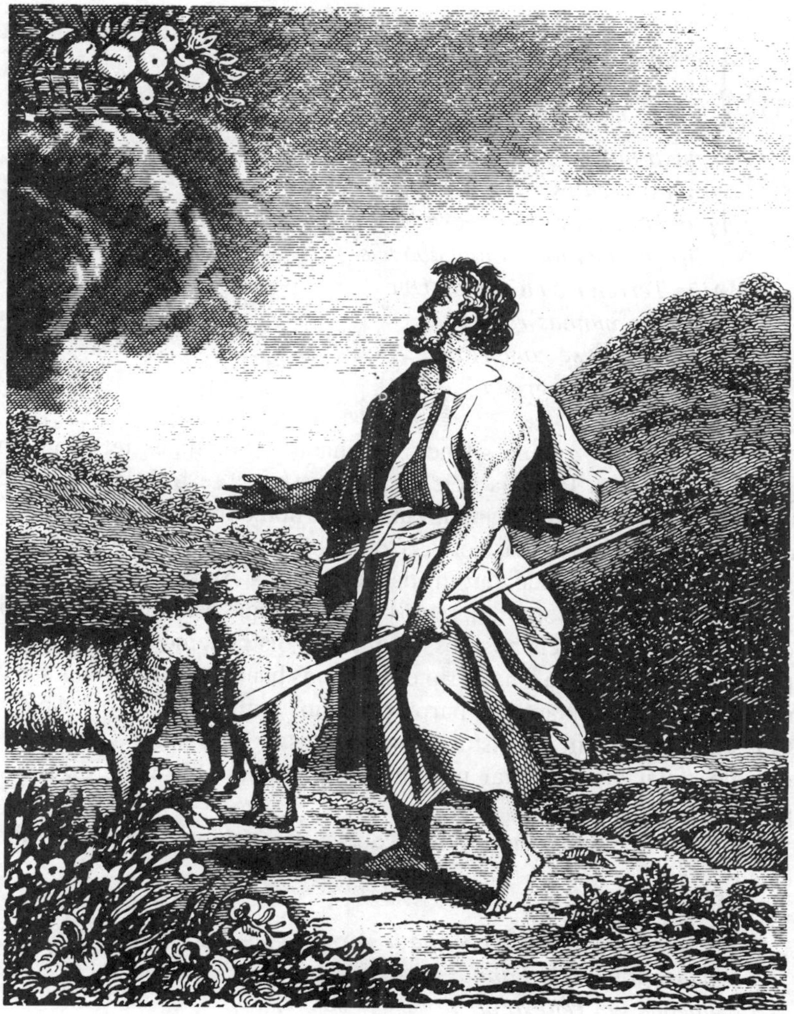

*Generosos, valentes,
E cheios de força;
Conferidores de bem-estar, bondosos,
E doadores de saúde.
Por meio da sua alegria e da sua glória
Crescem as plantas da terra,
Ao pé das fontes inexauríveis.
Por meio da sua alegria e da sua glória
Sopram os ventos,
Empurrando as nuvens para baixo,
Na direção das fontes inacabáveis.
A Mãe Terrena e eu somos Um
Nela tenho minhas raízes
E ela em mim se compraz,
Segundo a Lei Sagrada."*

Seguiu-se um grande silêncio, enquanto os ouvintes refletiam sobre as palavras de Jesus. E havia neles uma força nova, e o desejo e a esperança brilhavam-lhes no rosto. Falou, então, um homem: "Mestre, estamos cheios de impaciência por encetar nossas Comunhões com os Anjos da Mãe Terrena, que plantaram o Grande Jardim da Terra. E os Anjos do Pai Celestial, que governam a noite? Como falaremos com eles, que estão tão longe, tão acima de nós, e são invisíveis aos nossos olhos? Pois podemos ver os raios do sol, podemos sentir a água fria do rio em que nos banhamos, e as uvas são quentes ao nosso toque enquanto se purpureiam nos vinhedos. Mas os Anjos do Pai Celestial não podem ser vistos, nem ouvidos, nem tocados. Como, então, poderemos falar-lhes e entrar no seu Jardim Infinito? Mestre, dize-nos o que precisamos fazer."

E o sol matutino cercou-lhe a cabeça de glória quando Jesus olhou para eles e falou:

*"Meus filhos, não sabeis que a Terra
E tudo o que nela habita
É apenas um reflexo do
Reino do Pai Celestial?
E assim como sois alimentados e confortados
Por vossa mãe quando crianças,
Mas vão juntar-se ao vosso pai nos campos
Depois de crescidos,*

*Assim os Anjos da Mãe Terrena
Vos guiam os passos
Para ele que é o vosso Pai,
E todos os seus santos Anjos,
Para poderdes conhecer o vosso verdadeiro lar
E tornar-vos verdadeiros Filhos de Deus.
Enquanto formos crianças,
Veremos os raios do sol,
Mas não o Poder que o criou;
Enquanto formos crianças,
Ouviremos os sons do córrego que flui,
Mas não o Amor que o criou;
Enquanto formos crianças,
Veremos as estrelas,
Mas não a mão que as espalha
Pelo céu,
Como o lavrador espalha sua semente.
Somente por intermédio das Comunhões
Com os Anjos do Pai Celestial
Aprenderemos a ver o invisível,
A ouvir o que não pode ser ouvido,
E a falar a palavra não pronunciada.*

*A primeira Comunhão é com
O Anjo do Poder,
Que enche o sol de calor
E guia a mão do homem
Em todas as suas obras.
Teu, ó Pai Celestial!
Era o Poder,
Quando determinaste um caminho
Para cada um de nós e para todos.
Através do teu poder
Meus pés trilharão o
Caminho da Lei;
Através do teu poder
Minhas mãos executarão as tuas obras.
Que o rio de ouro do poder
Sempre flua de ti para mim,*

E que o meu corpo sempre se volte para ti,
Como a flor se volta para o sol.
Pois não há poder senão o
Do Pai Celestial;
Tudo o mais é apenas um sonho de poeira,
Uma nuvem que passa sobre o rosto do sol.
Não há homem que tenha poder
Sobre o espírito;
Tampouco tem ele poder no dia da morte.
Somente o poder que vem de Deus
Pode levar-nos para fora da Cidade da Morte.
Guia nossas obras e nossos feitos,
Ó Anjo do Poder,
Mensageiro sagrado do Pai Celestial!

*A segunda Comunhão é com
O Anjo do Amor,
Cujas águas curativas se escoam
Numa corrente infindável
Desde o Mar da Eternidade.
Amada, amemo-nos um ao outro:
Pois o amor é do Pai Celestial,
E todo aquele que ama
Nasceu da Ordem Celestial
E conhece os Anjos.
Pois sem amor,
O coração do homem se resseca e racha
No fundo de um poço seco,
E suas palavras são vazias
Feito uma cabaça oca.
Mas as palavras de amor são que nem um favo de mel
Doce para a alma;
Palavras de amor na boca de um homem
São como águas profundas,
E a nascente do amor
Como um arroio que flui.
Sim, dizia-se nos dias de outrora,
Amarás teu Pai Celestial
Com todo o teu coração,
E com toda a tua mente,
E com todos os teus atos,
E amarás teus irmãos
Como a ti mesmo.
O Pai Celestial é amor;
E aquele que mora no amor
Mora no Pai Celestial,
E o Pai Celestial nele.
Quem não ama é um pássaro errante
Banido do ninho;
Para ele a relva se acaba
E o córrego tem um gosto amargo.
E se um homem diz,
Amo o Pai Celestial*

*Mas odeio o meu irmão,
É mentiroso:
Pois quem não ama seu irmão,
Que já viu,
Como pode amar o Pai Celestial,
Que nunca viu?
Por isto conhecemos os Filhos da Luz:
Os que caminham com o Anjo do Amor,
Pois amam o Pai Celestial,
E amam seus irmãos,
E guardam a Lei Sagrada.
O amor é mais forte*

Que as correntes de águas profundas:
O Amor é mais forte que a morte.

A terceira Comunhão é com
O Anjo da Sabedoria,
Que liberta o homem do medo,
E o faz generoso de coração
E tranqüilo de consciência:
Santa Sabedoria,
A Compreensão que se desdobra,
Continuamente,
Qual manuscrito sagrado,
E, no entanto, não vem por meio do aprendizado.
Toda sabedoria provém
Do Pai Celestial,
E com ele permanece para sempre.
Quem pode contar as areias do mar,
E as gotas da chuva,
E os dias da eternidade?
Quem pode descobrir a altura do céu,
E a largura da terra?
Quem pode revelar o começo
Da sabedoria?
A sabedoria foi criada
Antes de todas as coisas.
O destituído de sabedoria
É como o que diz à floresta,
'Acorda', e diz à pedra muda,
'Levanta-te e ensina!'
Assim são vazias as suas palavras,
E nocivos os seus atos,
Como a criança que brande a espada do pai
E não lhe conhece o gume cortante.
Mas a coroa da sabedoria
Faz a paz e a saúde perfeita
Florescer.
Ambas as quais são as dádivas de Deus.
Ó tu, Ordem Celestial!
E tu, Anjo da Sabedoria!

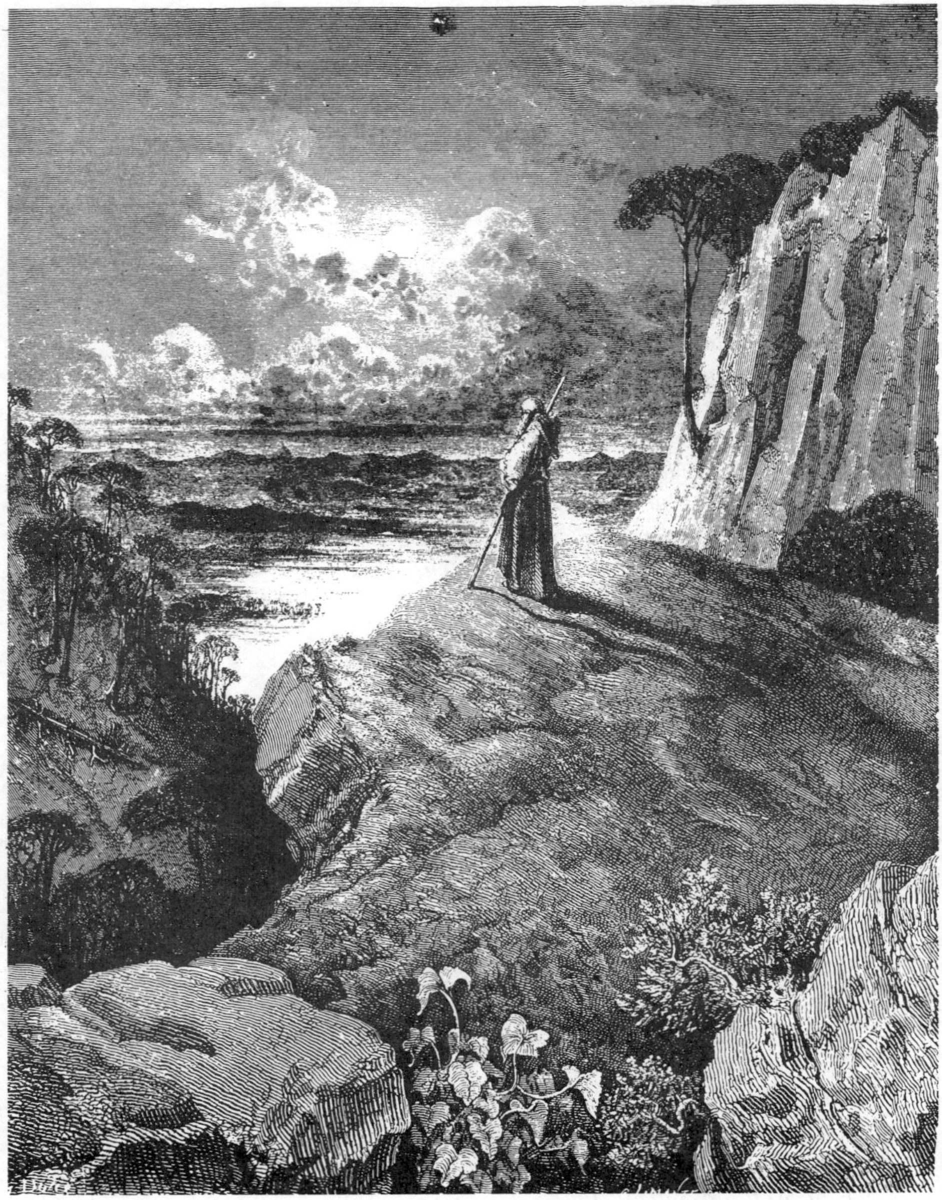

*Eu te adorarei e
Ao Pai Celestial,
Por causa de quem
O rio do pensamento dentro de nós
Corre para o
Mar Sagrado da Eternidade.*

*A quarta Comunhão é com
O Anjo da Vida Eterna,
Que traz a mensagem da Eternidade
Ao homem.
Pois quem caminha com os Anjos
Aprenderá a voar
Acima das nuvens,
E seu lar será
No Mar Eterno
Onde se ergue a Árvore sagrada da Vida.
Não esperes que a morte
Denuncie o grande mistério;
Se não conheces teu Pai Celestial
Enquanto teus pés calcam o solo poento,
Não haverá para ti nada senão sombras
Na vida que há de vir.
Aqui e agora
Se revela o mistério.
Aqui e agora
Se abrem as cortinas.
Não temas, ó homem!
Agarra-te às asas do
Anjo da Vida Eterna,
E alça-te aos caminhos das estrelas,
Da lua, do sol,
E da Luz sem fim,
Que giram em seu
Círculo para sempre,
E voa para o Mar Celestial
Da Vida Eterna.*

*A quinta Comunhão é com
O Anjo do Trabalho,*

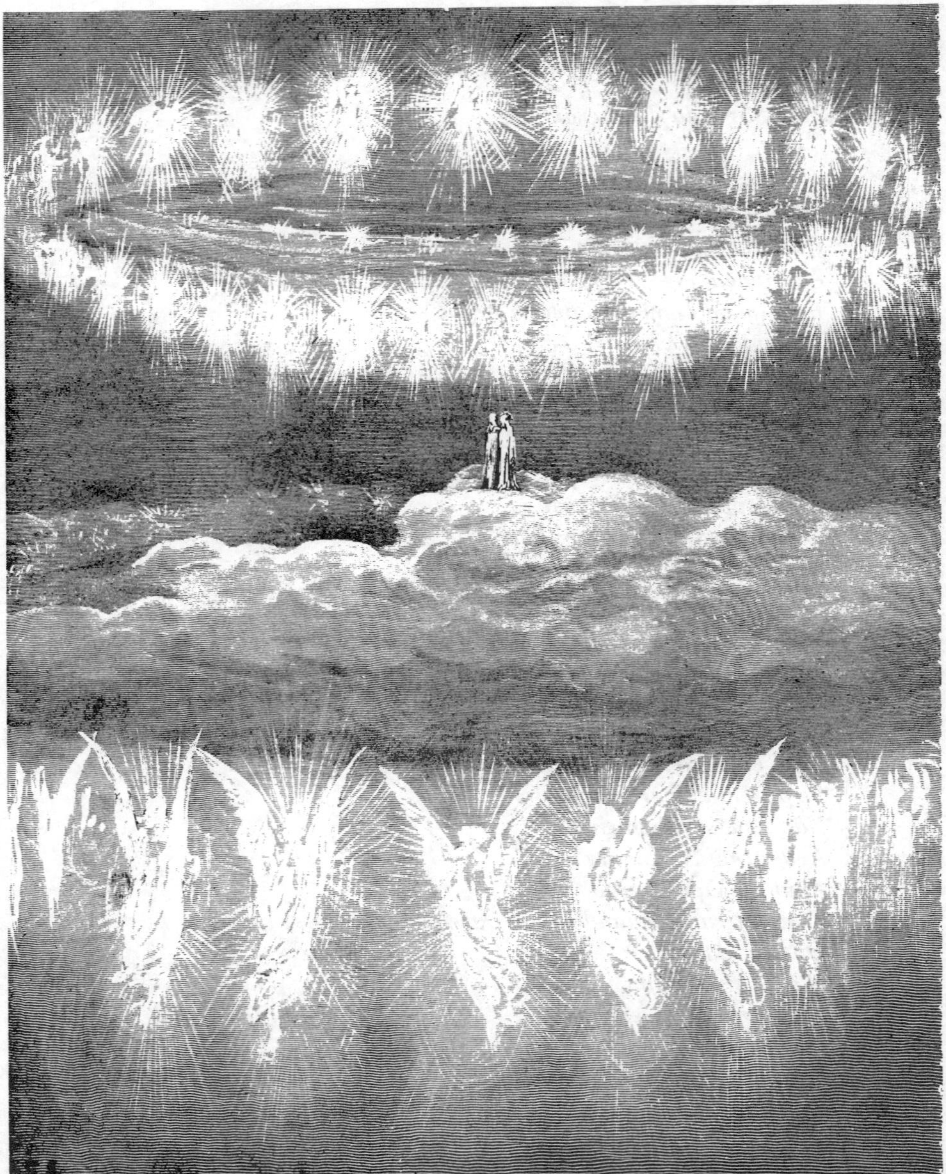

Que canta no zumbir da abelha,
Que não pára no fabrico do mel dourado;
Na flauta do pastor,
Que não dorme para o rebanho não se perder;
Na canção da donzela
Quando leva a mão ao fuso.
E se pensas que estas
Não são tão belas aos olhos do Senhor
Quanto a mais sublime das preces
Ecoada desde as montanhas mais altas,
Enganas-te muito.
Pois o trabalho honesto de mãos humildes
É uma ação de graças cotidiana,
E a música do arado
É um cântico jucundo para o Senhor.
Quem come o pão do ócio
Morrerá de fome,
Porque um campo de pedras
Só pode dar pedras.
Para ele o dia não tem sentido
E a noite é uma jornada amarga de sonhos maus.
A mente do ocioso
Está cheia das ervas do descontentamento;
Mas quem caminha com o
Anjo do Trabalho
Tem dentro em si um campo sempre fértil,
Onde trigo e uvas
E toda a sorte de perfumadas
Ervas e flores medram, abundantes.
Assim como semeares, assim colherás.
O homem de Deus que descobriu sua tarefa
Não pedirá outra bênção.

A sexta Comunhão é com
O Anjo da Paz,
Cujo beijo confere calma
E cujo rosto é como a superfície
De águas imperturbadas,
Em que a lua se reflete.

Invocarei a Paz,
Cujo hálito é amistoso,
Cuja mão suaviza a fronte conturbada.
No reinado da Paz,
Não há fome nem sede,
Nem vento frio nem vento quente,
Nem velhice nem morte.
Mas para quem não tem paz na alma,
Não há lugar para construir dentro de si
O Templo Sagrado;
Pois como pode o carpinteiro edificar
No meio de um furacão?
A semente da violência só pode oferecer
Uma colheita de desolação,
E no barro crestado
Não cresce coisa viva.
Procurai, portanto, o Anjo da Paz,
Que é como a estrela matutina
No meio de uma nuvem,
Como a lua cheia,
Como a formosa oliveira que germina seus frutos,
E como o sol que brilha sobre o templo
Do Altíssimo.
A paz habita o coração do silêncio:
Acalma-te, e conhece que eu sou Deus.

A sétima Comunhão é com
O Pai Celestial,
Que é,
Foi e
Sempre será.
Ó Grande Criador!
Criaste os Anjos Celestiais,
E revelaste as
Leis Celestiais!
És meu refúgio e minha fortaleza
És o eterno.
Senhor, tens sido a nossa habitação
Em todas as gerações.

*Antes que as montanhas fossem geradas,
Ou antes de teres formado a terra,
Sempre do eterno para o eterno,
És Deus.
Quem fez as águas,
E quem faz as plantas?
Quem ao vento
Jungiu as nuvens da tempestade,
As ligeiras e até as velozes?
Quem, Ó Grande Criador!
É a fonte da Vida Eterna
Dentro de nossa alma?
Quem fez a Luz e a Escuridão?
Quem fez o sono
E o gosto das horas de vigília?
Quem distribuiu os meios-dias
E a meia-noite?
Tu, Ó Grande Criador!
Tu fizeste a terra
Com o teu poder,
Formaste o mundo
Com a tua sabedoria,
E estendeste os céus
Com o teu amor.
Revela-me,
Ó Pai Celestial,
A tua natureza,
Que é o poder dos
Anjos do teu Reino Sagrado.
Imortalidade e a Ordem Celestial
Outorgaste Ó Criador,
E a melhor de todas as coisas,
Tua Lei Sagrada!
Louvarei tuas obras
Com cânticos de ação de graças,
Continuamente,
Em todas as gerações do tempo.
Com a vinda do dia
Abraço minha Mãe,*

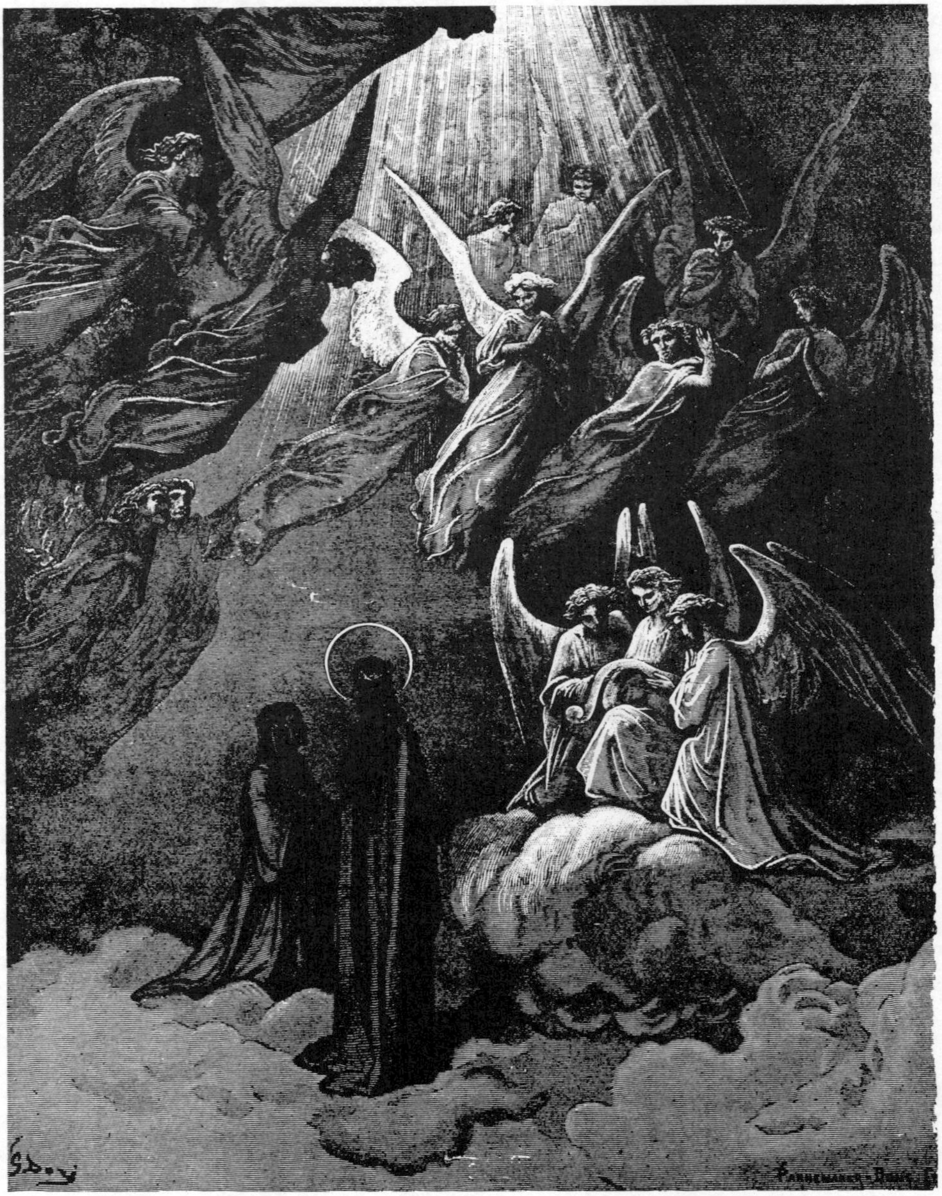

*Com a vinda da noite,
Junto-me a meu Pai,
E com a partida
Da noite e da manhã
Respirar-lhes-ei a Lei,
E não interromperei estas Comunhões
Até o fim dos tempos."*

E sobre o céu e a terra fez-se um grande silêncio, e a paz do Pai Celestial e da Mãe Terrena brilhou sobre a cabeça de Jesus e sobre a multidão.

DO LIVRO ESSÊNIO DE JESUS

A Paz Sétupla

E, vendo a multidão, Jesus subiu a uma montanha e seus discípulos se chegaram a ele, bem como todos os que tinham fome das suas palavras. E, vendo-os reunidos, ele abriu a boca e ensinou-os, dizendo:

"Paz vos trago, meus filhos,
A Paz Sétupla
Da Mãe Terrena
E do Pai Celestial.
Paz vos trago para o corpo,
Guiado pelo Anjo do Poder;
Paz vos trago para o coração,
Guiado pelo Anjo do Amor;
Paz vos trago para a mente,
Guiado pelo Anjo da Sabedoria.
Graças aos Anjos do
Poder, do Amor e da Sabedoria,
Percorrereis os Sete Caminhos
Do Jardim Infinito,
E vosso corpo, vosso coração e vossa mente
Juntar-se-ão em Unidade
Na Fuga Sagrada para o
Mar Celestial da Paz.

Sim, em verdade vos digo,
Os caminhos são sete
Através do Jardim Infinito,
E cada um deles precisa ser percorrido
Pelo corpo, pelo coração e pela mente
Como um só,
Para não tropeçardes e cairdes
No abismo da vacuidade.
Pois assim como o pássaro não voa com uma asa,
Assim também o vosso Pássaro da Sabedoria

*Precisa das duas asas do Poder e do Amor
Para altear-se acima do abismo
Até a Árvore Sagrada da Vida.*

*Pois o corpo só por si
É como uma casa abandonada vista de longe:
O que supúnhamos belo
Não passa de ruína e desolação
Quando nos aproximamos.
O corpo de per si
Parece uma biga feita de ouro,
Cujo construtor a coloca num pedestal,
Relutante em sujá-la com o uso.
Mas como um ídolo de ouro,
É feia e sem graça,
Pois somente em movimento
Revela o seu propósito.
Como a vazia escuridão de uma janela
Quando o vento lhe apaga a vela,
O corpo fica só,
Sem coração e sem mente
Para enchê-lo de luz.*

*E o coração sozinho
É um sol sem terra sobre a qual brilhe,
Uma luz no vácuo,
Uma bola de calor afogada
Num mar de negrura.
Pois quando o homem ama,
O amor se volta para
A própria destruição
Quando não há mão para estender
Em boas obras,
Nem mente para tecer as chamas do desejo
Numa tapeçaria de salmos.
Como furacão no deserto
É o coração desacompanhado,
Sem corpo e sem mente
Que lhe conduzam o cântico
Por entre ciprestes e pinheiros.*

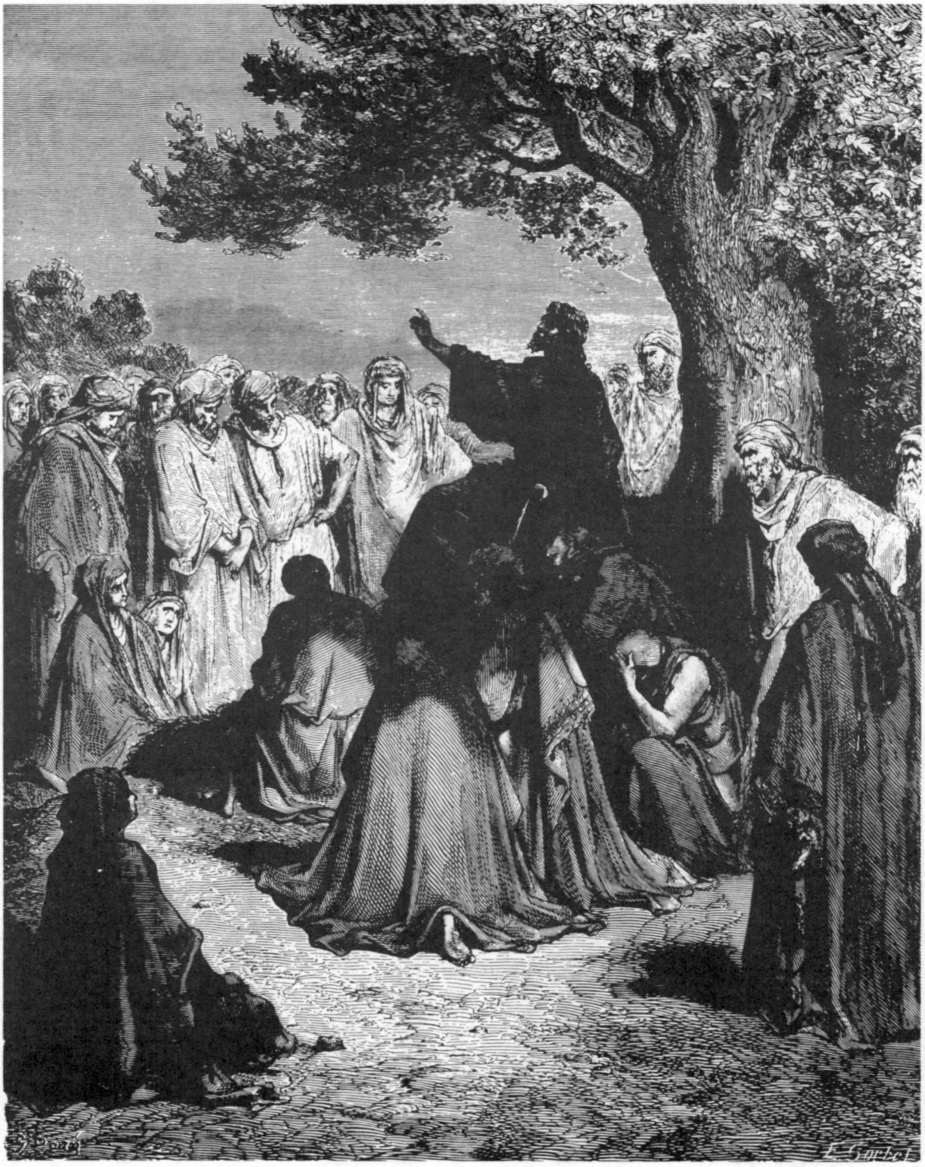

E a mente sozinha
É um manuscrito sagrado
Adelgaçado pelos anos,
Que precisa ser enterrado.
A verdade e a beleza das suas palavras
Não se modificaram,
Mas os olhos já não lêem
As letras desmaiadas,
E ele se despedaça nas mãos.
Assim é a mente sem o coração
Que lhe dê palavras,
E sem o corpo
Que lhe execute as obras.
Pois de que serve a sabedoria
Sem um coração para sentir
E sem uma língua para dar-lhe voz?
Estéril como o ventre de uma mulher idosa
É a mente sozinha,
Sem coração e sem corpo
Que a encham de vida.

Pois eis que em verdade vos digo,
O corpo, o coração e a mente
São como o carro, o cavalo e o cocheiro.
O carro é o corpo,
Forjado em força para fazer a vontade
Do Pai Celestial
E da Mãe Terrena.
O coração é o corcel ardente,
Magnífico e audaz,
Que arrasta o carro bravamente,
Quer seja a estrada sem dificuldades,
Quer pedras e árvores caídas
Lhe atravanquem o trajeto.
E o cocheiro é a mente,
Que empunha as rédeas da sabedoria,
E vê de cima o que há
No horizonte afastado,
E traça o curso de cascos e rodas.

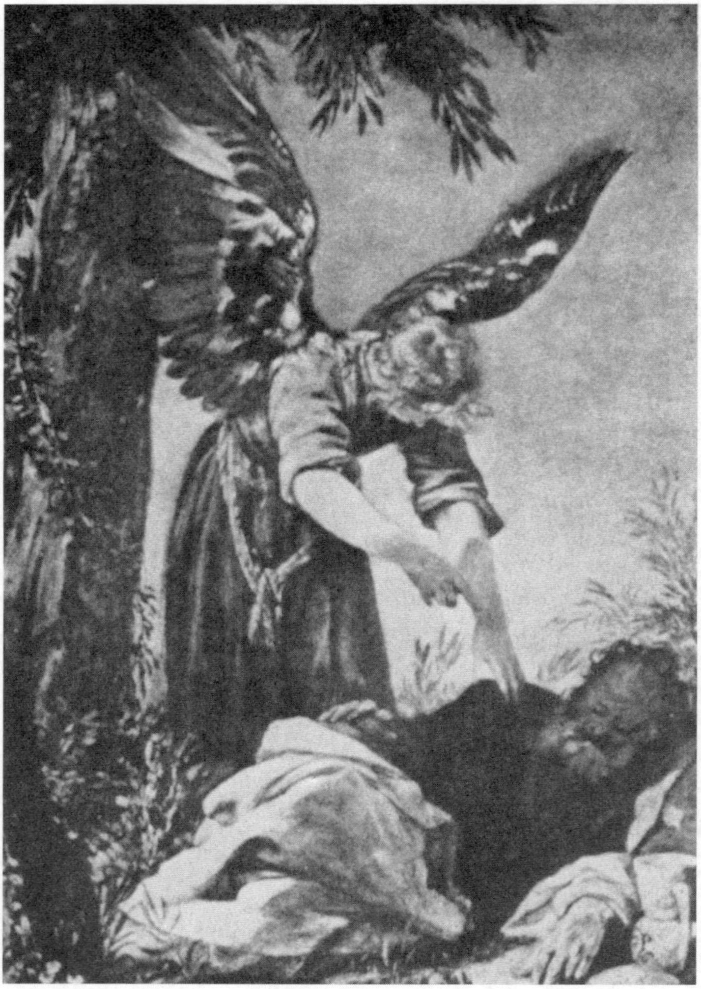

Dai-me ouvidos, ó céus,
Que eu falarei;
E escuta, ó terra,
As palavras da minha boca.
Minha doutrina cairá como chuva,
Minha fala escorrerá como orvalho,
Como a chuva miúda
Sobre a erva tenra,
E como chuveiros sobre a relva.

Bem-aventurado é o Filho da Luz
Que é forte de corpo,
Pois ele se unirá à terra.
Celebrareis um festim todos os dias
Com todos os presentes do Anjo da Terra:
O trigo e os grãos dourados,
As uvas púrpuras do outono,
Os frutos maduros das árvores,
O mel ambarino das abelhas.
Buscareis o ar fresco
Da floresta e dos campos,
E ali, no meio deles,
Encontrareis o Anjo do Ar.
Tirai os sapatos e a roupa
E permiti que o Anjo do Ar
Vos cinja todo o corpo.
Depois respirareis longa e profundamente,
A fim de que o Anjo do Ar
Seja trazido para dentro de vós.
Entrai no rio frio que flui
E permiti que o Anjo da Água
Vos enlace todo o corpo.
Lançai-vos inteiramente em seus braços envolventes,
E com a mesma freqüência com que moveis o ar
Com a vossa respiração,
Movei, com o corpo, a água também.
Buscareis o Anjo do Sol,
E entrareis no abraço
Que purifica com chamas santas.

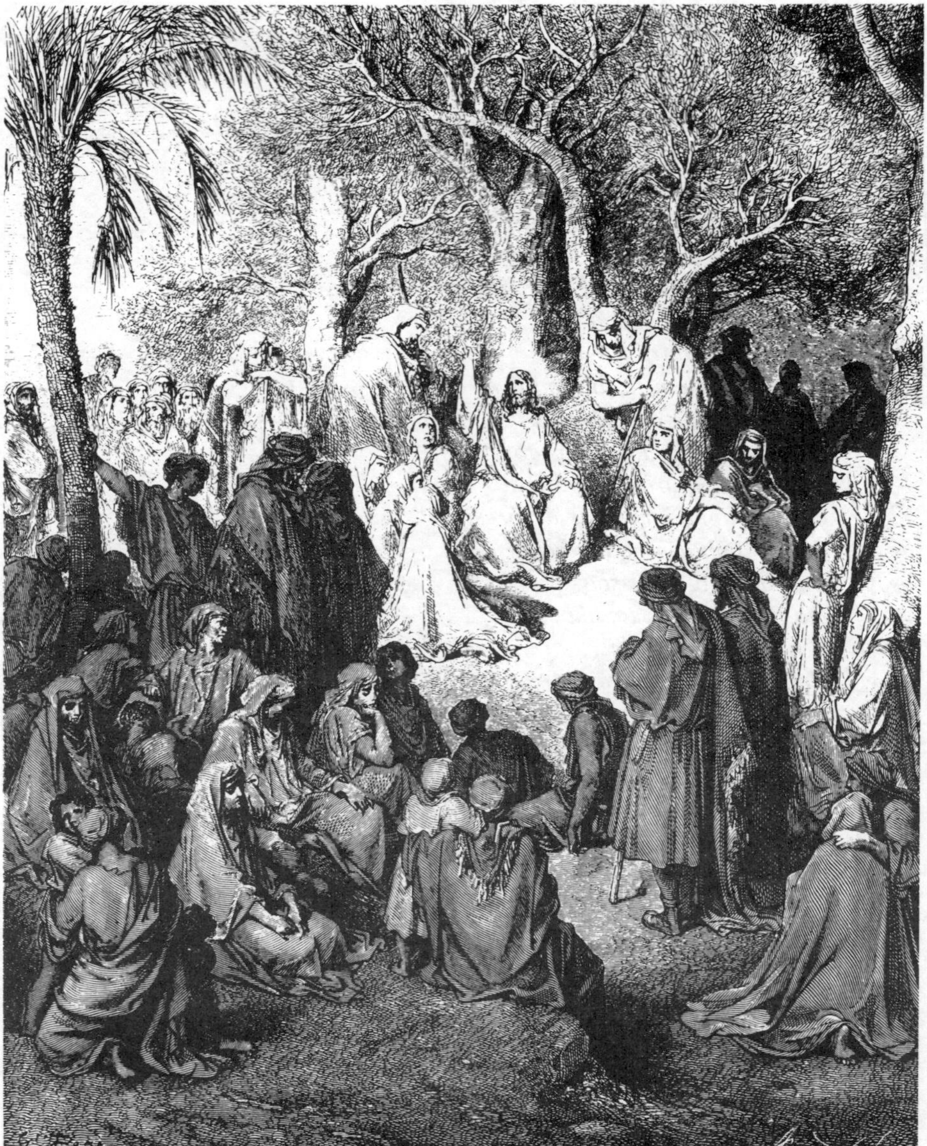

E todas essas coisas são da Lei Sagrada
Da Mãe Terrena,
Ela que vos deu à luz.
O que encontrou paz com o corpo
Construiu um templo sagrado
No qual pode habitar para sempre
O espírito de Deus.
Conhecei essa paz com a mente,
Desejai essa paz com o coração,
Consumai essa paz com o corpo.

Bem-aventurado é o Filho da Luz
Cuja mente é sábia,
Pois ele criará o céu.
A mente do sábio
É um campo bem arroteado,
Que anuncia abundância e fartura.
Pois, se mostrardes um punhado de sementes
A um sábio,
Ele verá, com os olhos da mente,
Um trigal dourado.
E se mostrardes um punhado de sementes
A um tolo,
Ele só verá o que está à sua frente,
E dirá que são pedrinhas sem valor.
E assim como o campo do sábio
Anuncia abundância de grãos,
E o campo do tolo
É uma colheita só de pedras,
O mesmo ocorre com os nossos pensamentos.
Assim como o feixe de trigo dourado
Jaz escondido na minúscula semente,
Assim o reino do céu
Jaz escondido em nossos pensamentos.
Se eles se encherem do
Poder, do Amor e da Sabedoria
Dos Anjos do Pai Celestial,
Eles nos carregarão
Para o Mar Celestial.

*Mas tisnados
Com a corrupção, o ódio e a ignorância,
Acorrentarão nossos pés
A pilares de dor e sofrimento.
Ninguém pode servir a dois senhores;
Tampouco maus pensamentos permanecem na mente
Cheia da Luz da Lei.
Quem encontrou paz com a mente
Aprendeu a librar-se além
Do Reino dos Anjos.
Conhecei essa paz com a mente,
Desejai essa paz com o coração,
Consumai essa paz com o corpo.*

*Bem-aventurado é o Filho da Luz
Cujo coração é puro,
Pois ele verá a Deus.
Pois assim como o Pai Celestial vos deu
Seu espírito santo,
E vossa Mãe Terrena vos deu
Seu corpo santo,
Assim dareis amor
A todos os vossos irmãos.
E vossos verdadeiros irmãos são todos os
Que fazem a vontade de vosso Pai Celestial
E de vossa Mãe Terrena.
Seja o vosso amor como o sol
Que brilha sobre todas as criaturas da terra
E não favorece uma haste de relva
Em detrimento de outra.
E esse amor fluirá qual fonte
De irmão para irmão,
E à medida que se esgotar
Será reabastecido.
Pois o amor é eterno.
O amor é mais forte
Que as correntes de águas profundas.
O amor é mais forte que a morte.
E se um homem não tiver amor,*

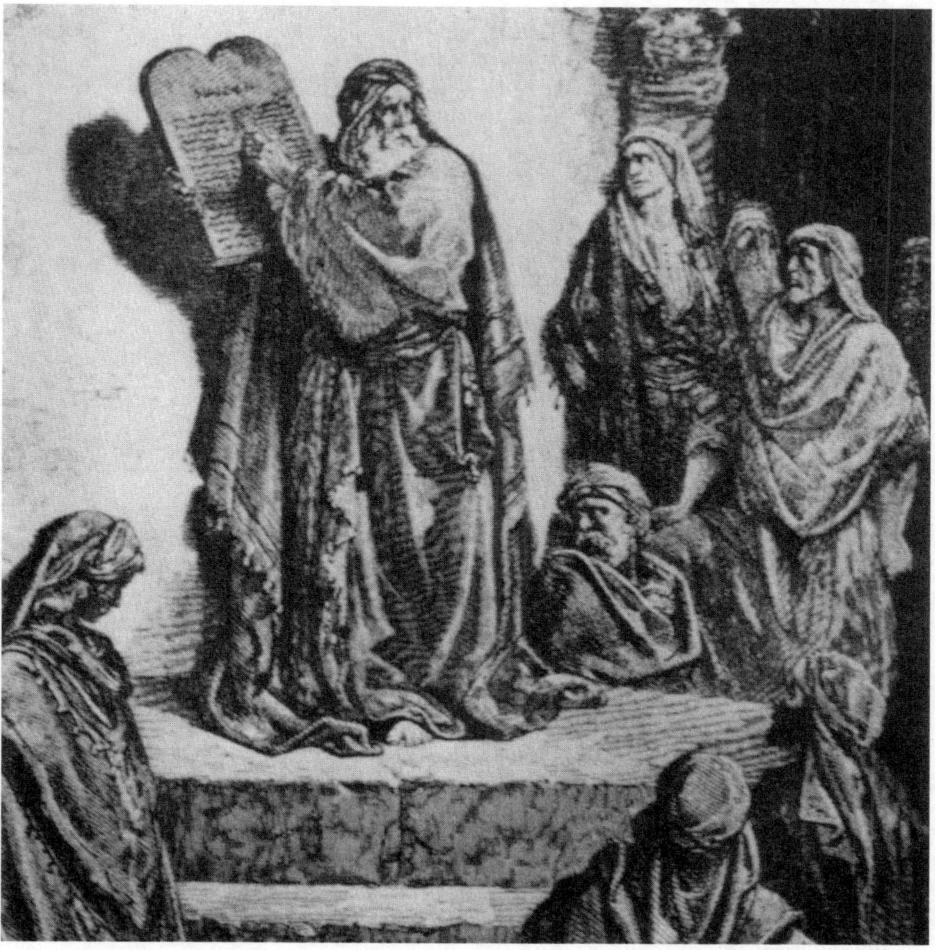

Estará construindo um muro entre ele
E todas as criaturas da terra,
E dessa maneira viverá
Na solidão e na dor.
Ou poderá tornar-se como um irado sorvedouro
Que suga para suas profundezas
Tudo o que flutua demasiado perto.
Pois o coração é um mar de ondas imensas,
E o amor e a sabedoria precisam moderá-lo,
Como o sol que rompe quente através das nuvens
E aquieta o mar agitado.
Quem encontrou paz com seus irmãos
Entrou no reino do Amor
E verá a Deus rosto a rosto.
Conhecei essa paz com a mente,
Desejai essa paz com o coração,
Consumai essa paz com o corpo.

Bem-aventurado é o Filho da Luz
Que constrói sobre a terra
O reino do céu,
Pois habitará nos dois mundos.
Seguireis a Lei
Da Fraternidade,
Segundo a qual ninguém terá riqueza,
E ninguém será pobre,
E todos trabalharão juntos
No jardim da Fraternidade.
Cada qual, todavia, seguirá o próprio rumo,
E cada qual comungará com o próprio coração.
Pois no Jardim Infinito
Há muitas e diversas flores:
Quem dirá que uma é melhor
Porque sua cor é púrpura,
Ou que uma é favorecida
Porque seu talo é longo e fino?
Embora os irmãos
Sejam de cor diferente,
Todos mourejam

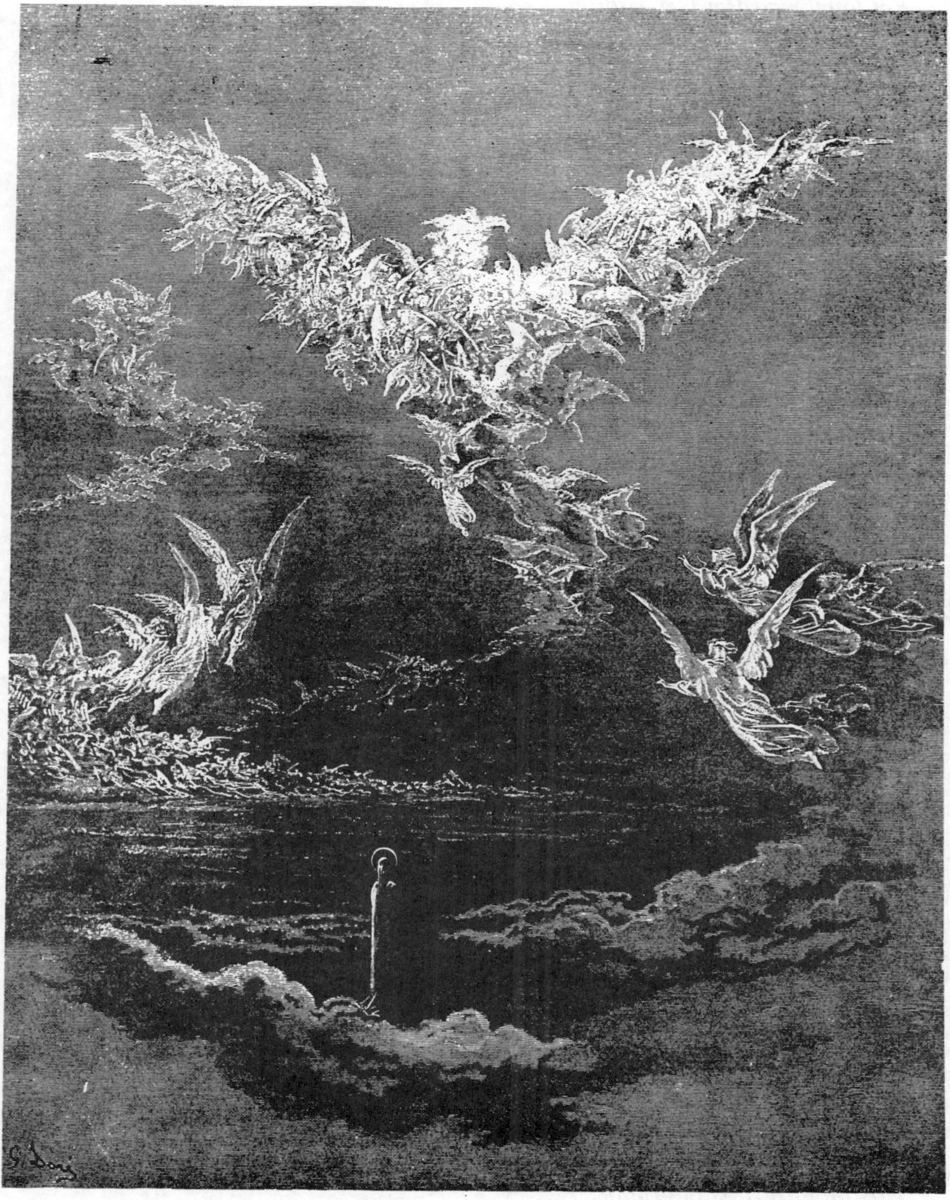
G. Doré

*Na vinha da Mãe Terrena,
E todos erguem juntos a voz
Em louvor do Pai Celestial.
E juntos partem o pão sagrado,
E em silêncio compartilham a sagrada refeição
Da ação de graças.
Não haverá paz entre os povos
Enquanto não houver um jardim da irmandade
Sobre a terra.
Pois como poderá haver paz
Quando cada homem busca o próprio ganho
E vende sua alma à escravidão?
Vós, Filhos da Luz,
Juntai-vos aos vossos irmãos
E depois parti
Para ensinar os caminhos da Lei
Aos que querem ouvir.
Quem encontrou a paz
Com a irmandade do homem
Fez-se
Colaborador de Deus.
Conhecei essa paz com a mente,
Desejai essa paz com o coração,
Consumai essa paz com o corpo.*

*Bem-aventurado é o Filho da Luz
Que estuda o Livro da Lei,
Porque ele será qual vela
Na escuridão da noite,
E uma ilha de verdade
Num mar de falsidade.
Pois sabei que a palavra escrita
Que vem de Deus
É um reflexo do Mar Celestial,
Como as estrelas brilhantes
Refletem a face do céu.
Assim como as palavras dos Antigos
São gravadas com a mão de Deus
Nos Manuscritos Sagrados,*

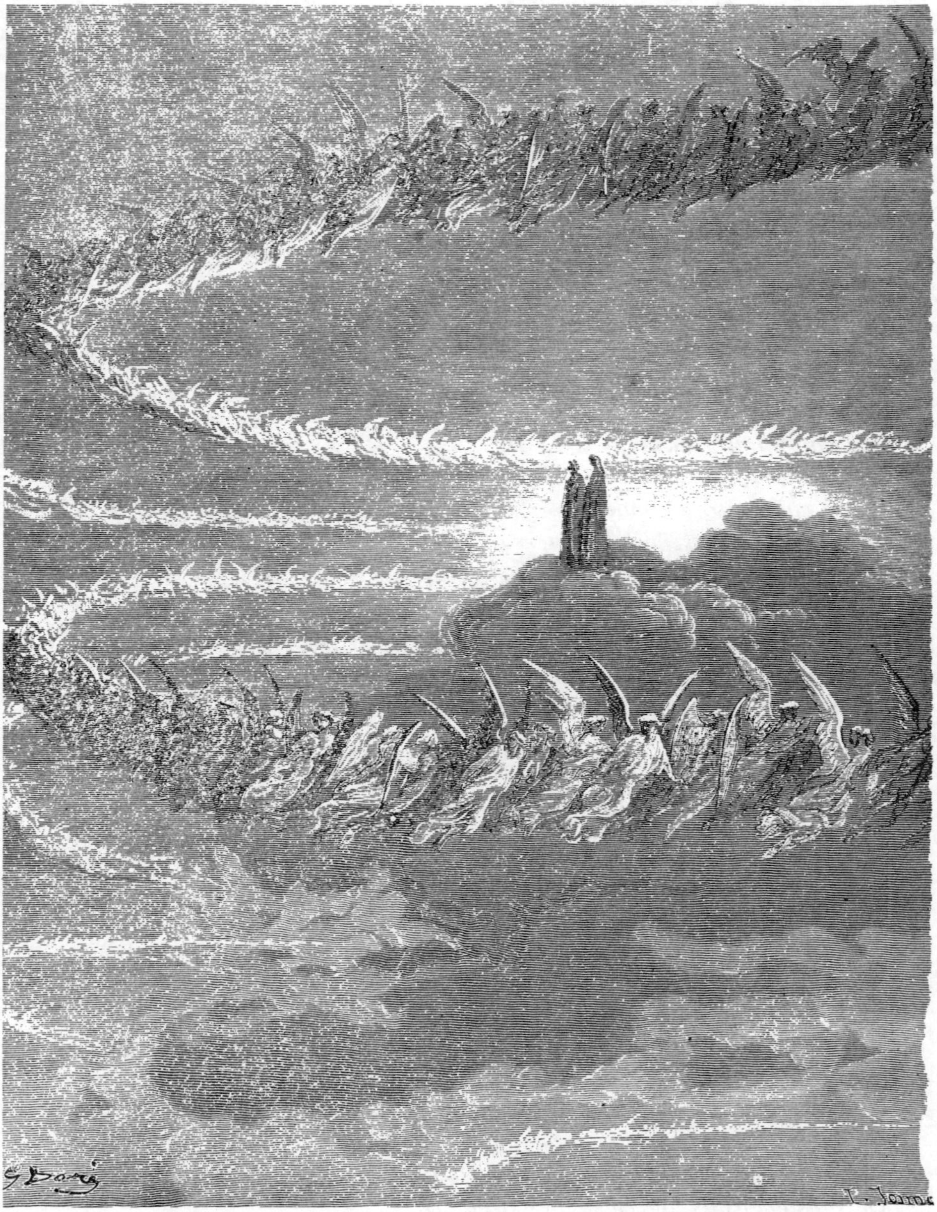

Assim é a Lei gravada nos corações
Dos fiéis que a estudam.
Pois há tempos se dizia
Que no princípio havia gigantes
Na terra,
E homens poderosos de outro tempo,
Homens de renome.
E os Filhos da Luz
Lhes guardarão e preservarão
A palavra escrita,
Para não voltarmos a ser como animais,
E conhecermos o Reino dos Anjos.
Sabei também
Que só através da palavra escrita
Encontrareis a Lei
Que não foi escrita,
Como a fonte que jorra do solo
Tem a cabeceira escondida
Nas profundezas secretas da terra.
A Lei escrita
É o instrumento pelo qual
Se compreende a Lei não escrita,
Como o galho mudo da árvore
Se converte em flauta canora
Nas mãos do pastor.
Muitos há
Que se agradariam de ficar no tranqüilo
Vale da ignorância,
Onde brincam as crianças
E as borboletas dançam ao sol
Em sua curta hora de vida.
Mas ninguém se demora ali muito tempo,
E à frente avultam as sombrias
Montanhas do saber.
Muitos há
Que temem cruzá-las,
E muitos há
Que caíram, contundidos e ensangüentados,
De suas encostas íngremes e escarpadas.

*Mas a fé é o guia
Sobre o abismo hiante,
E a perseverança é o apoio para os pés
Nas rochas denteadas.
Além dos picos gelados da luta
Encontram-se a paz e a beleza
Do Jardim Infinito do Conhecimento,
Onde o sentido da Lei
É dado a conhecer aos Filhos da Luz.
Aqui no centro da sua floresta
Ergue-se a Árvore da Vida,
Mistério dos mistérios.
Quem encontrou a paz
Com os sentimentos dos Antigos,
Através da luz da mente,
Através da luz da natureza
E através do estudo da Palavra Sagrada,
Adentrou a anuviada
Sala dos Anciãos,
Onde fica a Sagrada Irmandade,
Da qual homem algum pode falar.
Conhecei essa paz com a mente,
Desejai essa paz com o coração,
Consumai essa paz com o corpo.*

*Bem-aventurado é o Filho da Luz
Que conhece sua Mãe Terrena,
Pois ela é a doadora de vida.
Conhecei que vossa Mãe está em vós,
E que vós estais nela.
Ela vos deu à luz
E ela vos deu vida.
Foi ela quem vos deu o corpo,
Que a ela, um dia,
Devolvereis.
Sabei que o sangue que circula em vós
Nasceu do sangue
Da Mãe Terrena.
O sangue dela cai das nuvens,
Salta do ventre da terra,*

Murmura nos riachos das montanhas,
Corre, amplo, nos rios das planícies,
Dorme nos lagos,
Encoleriza-se enormemente nos mares tempestuosos.
Sabei que o ar que respirais
Nasceu da respiração
De vossa Mãe Terrena.
O hálito dela é límpido
Nas alturas dos céus,
Sussurra no topo das montanhas,
Murmura nas folhas da floresta,
Cresce sobre os trigais,
Dorme nos vales profundos,
Incandesce no deserto.
Sabei que a dureza dos vossos ossos
Nasceu dos ossos
De vossa Mãe Terrena,
Das rochas e das pedras.
Sabei que a delicadeza da vossa carne
Nasceu da carne
De vossa Mãe Terrena,
Cuja carne se torna amarela e vermelha
Nos frutos das árvores.
A luz dos vossos olhos,
A audição dos vossos ouvidos,
Nasceram
Das cores e dos sons
De vossa Mãe Terrena,
Que vos envolve,
Como as ondas do mar envolvem o peixe,
Como o ar que se agita envolve o pássaro.
Em verdade vos digo,
O homem é o Filho
Da Mãe Terrena,
E dela o Filho do Homem
Recebeu todo o seu corpo,
Como o corpo da criancinha recém-nascida
Nasceu do ventre de sua mãe.
Em verdade voz digo,
Vós vos unis à Mãe Terrena;

*Ela está em vós, e vós estais nela.
Dela nascestes,
Nela viveis,
E a ela regressareis.
Cumpri, portanto, as suas leis,
Pois só vive muito tempo,
E é feliz,
Quem honra sua Mãe Terrena
E lhe cumpre as leis.
Pois o vosso alento é o alento dela,
O vosso sangue o sangue dela,
Os vossos ossos os ossos dela,
A vossa carne a carne dela,
Vossos olhos e vossos ouvidos
Os olhos e ouvidos dela.
Quem encontrou a paz
Com sua Mãe Terrena
Jamais conhecerá a morte.
Conhecei essa paz com a mente,
Desejai essa paz com o coração,
Consumai essa paz com o corpo.*

*Bem-aventurado é o Filho da Luz
Que procura seu Pai Celestial,
Pois terá a vida eterna.
Quem habita no lugar secreto
Do Altíssimo
Habitará debaixo da sombra
Do Todo-Poderoso.
Pois ele vos confiará aos seus Anjos,
Para que vos guardem em todos os vossos caminhos.
Sabei que o Senhor tem sido
O nosso domicílio
Em todas as gerações.
Antes que se gerassem as montanhas,
Ou que ele tivesse formado
A terra e o mundo,
Do que sempre existiu para o que sempre existiu,
Já havia amor
Entre o Pai Celestial*

E seus filhos.
E como se poderá romper esse amor?
Desde o começo
Até o final dos tempos
A chama sagrada do amor
Circunda a cabeça
Do Pai Celestial
E dos Filhos da Luz:
Como, então, se poderá extinguir esse amor?
Pois ele não arde feito vela,
Nem feito incêndio que devasta a floresta.
Eis que ele queima com a chama
Da Luz Eterna,
E essa chama não se consome.
Vós que amais vosso Pai Celestial,
Fazei, pois, o que ele vos ordena:
Caminhai com os seus Santos Anjos,
E encontrai vossa paz com a sua Lei Sagrada.
Pois sua Lei é toda a Lei:
Sim, é a Lei das leis.
Por meio da sua Lei ele fez
Que a terra e os céus fossem um só;
As montanhas e o mar
São os seus escabelos.
Com suas mãos ele nos fez
E modelou,
E nos deu entendimento
Para aprender sua Lei.
Ele cobre-se de Luz
Como de um vestuário:
Estende os céus
Que nem uma cortina.
Faz das nuvens o seu carro;
Caminha sobre as asas do vento.
Remete as fontes para os vales,
E o seu hálito está nas árvores frondosas.
Em sua mão estão os lugares profundos da terra:
A força das colinas também é sua.
O mar é seu,

E suas mãos formaram a terra seca.
Todos os céus proclamam a Glória de Deus,
E o firmamento mostra a sua Lei.
E para seus filhos
Ele legou o seu Reino,
Os que caminham com os seus Anjos,
E encontram a paz com a sua Lei Sagrada.
Quereis saber mais, meus filhos?
Como podemos dizer com nossos lábios
O que não pode ser dito?
É como a romã comida por um mudo:
Como poderá ele exaltar-lhe o sabor?

Se dissermos que o Pai Celestial
Mora em nós,
Os céus se envergonharão;
Se dissermos que ele vive sem nós,
Será uma falsidade.
Os olhos que esquadrinham o horizonte remoto
E os olhos que vêem o coração dos homens
Ele os faz como um olho só.
Ele não é manifesto,
Não está escondido.
Não é revelado
E tampouco é irrevelado.
Meus filhos, palavras
Não contam o que ele é!
Sabemos apenas isto:
Somos os seus filhos,
E ele é o nosso Pai.
Ele é o nosso Deus,
E nós somos os filhos do seu pascigo,
E os carneiros de sua mão.
O que encontrou a paz
Com o seu Pai Celestial
Penetrou no Santuário
Da Lei Sagrada,
E firmou um contrato com Deus
Que durará para sempre.
Conhecei essa paz com a mente,
Desejai essa paz com o coração,
Consumai essa paz com o corpo.

Embora o céu e a terra possam passar,
Nem uma letra da Lei Sagrada
Mudará ou passará.
Pois no começo era a Lei,
E a Lei estava com Deus,
E a Lei era Deus.
Que a Paz Sétupla
Do Pai Celestial
Esteja sempre convosco.

FRAGMENTOS IDÊNTICOS AOS DOS MANUSCRITOS DO MAR MORTO

*E Enoque caminhou com Deus;
e ele não estava;
pois Deus o levou.*

Gênese essênio 5:24

*A Lei foi plantada no jardim da
   Irmandade
para alumiar o coração do homem
e tornar retos diante dele
todos os caminhos da verdadeira virtude,
um espírito humilde, um temperamento sereno,
uma natureza livremente compassiva,
bondade, compreensão e introvisão eternas,
e uma sabedoria poderosa que acredita em todas
   as obras de Deus,
uma confiança segura em Suas muitas bênçãos
e um espírito de conhecimento de todas as coisas da
   Grande Ordem,
sentimentos leais para com todos os filhos da verdade,
pureza radiante que detesta o que é impuro,
discrição relativa a todas as coisas ocultas da verdade
e aos segredos do conhecimento interior.*

do Manual de Disciplina
dos Manuscritos do Mar Morto

*Tu me fizeste conhecer
Todas as coisas profundas, misteriosas.
Todas as coisas existem através de Ti
e não há ninguém além de Ti.
Com a Tua Lei
Dirigiste o meu coração
para que eu dê meus passos à frente*

sobre estradas retas
e me encaminhe para onde está a Tua presença.

do Livro de Hinos VII
dos Manuscritos do Mar Morto

A Lei foi instituída para premiar os filhos da luz
com a cura e a paz abundante,
com vida longa,
com semente frutuosa de bênçãos duradouras,
com eterna alegria
na imortalidade da Luz eterna.

do Manual de Disciplina
dos Manuscritos do Mar Morto

Eu Te agradeço, Pai Celestial,
porque Tu me puseste
na cabeceira de correntes que fluem,
na fonte viva de uma terra de seca,
regando um jardim eterno de maravilhas,
a Árvore da Vida, mistério dos mistérios,
deita galhos perenes para o plantio eterno
que fincam raízes na corrente da vida
de eterno manancial.
E Tu, Pai Celestial,
protege-lhes os frutos
com os anjos do dia
e da noite
e com as chamas da Luz eterna que arde de todas as maneiras.

dos Salmos de Ação de Graças
dos Manuscritos do Mar Morto

Eu Te sou grato, Pai Celestial,
Porque Tu me elevaste a uma altura eterna
E eu caminho nos milagres da planície.
Tu me deste orientação
Para eu alcançar Tua eterna companhia
desde as profundezas da terra.
Purificaste-me o corpo

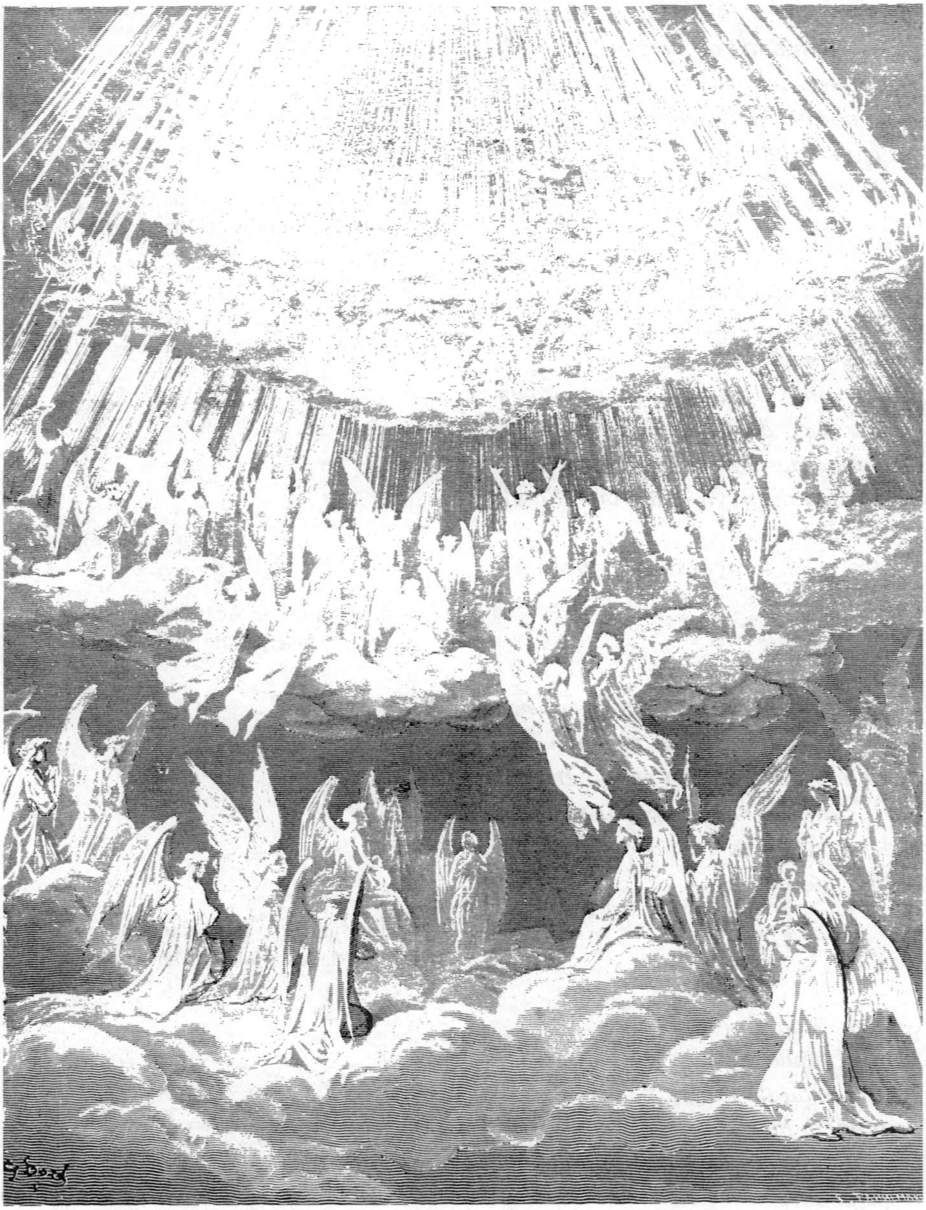

*para juntar-me ao exército dos anjos da terra
e para meu espírito atingir
a congregação dos anjos celestiais.
Deste eternidade ao homem
Para que louve, na alvorada e no crepúsculo,
Tuas obras e teus prodígios
em cântico jubiloso.*

dos Salmos de Ação de Graças
dos Manuscritos do Mar Morto

*Louvarei Tuas obras
com cânticos de Ação de Graças
continuamente, era após era,
nos circuitos do dia, e em sua ordem fixa;
com a vinda da luz da sua fonte
na virada da noite e na partida da luz,
na partida da treva e na vinda do dia,
continuamente,
em todas as gerações do tempo.*

dos Salmos de Ação de Graças
dos Manuscritos do Mar Morto

*Que Ele te abençoe com todo o bem,
Que Ele te preserve de todo o mal
e te ilumine o coração com o entendimento da vida
e te favoreça com a sabedoria eterna.
E derrame sobre ti Suas bênçãos Sétuplas
da Paz eterna.*

do Manual de Disciplina
dos Manuscritos do Mar Morto

*Com a vinda do dia
abraço minha Mãe,
com a vinda da noite
junto-me a meu Pai,
e com a partida da noite e da manhã
respirar-lhes-ei a Lei,*

e não suspenderei essas Comunhões
até o final dos tempos.

>do Manual de Disciplina
>dos Manuscritos do Mar Morto

Ele mostrou ao homem dois espíritos
   com os quais poderia caminhar.
São os espíritos da verdade e da falsidade;
a verdade nascida da fonte da Luz,
a falsidade nascida do poço da escuridão.
O domínio de todos os filhos da verdade
está nas mãos dos Anjos da Luz
para que eles trilhem as sendas da Luz.
Os espíritos da verdade e da falsidade se digladiam
   dentro do coração do homem,
procedendo com sabedoria e com loucura.
E assim como o homem herda a verdade,
assim evitará a escuridão.
Bênçãos a todos os que partilham sua sorte com a Lei,
e percorrem realmente todos os seus caminhos.
Que a Lei os abençoe com todo o bem
e os preserve de todo o mal
e lhes ilumine o coração com a introvisão das coisas da vida
e os agracie com o conhecimento das coisas eternas.

>do Manual de Disciplina
>dos Manuscritos do Mar Morto

Atingi a visão interior
e através do Teu espírito em mim
ouvi o Teu segredo maravilhoso.
Através da Tua introvisão mística
Fizeste uma fonte de conhecimento
brotar dentro de mim,
uma fonte de poder,
que jorra águas vivas,
uma torrente de amor

e sabedoria que tudo abarca
como o esplendor da Luz eterna.

do Livro de Hinos
dos Manuscritos do Mar Morto

DO LIVRO ESSÊNIO DO MESTRE DE VIRTUDE

E o Mestre encaminhou-se para as margens de um curso d'água, onde se haviam reunido os que tinham fome de suas palavras. E ele os abençoou e perguntou-lhes por que estavam perturbados. E um deles falou: "Mestre, quais são as coisas que devemos considerar de grande valor, e quais as que devemos desprezar?"

E o Mestre respondeu, dizendo: "Todos os males de que o homem padece são causados por coisas que estão fora de nós; pois o que está dentro de nós nunca poderá fazer-nos sofrer. Uma criança morre, perde-se uma fortuna, a casa e os campos se queimam, e todos os homens, sentindo-se desamparados, põem-se a bradar: 'Que farei agora? Que é que vai acontecer-me agora? Que mais pode suceder-me?' E estas são as palavras dos que se afligem e regozijam com os acontecimentos que lhes sobrevêm, acontecimentos que não são provocados por eles. Mas se nos pranteamos pelo que não está em nosso poder, somos iguais à criancinha que chora quando o sol se ausenta do céu. Dizia-se antigamente: nada cobiçarás que pertença ao teu vizinho. E agora vos digo: não desejarás coisa alguma que não esteja em teu poder, pois somente o que está dentro de ti te pertence; e o que está fora de ti pertence a outrem. Nisto reside a felicidade: saber o que é teu e o que não é teu. Se quiseres ter a vida eterna, agarra com força a eternidade dentro de ti e não procures alcançar as sombras do mundo dos homens, que encerram as sementes da morte."

"Tudo o que acontece fora de ti não está fora do teu poder? Está. E o teu conhecimento do bem e do mal não está dentro de ti? Está. Não está, pois, em teu poder tratar todas as ocorrências à luz da sabedoria e do amor, em vez de tratá-las à luz da tristeza e do desespero? Está. Pode algum homem impedir-te de proceder assim? Nenhum. Portanto, não gritarás: 'Que hei de fazer? Que é que vai acontecer-me agora? Isso vai acontecer?' Pois o que quer que possa sobrevir, tu o julgarás à luz da sabedoria e do amor, e verás todas as coisas com os olhos dos Anjos."

"Pois avaliar a tua felicidade segundo o que possa acontecer-te é viver como escravo. E viver de acordo com os Anjos que falam dentro de ti é ser livre. Viverás em liberdade como verdadeiro filho de Deus, e só inclinarás a cabeça diante dos mandamentos da Lei Sagrada. Dessa maneira viverás, para que, quando o Anjo da Morte vier buscar-te, possas estender as mãos a Deus e dizer: 'Não descurei das Comunhões que recebi de ti por conhecer a tua Lei e por trilhar os caminhos dos Anjos: não te desonrei pelos meus atos: vê como tenho usado o olho que enxerga por dentro: acaso te censurei algum dia? Gritei contra o que me aconteceu, ou desejei que as coisas fossem diferentes? Desejei transgredir a tua Lei? Tu me deste a vida, e eu te agradeço o que me deste: enquanto usei as coisas tuas, estive contente: leva-as de volta e coloca-as onde te aprouver, pois tuas são todas as coisas, até a eternidade'."

"Sabe que homem nenhum pode servir a dois amos. Não podes desejar possuir as riquezas do mundo e ter também o Reino do Céu. Não podes desejar possuir terras e poder sobre os homens e ter também o Reino do Céu. Riquezas, terras e poder são coisas que não pertencem a nenhum homem, pois são do mundo. Mas o Reino do Céu é teu para sempre, pois está dentro de ti. E se desejares e buscares o que não te pertence, perderás, por certo, o que é teu. Sabe, pois em verdade te digo, que nada é dado nem obtido a troco de nada. Pois cada coisa no mundo dos homens e dos anjos tem o seu preço. Quem quiser acumular riqueza e grandes cabedais terá de correr para cá e para lá, beijar as mãos dos que não admira, desgastar-se fatigosamente às portas de outros homens, dizer e fazer muitas coisas falsas, dar presentes de ouro, prata e óleos perfumados; tudo isso e mais ainda precisa fazer o homem para juntar riqueza e boas graças. E quando o tiveres conseguido, que terás em mãos? Essa riqueza e esse poder te assegurarão a libertação do medo, a mente em paz, um dia passado na companhia dos Anjos da Mãe Terrena, uma noite passada em comunhão com os Anjos do Pai Celestial? Esperas obter de graça coisas tão grandes? Quando tem dois amos, o homem ou odiará um e amará o outro; ou se agarrará a um e desprezará o outro. Não podes servir a Deus e também servir ao mundo. Pode ser que o teu poço seque, que o óleo precioso se derrame, que tua casa se queime, que tuas safras murchem: mas tu tratarás o que te acontece com sabedoria e amor. As chuvas voltarão a encher o poço, as casas podem ser reconstruídas, novas sementes podem ser semeadas: todas essas coisas poderão desaparecer, e voltar, e tornar a desaparecer. Mas o Reino do Céu é eterno e não desaparecerá. Por conseguinte, não troques o eterno pelo que morre em uma hora."

※ ※ ※

Quando os homens te perguntarem a que país pertences, não digas que és deste ou daquele país, eis que, na verdade, foi apenas o pobre corpo que nasceu num cantinho qualquer desta terra. Mas tu, ó Filho da Luz, pertences à Irmandade que abrange todos os céus e além deles, e do teu Pai Celestial provieram as sementes não só do teu pai e do teu avô, mas também de todos os seres gerados na terra. Na verdade, és filho de Deus, e todos os homens são teus irmãos: e, porventura, teres a Deus por criador, pai e guardião não te liberta de todas as tristezas e de todos os medos?

Por conseqüência te digo, não penses em ajuntar bens e propriedades mundanas, ouro e prata, que só trazem corrupção e morte. Pois quanto maior for a tua reserva de riquezas, tanto mais grossas serão as paredes do teu túmulo. Escancara as janelas da alma e respira o ar fresco do homem livre! Por que te preocupas com o que vais vestir? Pensa nos lírios do campo e em como crescem: eles não trabalham, nem fiam: e, no entanto te digo, nem Salomão em sua glória se vestia como um deles. Por que pensas no que vais comer? Pensa nos presentes de tua Mãe Terrena: os frutos maduros de suas árvores e o grão dourado do seu solo. Por que pensas em casas e terras? Um homem não pode vender-te o que não possui, e não pode possuir o que já pertence a todos. Esta terra vasta é tua e todos os homens são teus irmãos. Os Anjos da Mãe Terrena caminham contigo durante o dia, e os Anjos do Pai Celestial te guiam durante a noite, e dentro de ti está a Lei Sagrada. Não fica bem ao filho de um rei cobiçar uma quinquilharia na sarjeta. Toma o teu lugar, portanto, à mesa da comemoração e administra a tua herança com honra. Pois em Deus vivemos e nos movemos e temos o nosso ser. Em verdade, somos seus filhos, e ele é nosso Pai.

※ ※ ※

Só é livre quem vive como deseja viver; quem não é estorvado em seus atos e cujos desejos atingem seus propósitos. Quem não é reprimido é livre; porém, quem pode ser reprimido ou estorvado é, sem dúvida, escravo. Mas quem não é escravo? Somente o que nada deseja que pertença a outrem. E quais são as coisas que te pertencem? Meus filhos, somente o reino de Deus, que está dentro de vós, onde habita a Lei do vosso Pai Celestial, vos pertence. O reino do céu é como um mercador, que procura pérolas vistosas: o qual, ao dar com uma pérola de grande preço, saiu, vendeu tudo o que tinha e comprou-a. E se essa pedra preciosa for vossa para todo o sempre, por que haveis de barganhá-la por calhaus e pedras? Sabei que vossa casa, vossa terra, vossos filhos e filhas, todas as alegrias da fortuna e todas as tristezas da tribulação, sim, até a opinião que os outros fazem de vós, nada disso vos pertence. E se cobiçardes essas coisas, e vos agarrardes a elas, e vos afligirdes e exultardes por causa delas, na verdade sereis escravos e na escravidão permanecereis.

Meus filhos, não deixeis que as coisas que não são vossas vos penetrem. Não deixeis que o mundo cresça em vós, como a trepadeira rastejante cresce depressa no carvalho, para não sofrerdes dor quando ela vos for arrancada. Despidos saístes do ventre de vossa mãe e despidos para lá voltareis. O mundo dá e o mundo tira. Mas nenhum poder no céu nem na terra pode tirar de vós a Lei Sagrada, que reside em vós. Podeis ver vossos pais mortos e podeis ser banidos do vosso país. Ireis, então, de coração alegre, viver em outro, e olhareis com piedade para o matador de vossos pais, sabedores de que, por esse ato, ele se matou a si mesmo. Pois conheceis vossos verdadeiros pais e vivereis seguros em vosso verdadeiro país. Vossos pais verdadeiros são o vosso Pai Celestial e a vossa Mãe Terrena, e o vosso verdadeiro país é o Reino do Céu. A morte nunca poderá separar-vos de vossos verdadeiros pais e do vosso verdadeiro país não existe exílio. E, dentro de vós, uma rocha que resiste a todas as tormentas, a Lei Sagrada, é o vosso baluarte e salvação.

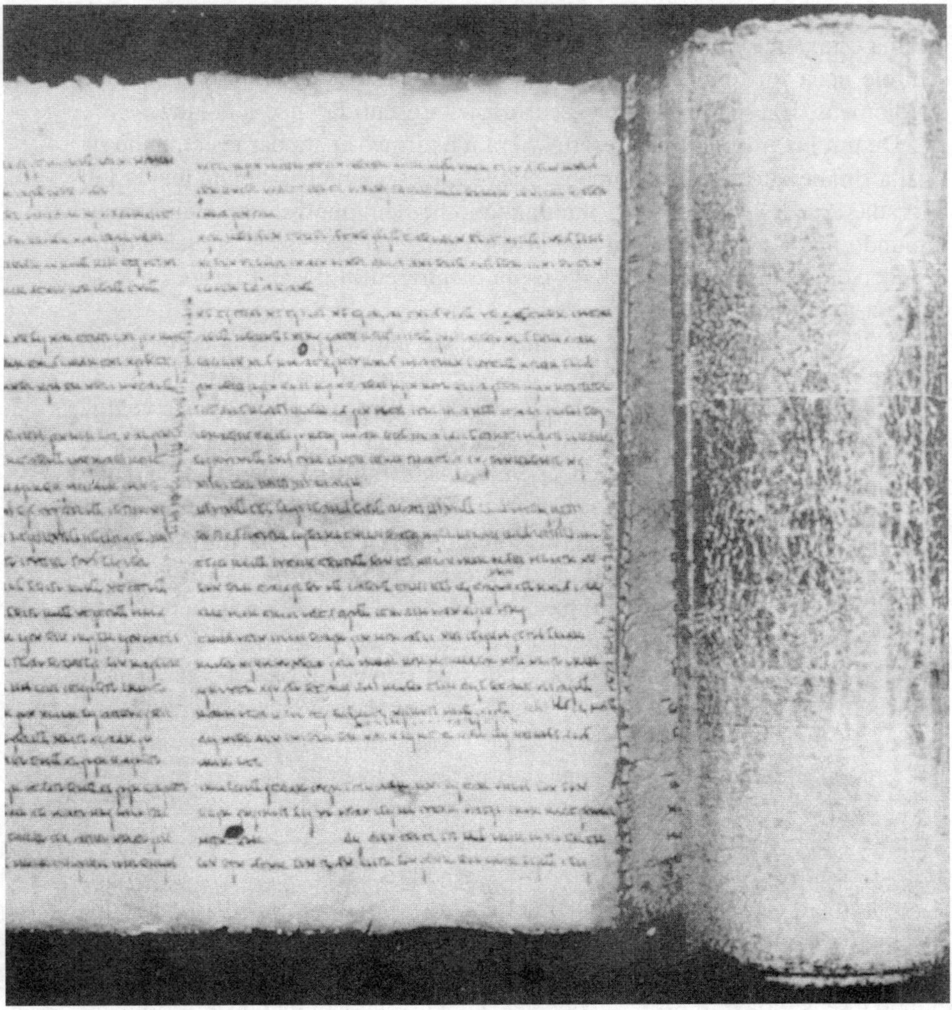

FRAGMENTOS DO EVANGELHO ESSÊNIO DE JOÃO

No princípio era a Lei, e a Lei estava com Deus, e a Lei era Deus. A mesma estava no princípio com Deus. Todas as coisas foram feitas por ele; e sem ele nada foi feito do que se fez. Nele estava a vida; e a vida era a luz dos homens. E a luz brilhou na escuridão, e a escuridão não a conteve.

De um lugar remoto no deserto vieram os Irmãos para dar testemunho da Luz, a fim de que todos os homens, através deles, caminhassem na luz da Lei Sagrada. Pois a verdadeira luz ilumina todo homem que vem ao mundo, mas o mundo não a conhece. Como muitos, porém, recebem a Lei, a eles é dado o poder de se tornarem Filhos de Deus e entrarem no Mar Eterno, onde se ergue a Árvore da Vida.

E Jesus ensinou-os, dizendo: Em verdade, em verdade vos digo: a não ser que nasça de novo, o homem não poderá ver o Reino do Céu.

E um homem perguntou: Como há de um homem nascer se já está velho? Pode ele entrar, pela segunda vez, no ventre de sua mãe, e nascer?

E Jesus respondeu: Em verdade, em verdade vos digo, se um homem não nascer da Mãe Terrena e do Pai Celestial, e não caminhar com os Anjos do Dia e da Noite, não entrará no Reino Eterno. O que nasce da carne é carne; e o que nasce do Espírito é espírito. E a carne do teu corpo nasceu da Mãe Terrena, e o espírito dentro de ti nasceu do Pai Celestial. O vento sopra onde bem entende, e tu lhe ouves o som, mas não podes dizer de onde vem. O mesmo sucede com a Lei Sagrada. Todos os homens a ouvem, mas não a conhecem, pois desde o seu primeiro sopro ela está com eles. Quem, porém, nasceu de novo do Pai Celestial e da Mãe Terrena ouvirá com novos ouvidos, e verá com olhos novos, e a chama da Lei Sagrada será acesa dentro dele.

E um homem perguntou: Como pode ser isso?

Jesus respondeu e disse-lhe: Em verdade, em verdade vos digo: falamos o que sabemos e testificamos o que vimos; e não recebeis o nosso testemunho. Pois o homem nasceu para caminhar com os Anjos mas, em vez disso, procura jóias no lodo. A ele legou o Pai Celestial sua herança, para que construísse o Reino do Céu na terra, mas o homem voltou as costas para seu Pai e adora o mundo e seus ídolos. E esta é a condenação: a luz veio ao mundo e os homens preferiram a escuridão, porque suas obras eram más. Pois todo aquele que pratica o mal odeia a luz e tampouco vem para a luz. Somos todos Filhos de Deus e Deus em nós é glorificado. E a luz que brilha em torno de Deus e de seus filhos é a Luz da Lei Sagrada. E quem odeia a luz, nega seu Pai e sua Mãe, dos quais nasceu.

E um homem perguntou: Mestre, como podemos conhecer a luz?

E Jesus respondeu: Em verdade, em verdade, eu vos dou um novo mandamento: amai-vos uns aos outros, como eles vos amam a vós, que trabalhais juntos no Jardim da Irmandade. Por isso todos os homens saberão que vós também sois irmãos, como todos nós somos Filhos de Deus.

E um homem disse: Só falas em irmandade e, no entanto, nem todos podemos pertencer à irmandade. Todavia, gostaríamos de adorar a luz e evitar a escuridão, pois ninguém entre nós deseja o mal.

E Jesus respondeu: Não se perturbe o vosso coração: acreditai em Deus. Sabei que na casa de nosso Pai há muitas mansões, e a nossa irmandade é apenas um vidro escuro que reflete a Irmandade Celeste, à qual pertencem todas as criaturas do céu e da terra. A irmandade é a vinha, e nosso Pai Celestial é o lavrador. Ele arranca de nós todo galho que não dá fruto; e limpa todos os galhos que dão frutos, a fim de que produzam mais frutos ainda. Permanecei em nós, e nós em vós. Como o galho não dá fruto por si só, a não ser que permaneça na vinha, tampouco o daremos nós, a não ser que permaneçamos na Lei Sagrada, que é uma rocha sobre a qual se assenta a nossa irmandade.

Quem permanece na Lei produz muitos frutos: pois sem a Lei não podeis fazer nada. Se um homem não permanecer na Lei, será arrancado como um galho e secará; e os homens os juntarão e lançarão ao fogo e eles se queimarão.

E assim como os irmãos permanecem no amor uns dos outros e o Anjo do Amor lhes ensina, assim pedimos que vós ameis uns aos outros. Nenhum amor tem o homem maior do que este, qual seja, ensinar a Lei Sagrada uns aos outros, e amarem-se uns aos outros como a si mesmos. O Pai Celestial está em nós, e nós estamos nele, e estendemos as mãos em amor e pedimos que vos identifiqueis conosco. A glória que ele nos deu nós vo-la daremos: para que sejais um, como nós somos um. Pois vosso Pai do Céu vos amou antes mesmo da fundação do mundo.

E dessa maneira ensinaram os Irmãos a Lei Sagrada aos que quiseram ouvi-la, e diz-se que fizeram coisas maravilhosas e curaram os enfermos e os aflitos com diversas ervas e com os usos prodigiosos do sol e da água. E também muitas outras coisas fizeram eles, as quais, se as tivessem escrito uma por uma, nem mesmo o mundo conteria os livros que seriam escritos. Amém.

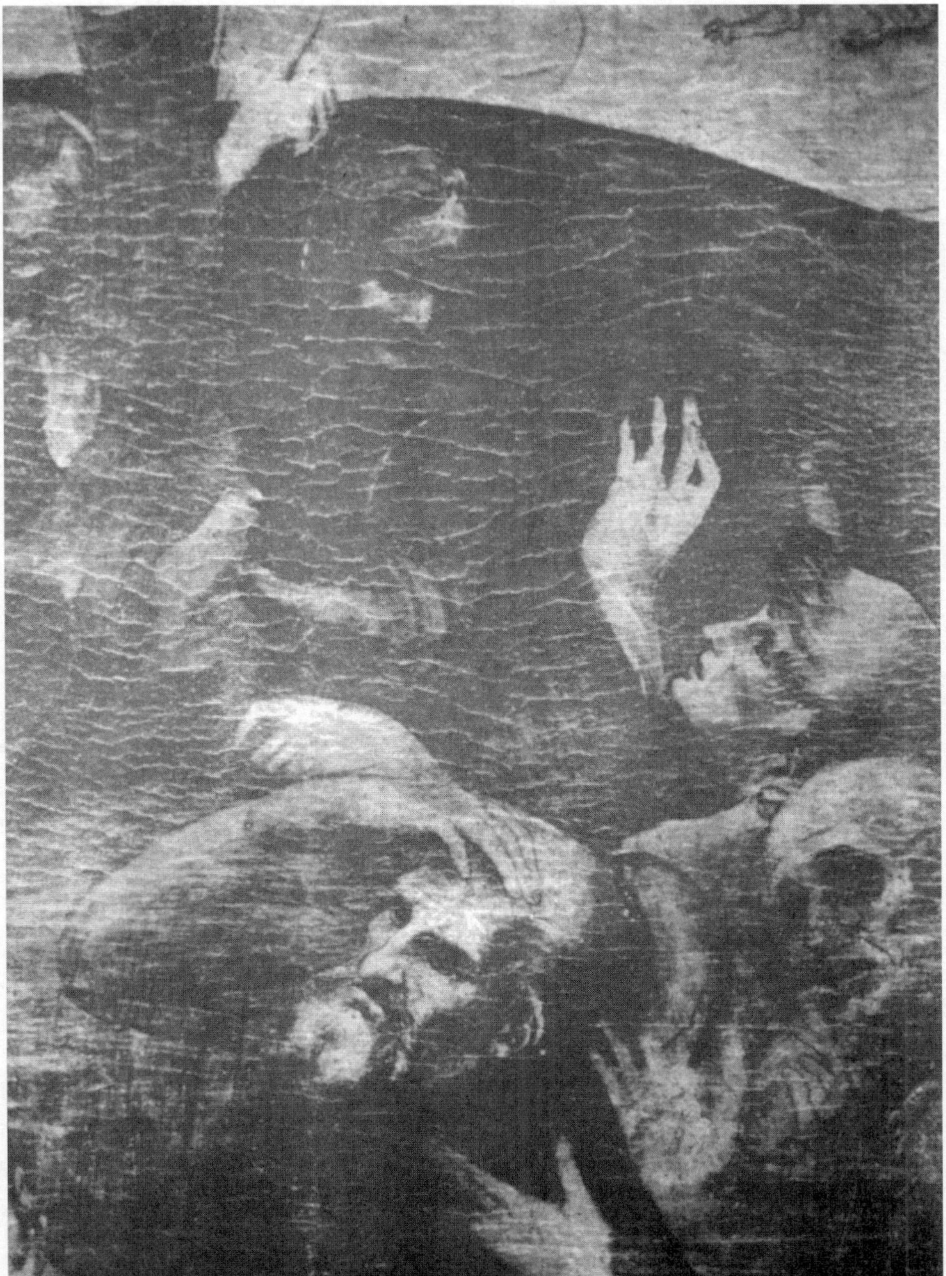

FRAGMENTOS DO LIVRO ESSÊNIO
DO APOCALIPSE

Eis que o Anjo do Ar o trará,
E todos os olhos o verão,
E a irmandade,
Toda a grande irmandade da terra,
Erguerá sua voz à uma e cantará,
Por causa dele.
Assim seja. Amém.

Eu sou Alfa e Ômega, princípio e fim;
Que é, que foi e que será.

E a voz falou, e eu voltei-me para ver
A voz que falava comigo.
E, tendo-me voltado, vi sete velas de ouro;
E no meio da sua luz fulgurante
Vi alguém parecido com o Filho do Homem,
Vestido de branco, branco como a neve.
E sua voz enchia o ar com o som da água aos borbotões
E em suas mãos havia sete estrelas,
Cheias da luz flamejante dos céus, de onde procediam.
E quando ele falou, de seu rosto jorrava luz,
Fulgurante e dourada qual um milhar de sóis.

E ele disse: "Não temas: Eu sou o primeiro e o último;
Eu sou o princípio e o fim.
Escreve as coisas que viste,
E as coisas que são, e as que serão doravante;
O mistério das sete estrelas que me enchem as mãos,
E as sete velas de ouro, que fulguram com luz eterna.
As sete estrelas são os Anjos do Pai Celestial,
E as sete velas são os Anjos da Mãe Terrena.
E o espírito do homem é a chama
Que flui entre a luz da estrela e a vela cintilante:
Uma ponte de santa luz entre o céu e a terra.

Essas coisas disse ele que trazia sete estrelas nas mãos,
Que caminhava no meio das chamas das sete velas de ouro.
Quem tiver ouvidos ouça o que diz o Espírito:
"Para o triunfador darei de comer da Árvore da Vida,
Que se ergue no meio do resplandecente Paraíso de Deus."
E então olhei e eis que
Uma porta se abriu no céu:
E uma voz que soava de todos os lados, como se fosse uma trombeta,
Falou-me: "Sobe até aqui,
Que te mostrarei as coisas que terão de ser daqui por diante."

E imediatamente me vi lá, em espírito,
No limiar da porta aberta.
E entrei pela porta aberta
Num mar de luz resplandecente.
E no meio do oceano de radiância ofuscante havia um trono;
E no trono sentava-se alguém de rosto escondido.
Um arco-íris envolvia o trono,
Semelhante a uma esmeralda.
Em volta do trono havia treze assentos:
E nos assentos avistei treze anciãos abancados,
Envoltos num trajo branco;
E seus rostos estavam ocultos por nuvens turbilhonantes de luz.
E sete lâmpadas de fogo ardiam defronte do trono,
O fogo da Mãe Terrena.
E sete estrelas do céu brilhavam diante do trono,
O fogo do Pai Celestial.
E à frente do trono
Havia um mar de vidro feito cristal:
E, refletidos nele,
Todas as montanhas e vales e oceanos da terra,
E todas as criaturas que neles habitam.
E os treze anciãos se inclinavam diante do esplendor de quem
Se sentava no trono, com o rosto escondido.
E rios de luz lhe jorravam das mãos, de uma para a outra,
E eles clamavam: "Santo, santo, santo,
Senhor Deus Onipotente,
Que era, é e será.
És digno, Ó Senhor,

De receber glória, honra e poder:
Pois criaste todas as coisas."

E vi, então, na mão direita
De quem se sentava no trono,
E cujo rosto estava escondido,
Um livro escrito dentro e atrás,
Selado com sete selos.
E vi um anjo que proclamava em altas vozes,
"Quem é digno de abrir o livro,
E soltar-lhe os selos?"

E nenhum ser no céu, na terra, nem mesmo debaixo da terra,
Foi capaz de abrir o livro, nem de olhar para ele.
E eu chorei, porque o livro não podia ser aberto,
Nem fui capaz de ler o que nele estava escrito.
E um dos anciãos me disse: "Não chores.
Estende a mão e pega o livro,
Sim, o mesmo livro dos sete selos, e abre-o.
Pois ele foi escrito para ti,
Que és, ao mesmo tempo, o mais baixo dos baixos,
E o mais alto dos altos."

Estendi a mão e toquei o livro.
E eis que a capa se levantou,
E minhas mãos tocaram as páginas de ouro,
E eu contemplei o mistério dos sete selos.

E vi, e ouvi a voz de muitos anjos
À volta do trono,
E o número deles era dez mil vezes dez mil,
E milhares de milhares, que diziam a brados,
"Toda a glória, sabedoria, força
E poder para todo o sempre
A ele que revelará o Mistério dos Mistérios."
E vi as nuvens turbilhonantes de luz dourada
Esticando-se qual ponte ígnea entre minhas mãos,
E as mãos dos treze anciãos,
E os pés do que estava sentado no trono,

Cuja face se escondia

Abri o primeiro selo.
E vi e contemplei o Anjo do Ar.
Por entre os lábios fluía-lhe o sopro da vida,
E ele se ajoelhou sobre a terra
E deu ao homem os ventos da Sabedoria.
E o homem aspirou-os.
E, quando expirou, o céu escureceu,
O ar perfumado se tornou viciado e fétido,
Nuvens de fumaça má pairaram, baixas, sobre toda a terra.
E eu desviei o rosto, envergonhado.

Abri o segundo selo.
E vi e contemplei o Anjo da Água.
Por entre os lábios fluía-lhe a água da vida,
E ele se ajoelhou sobre a terra
E deu ao homem um oceano de Amor.
E o homem entrou nas águas claras e brilhantes.
E, quando tocou a água, as correntes claras escureceram,
As águas cristalinas engrossaram, cheias de limo,
Os peixes passaram a ofegar na escuridão lodosa,
E todas as criaturas morreram de sede.
E eu desviei o rosto, envergonhado.

Abri o terceiro selo.
E vi e contemplei o Anjo do Sol.
Por entre os lábios fluía-lhe a luz da vida,
E ele se ajoelhou sobre a terra
E deu ao homem os fogos do Poder.
E a força do sol penetrou o coração do homem,
Que tomou o poder e fez com ele um sol falso,
E eis que ele espalhou os fogos da destruição,
Queimando florestas, devastando vales verdejantes,
Deixando apenas ossos calcinados de seus irmãos.
E eu desviei o rosto, envergonhado.

Abri o quarto selo.
E vi e contemplei o Anjo da Alegria.
Por entre os lábios fluía-lhe a música da vida
E ele se ajoelhou sobre a terra
E deu ao homem o cântico da Paz.
E paz e alegria, como música,
Fluíam através da alma do homem.
Mas ele ouviu apenas a áspera discordância da tristeza
  e do descontentamento,
E ele ergueu a espada
E cortou as mãos dos pacificadores,
E voltou a erguê-la mais uma vez
E cortou a cabeça dos cantores.
E eu desviei o rosto, envergonhado.

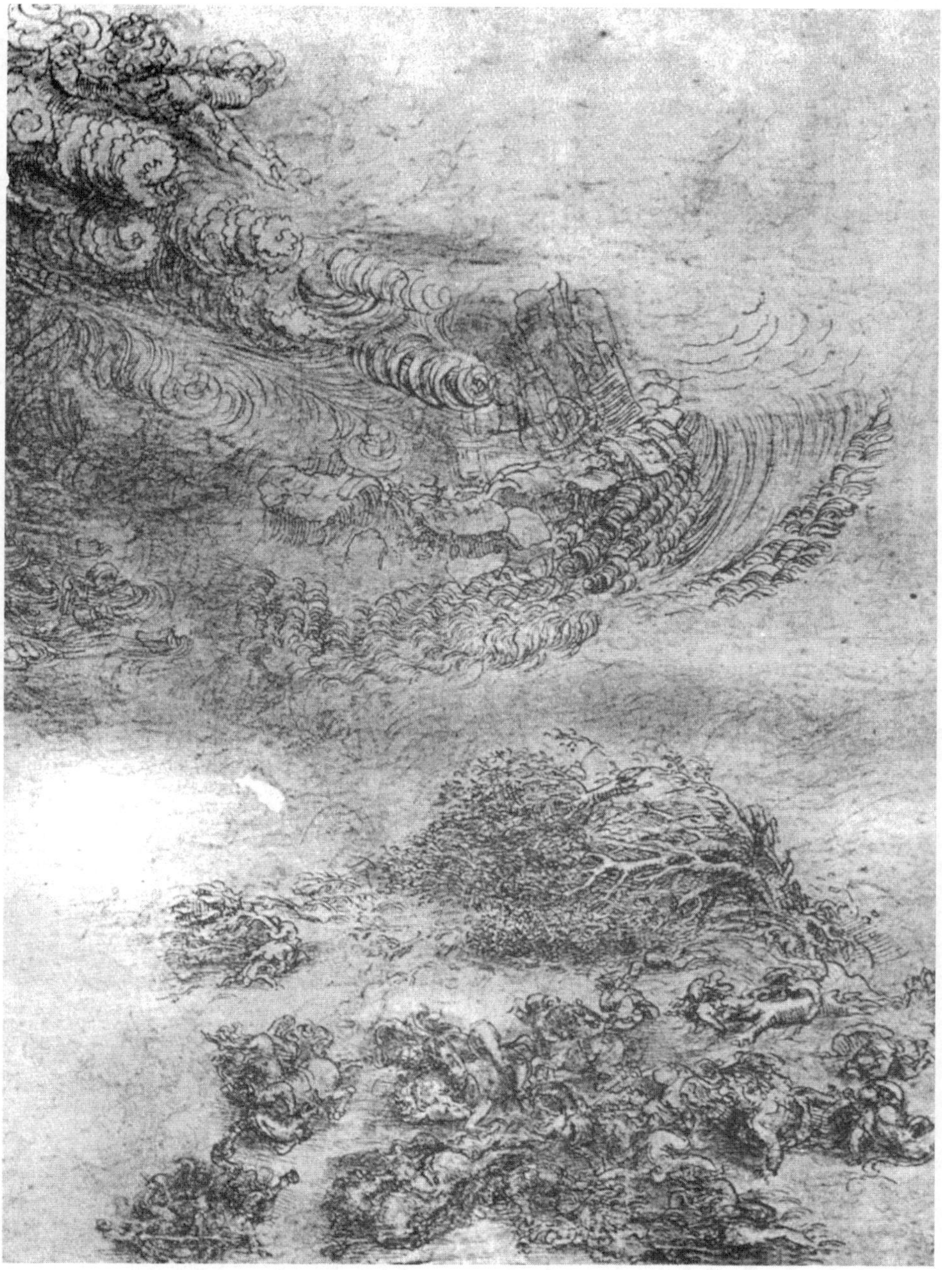

Abri o quinto selo.
E vi e contemplei o Anjo da Vida.
Por entre seus lábios
Fluía a santa aliança entre Deus e o Homem,
E ele se ajoelhou sobre a terra
E deu ao homem o dom da Criação.
E o homem criou uma foice de ferro em forma de serpente,
E a safra que colheu foram a fome e a morte.
E eu desviei o rosto, envergonhado.

Abri o sexto selo.
E vi e contemplei o Anjo da Terra.
Por entre os lábios fluía-lhe o rio da Vida Eterna,
E ele se ajoelhou sobre a terra
E deu ao homem o segredo da eternidade,
E ordenou-lhe que abrisse os olhos
E observasse a misteriosa Árvore da Vida que se ergue no Mar Infinito.
Mas o homem ergueu a mão e lançou fora os próprios olhos,
E disse que não havia eternidade.
E eu desviei o rosto, envergonhado.

Abri o sétimo selo.
E vi e contemplei o Anjo da Mãe Terrena.
E ele trouxe consigo uma mensagem de luz ardente
Do trono do Pai Celestial.
E a mensagem era só para os ouvidos do homem
Que caminha entre a terra e o céu.
E aos ouvidos do homem sussurrou-se a mensagem,
E ele não a ouviu.
Mas não desviei o rosto, envergonhado.
Eis que estendi a mão para as asas do anjo
E dirigi minha voz para o céu, dizendo:
"Dizei-me a mensagem. Pois me agradaria comer do fruto
Da Árvore da Vida que cresce no Mar da Eternidade."

E o anjo olhou para mim com grande tristeza,
E houve silêncio no céu.
Então ouvi uma voz, que era como a voz
Que soava qual trombeta e dizia:
"Ó Homem, houvesses tu olhado para o mal que fizeste

Quando desviaste o rosto do trono de Deus,
Quando não fizeste uso dos dons
Dos sete Anjos da Mãe Terrena
E dos sete Anjos do Pai Celestial?"
E uma dor terrível me dominou ao sentir dentro de mim
As almas de todos os que se haviam cegado,
De modo que só vissem os próprios desejos da carne.
E vi sete anjos postados diante de Deus;
E a eles foram dadas sete trombetas.
E veio outro anjo e quedou-se no altar,
Trazendo um turíbulo de ouro;
E foi-lhe dado muito incenso,
Para que ele o oferecesse com as preces de todos os anjos
Sobre o altar de ouro que defrontava o trono.
E a fumaça do incenso elevou-se diante de Deus
Saída da mão do anjo.
E o anjo tomou do turíbulo,
Encheu-o do fogo do altar
E arremessou-o dentro da terra,
E houve vozes e estrondear de trovões,
E relâmpagos, e terremotos.
E os sete anjos que tinham as sete trombetas
Prepararam-se para soá-las.

O primeiro anjo soou,
E seguiram-se o granizo e o fogo misturado com sangue,
Que foram lançados sobre a terra:
E as florestas verdes e as árvores se queimaram,
E toda a relva verde murchou, incinerada.

E o segundo anjo soou
E, por assim dizer, uma grande montanha que se abrasava
Foi jogada ao mar:
E o sangue ergueu-se da terra como um vapor.

E o terceiro anjo soou,
E eis que houve um grande terremoto;
E o sol tornou-se tão negro quanto um burel de pêlos,
E a lua ficou como sangue.

E o quarto anjo soou,
E as estrelas do céu caíram sobre a terra,
Como a figueira deixa cair seus figos prematuros,
Quando a sacode um vento poderoso.

E o quinto anjo soou,
E o céu se partiu como pergaminho enrolado.
E sobre toda a terra já não havia uma só árvore,
Nenhuma flor, nenhuma haste de relva.
E eu deixei-me ficar sobre a terra,
E meus pés afundaram-se no solo, macio e grosso de sangue,
Que se prolongava até onde a vista alcançava.
E sobre toda a terra havia silêncio.

E o sexto anjo soou.
E eu vi um ser imenso descer do céu,
Vestido com uma nuvem:
Um arco-íris encimava-lhe a cabeça,

E seu rosto era como se fosse o sol,
E seus pés eram pilares de fogo.
Ele tinha na mão um livro aberto:
E colocou o pé direito sobre o mar, e o esquerdo sobre a terra,
E gritou em voz alta, maravilhosa de se ouvir:
"Ó Homem, gostarias que esta visão passasse?"
E eu respondi: "Tu sabes, Ó Santíssimo,
Que eu faria o que quer que fosse
Para que tais coisas terríveis não viessem a passar."

E ele falou: "O homem criou esses poderes de destruição.
E os forjou com a própria mente.
Ele desviou o rosto
Dos Anjos do Pai Celestial e da Mãe Terrena,
E talhou a própria destruição."

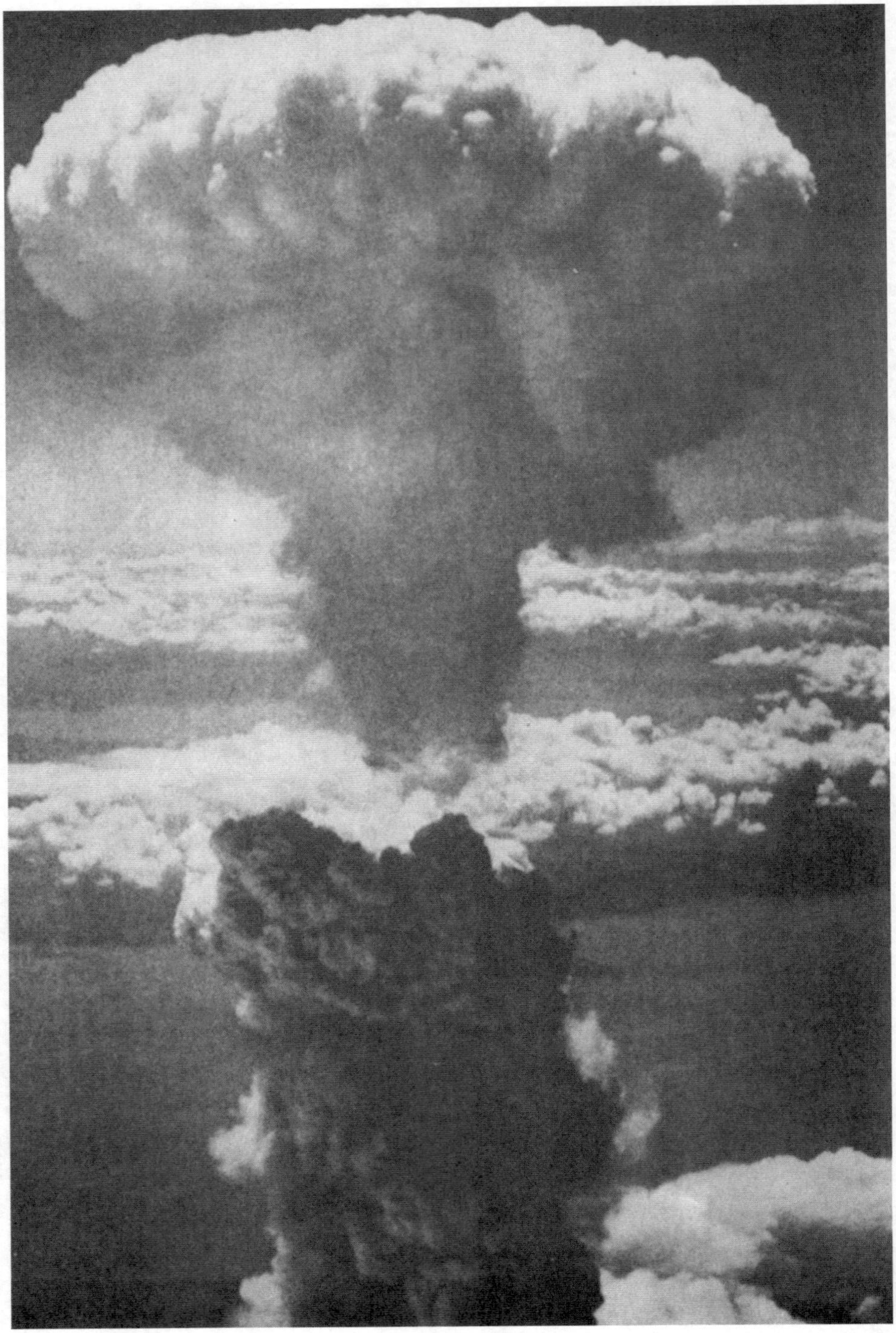

E eu falei: "Não há esperança, anjo brilhante?"
E uma luz resplandecente escorria-lhe das mãos como um rio
Quando ele respondeu: "Sempre há esperança,
Ó tu para quem o céu e a terra foram criados."

E então o anjo,
Que estivera com um pé sobre o mar e um pé sobre a terra,
Ergueu a mão para o céu,
E jurou por aquele que vive para todo o sempre,
Que criou o céu e as coisas que estão dentro dele,
E a terra e as coisas que estão dentro dela,
E o mar e as coisas que estão dentro dele,
Que já não haveria tempo:
Mas nos dias da voz do sétimo anjo,
Quando ele principiar a soar,
O mistério de Deus será revelado aos
Que comeram da Árvore da Vida
Que se ergue para sempre no Mar Eterno.
E a voz falou de novo, dizendo:
"Vai e pega o livro aberto na mão do anjo
Que está sobre o mar e sobre a terra."
E eu me enderecei ao anjo, e disse-lhe:
"Dá-me o livro,
Pois quero comer da Árvore da Vida
Que se ergue no meio do Mar Eterno."
E o anjo me deu o livro,
E eu o abri e nele li
O que sempre fora, o que era agora,
E o que viria a acontecer.

Vi o holocausto que engolfaria a terra,
E a grande destruição
Que afogaria todos os seus habitantes em oceanos de sangue.
E vi também a eternidade do homem
E a clemência infindável do Onipotente.
As almas dos homens eram como páginas em branco do livro,
Sempre prontas para que nele se inscrevesse um novo cântico.

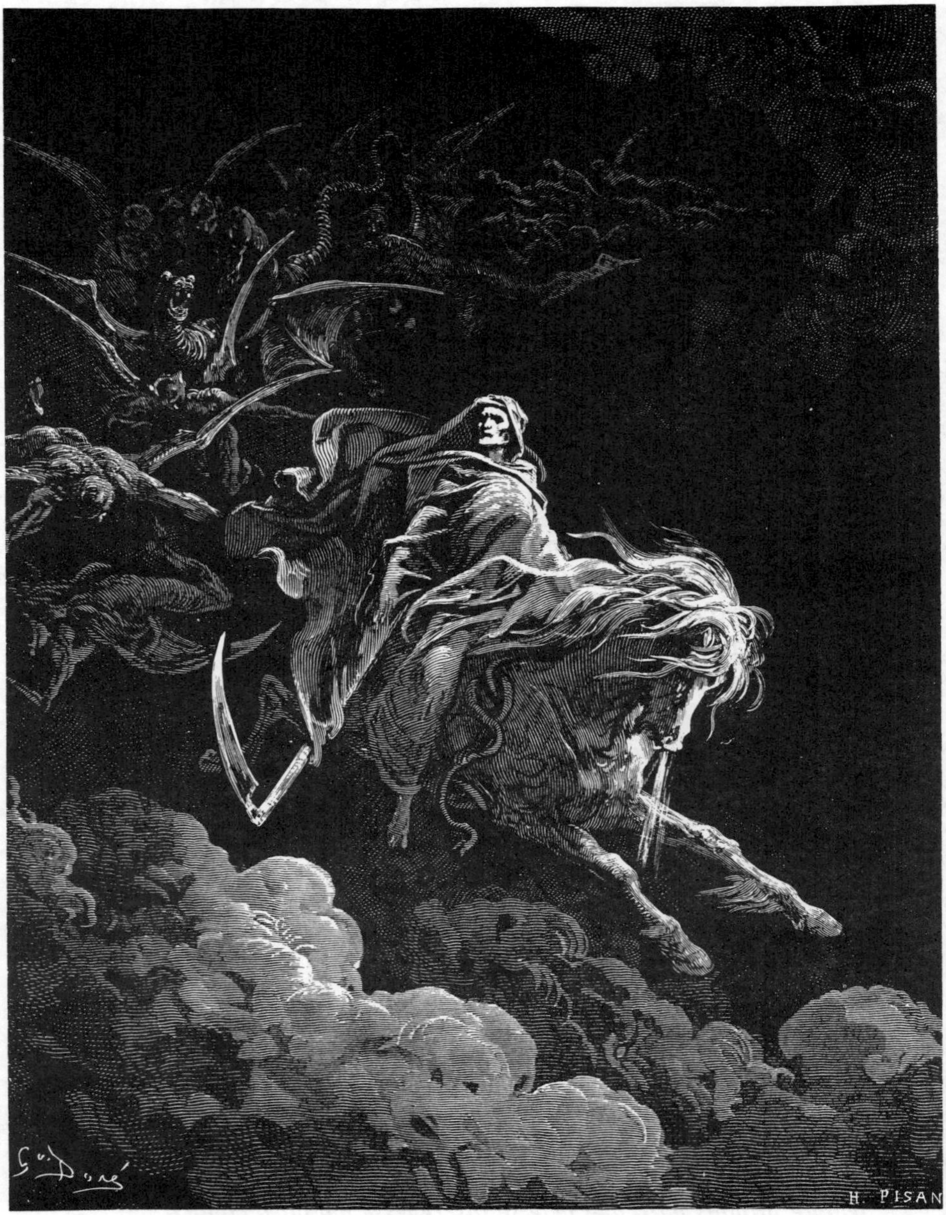
H. PISAN

E eu ergui o rosto
Para os sete Anjos da Mãe Terrena
E para os sete Anjos do Pai Celestial,
E senti que meus pés tocavam a santa fronte da Mãe Terrena,
E que meus dedos tocavam os santos pés do Pai Celestial,
E entoei um hino de Ação de Graças:

    Agradeço-te, Pai Celestial,
    Porque me colocaste numa fonte de águas correntes,
    Na fonte viva numa terra de seca,
    Que rega um eterno jardim de maravilhas,
    A Árvore da Vida, Mistério dos Mistérios,
    Que brota galhos perpétuos para o eterno plantio
    Afundando raízes na corrente da vida
    Que mana de uma fonte eterna.
    E tu, Pai Celestial,
    Protege-lhes os frutos
    Com os Anjos do dia e da noite
    E com chamas da Luz Eterna que arde de todas as maneiras.

Mas a voz tornou a falar,
E mais uma vez meus olhos se desviaram

Dos esplendores do reino da luz.
"Presta atenção, Ó Homem!
Podes parar no caminho certo
E caminhar na presença dos Anjos.
Podes cantar sobre a Mãe Terrena de dia
E sobre o Pai Celestial à noite,
E através do teu ser pode seguir a corrente de ouro da Lei.
Mas deixarias teus irmãos
Para mergulhar no abismo hiante de sangue,
Enquanto a terra, destroçada pela dor, estremece e geme
Debaixo das suas correntes de pedra?
Podes beber da taça da vida eterna,
Quando teus irmãos morrem de sede?"

Com o coração pesado de compaixão,
Olhei, e eis que
Apareceu um grande prodígio no céu:
Uma mulher vestida com o sol e com a lua debaixo dos pés,
Que trazia sobre a cabeça uma coroa de sete estrelas.
E conheci que ela era a fonte dos cursos d'água velozes
E a Mãe das Florestas.

E quedei-me sobre a areia do mar,
E vi erguer-se do mar uma besta,
Cujas narinas lançavam um ar imundo e asqueroso,
E no lugar em que ela se ergueu do mar as águas se transformaram em lodo,
E cobria-lhe o corpo uma pedra negra e fumegante.
E a mulher vestida com o sol
Estendeu os braços para a besta,
E a besta se aproximou e abraçou-a.
E eis que sua pele de pérola emurcheceu sob o hálito impuro da besta,
Que lhe quebrou as costas com braços de rocha trituradora,
E, com lágrimas de sangue, ela deixou-se cair na poça de lama.
E da boca da besta saíram exércitos de homens,
Que brandiam espadas e lutavam entre si.
Eles combatiam com uma fúria terrível,
E decepavam os próprios membros e arrancavam os próprios olhos,
Até caírem na voragem de lama,
Berrando de agonia e de dor.

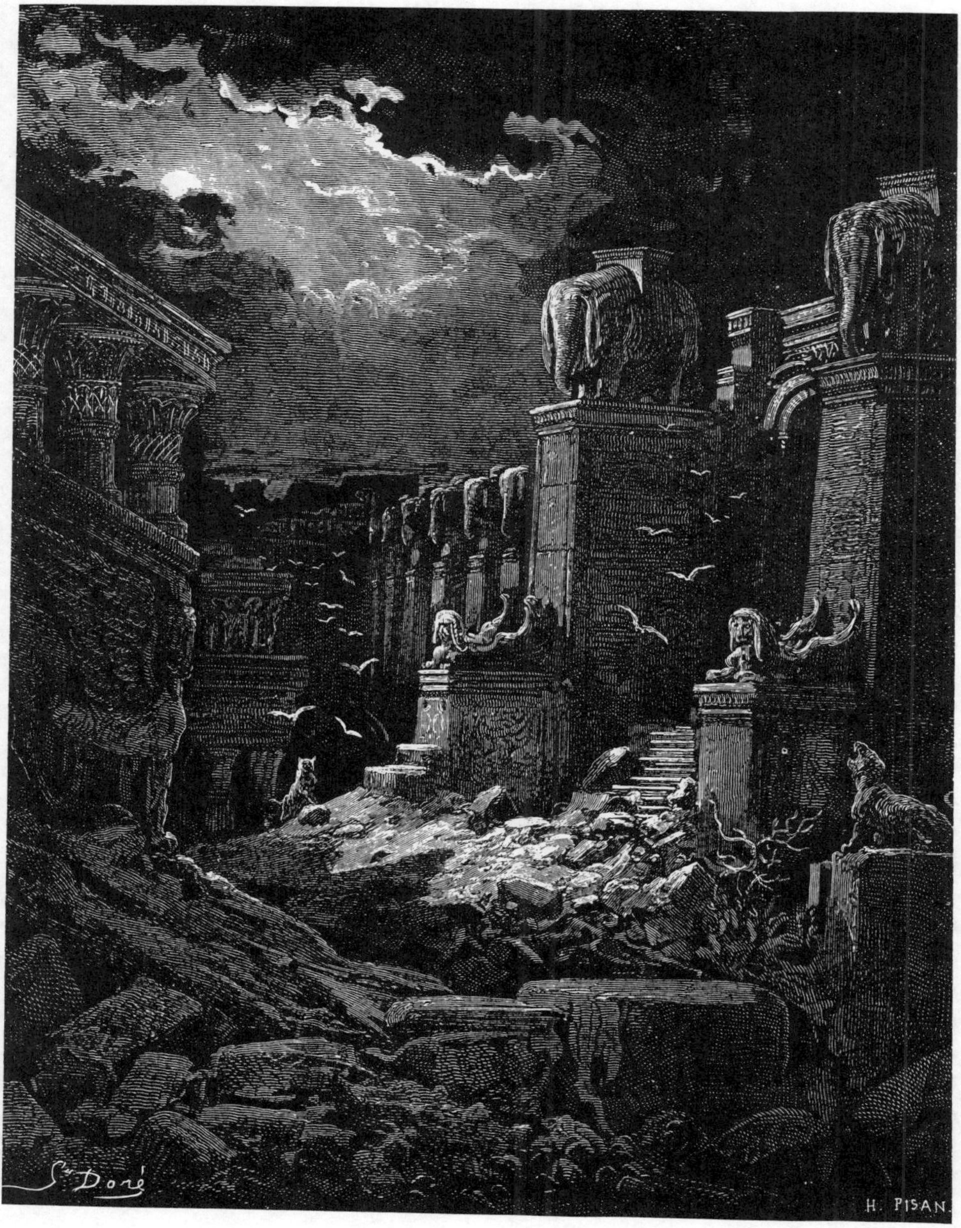
G. Doré
H. PISAN

Caminhei até a borda do abismo e estendi a mão para baixo,
E pude ver o remoinho turbilhonante de sangue,
E os homens dentro dele, presos feito moscas numa teia.
E falei em voz alta, dizendo:
"Irmãos, largai as espadas e segurai a minha mão.
Deixai o aviltamento e a profanação daquela
Que vos deu à luz,
E daquele que vos deu a herança.
Pois se acabaram para vós os dias de comprar e vender,
Como se acabaram também os dias de caçar e matar.
Pois quem leva ao cativeiro será levado ao cativeiro,
E quem mata pela espada pela espada morrerá.
E os mercadores da terra se carpirão e lamentarão,
Pois nenhum homem voltará a comprar-lhes a mercadoria:
Os mercadores de ouro, de prata e de pedras preciosas,
De pérolas, de linho fino, de púrpura, de seda e de escarlate
De mármore, de animais, de gado e de cavalos,
De carros, de escravos e de almas de homens,
Nenhuma dessas coisas podereis comprar e vender,
Porque todas estão sepultadas num mar de sangue
Porque destes as costas ao vosso pai e à vossa mãe,
E adorastes a besta que teria construído um paraíso de pedra.
Largai as espadas, meus irmãos, e segurai a minha mão."

E enquanto nossos dedos se agarravam,
Vi na distância uma grande cidade,
Alva e brilhante no horizonte afastado, de alabastro luzente.
E havia vozes e trovões e raios,
E um grande terremoto,
Que nunca se vira, desde que os homens habitavam a terra,
Tão vigoroso e tão violento.
E a cidade grande dividiu-se em três partes,
E caíram as cidades das nações:
E a cidade grande lembrou, na presença de Deus,
Para que ele lhe desse a taça do vinho
Da veemência da sua ira.
E todas as ilhas se evadiram, e não se encontraram as montanhas.
E caiu do céu sobre os homens um furioso granizo,
Cada uma de cujas pedras pesava, mais ou menos, um talento.
E um anjo vigoroso tomou de uma pedra semelhante a uma grande mó
E jogou-a no mar, dizendo:

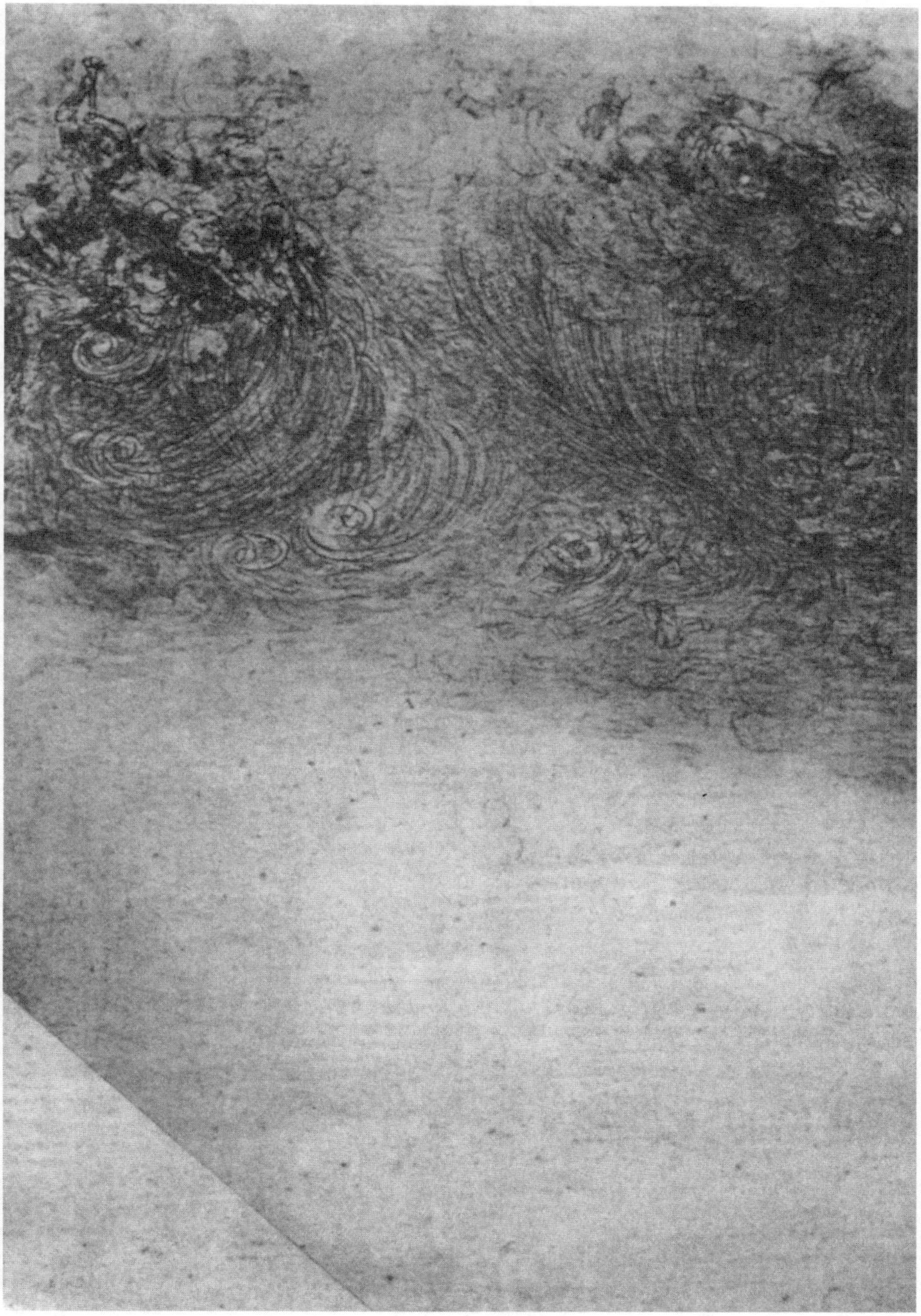

*"Assim com violência a cidade grande será derrubada,
E nunca mais será encontrada.
E a voz dos harpistas, músicos, e gaiteiros,
E cantores, e trombeteiros,
Nunca mais será ouvida em vós;
E nenhum artífice, seja qual for a sua arte,
Nunca mais será encontrado em vós;
E o som de uma mó de moinho não será ouvido
Nunca mais em vós.
E a luz de uma vela não brilhará
Nunca mais em vós;
E a voz do noivo e da noiva não será ouvida
Nunca mais em vós;
Porque os vossos mercadores foram os grandes homens da terra;
Porque enganastes, com vossas bruxarias, todas as nações.
E nela se encontrou o sangue dos profetas e dos santos
E de todos os que foram mortos sobre a terra."*

*E meus irmãos agarraram a minha mão,
E lutaram por sair do abismo de lama
E ficaram atônitos no mar de areia,
E os céus se abriram e com chuva lhes lavaram os corpos nus.
E ouvi uma voz que vinha do céu, como a voz de muitas águas,
E como a voz de um grande trovão:
E ouvi a voz de harpistas que harpejavam, com suas harpas,
E cantavam, por assim dizer, um cântico novo perante o trono.*

*E vi outro anjo voar no meio do céu,
Com os cânticos do dia e da noite
E o evangelho eterno para pregar aos
Que habitavam a terra,
Aos que tinham conseguido sair do abismo de lama
E se achavam nus e lavados pela chuva diante do trono.
E o anjo clamava: "Temei a Deus, e glorificai-o;
Pois chegou a hora do seu julgamento:
E adorai aquele que fez o céu e a terra
E o mar e as fontes de águas."*

*E vi o céu aberto, e avistei um cavalo branco;
E quem o montava se chamava Fiel e Verdadeiro,
E com Virtude ele julga.*

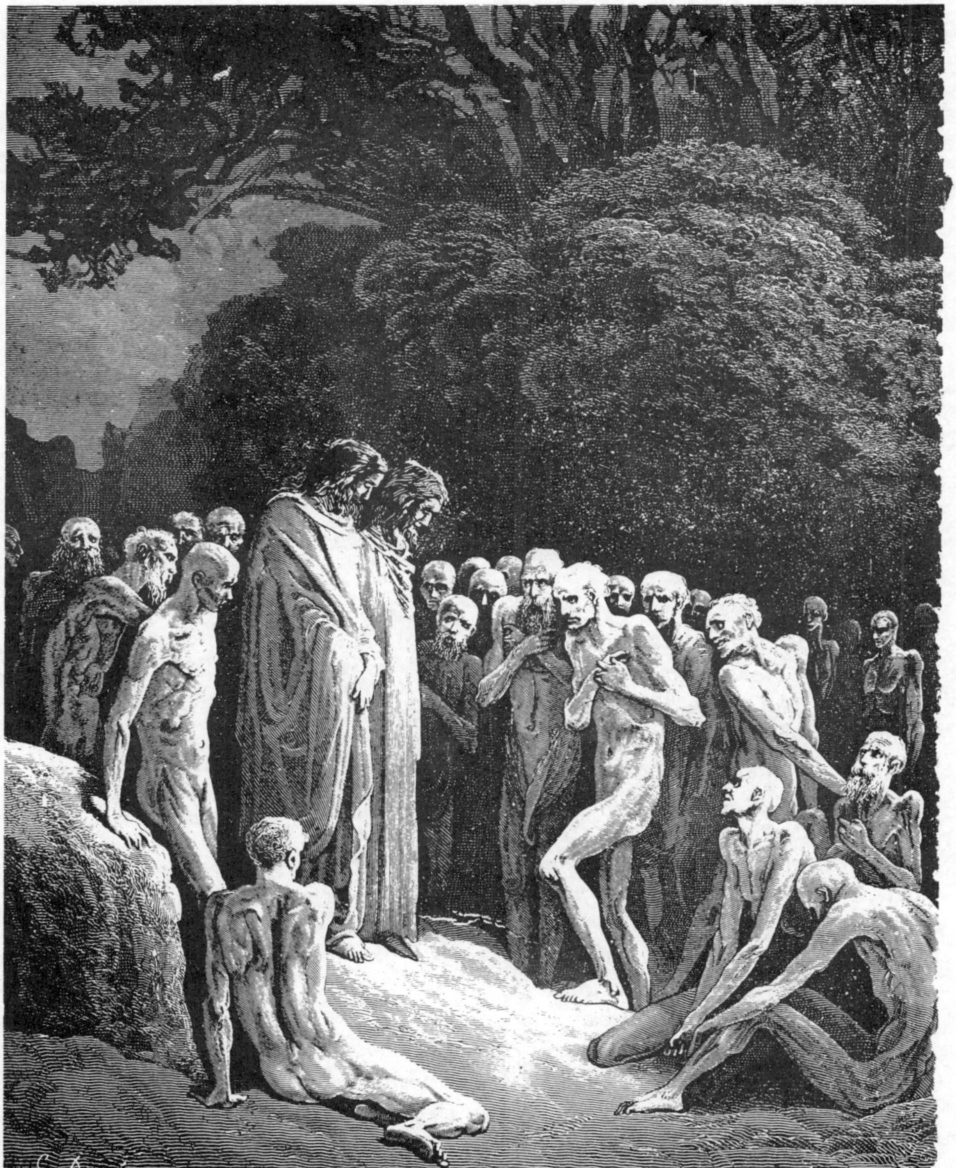

Seus olhos eram como chama de fogo,
E em sua cabeça havia muitas coroas,
E ele trazia uma capa de luz ofuscante
E seus pés estavam nus.
E seu nome é a Palavra de Deus.
E a Santa Irmandade o seguia montando cavalos brancos,
Vestida de linho fino, branco e limpo.
E eles entraram no eterno Jardim Infinito,
Em cujo meio se erguia a Árvore da Vida.
E as multidões nuas, lavadas da chuva, entravam à presença dos Irmãos,
Trêmulas, para lhes receberem o julgamento.
Pois seus pecados eram muitos, e elas tinham conspurcado a terra,
Sim, tinham destruído as criaturas da terra e do mar,
Empeçonhado o solo, viciado o ar,
E enterrado viva a Mãe que os dera à luz.

Mas não vi o que lhes aconteceu, pois minha visão mudou,
E vi um novo céu e uma nova terra:
Pois o primeiro céu e a primeira terra haviam passado;
E já não havia mar.

E vi a cidade sagrada da Irmandade
Descendo de Deus para fora do céu,
Preparada qual noiva adornada para o marido.
E ouvi uma grande voz saída do céu, que dizia:
"Eis que a montanha da casa do Senhor,
Firmada no topo das montanhas,
É exaltada acima das colinas;
E todo o povo acorrerá a ela.
Vinde, e subamos para a montanha do Senhor,
Para a casa de Deus;
E ele nos ensinará seus caminhos,
E nós palmilharemos suas sendas:
Pois da Santa Irmandade sairá a Lei.
Eis que o tabernáculo de Deus está com os homens,
E ele habitará com eles, e eles serão o seu povo,
E o próprio Deus está com eles, e será o Deus deles.
E Deus lhes enxugará todas as lágrimas dos olhos;
E já não haverá morte,
Nem tristeza, nem choro,

Nem haverá dor alguma:
Pois as coisas anteriores terão findado.
Os que fizeram guerra transformarão suas espadas em relhas de arado,
E suas lanças em podadeiras:
Nação alguma levantará a espada contra outra nação,
Pois elas tampouco aprenderão a guerra:
Pois as coisas anteriores terão passado."

E ele tornou a falar: "Eis que farei novas todas as coisas.
Sou Alfa e Ômega, princípio e fim.

*Darei ao que tem sede
Da fonte da água da vida livremente.
O que triunfar herdará todas as coisas,
E eu serei o seu Deus, e ele será o meu filho.
Mas os medrosos e os incréus,
E os abomináveis, os assassinos e todos os mentirosos,
Cavarão sua própria fossa, que queima com fogo e enxofre."*

*Mais uma vez minha visão mudou,
E ouvi as vozes da Santa Irmandade erguidas em cântico,
Dizendo: "Vinde e caminhemos na luz da Lei."
E vi a cidade sagrada,
E os Irmãos que corriam para ela.
A cidade não precisava do sol,
Nem da lua para nela brilhar:
Pois a glória de Deus a iluminava.
E vi o rio puro da Água da Vida,
Clara como cristal, saída do trono de Deus.
E no meio do rio se erguia a Árvore da Vida,
Que produzia catorze tipos de frutos,
E dava seu fruto a quem quisesse comê-lo,
E as folhas da árvore se destinavam à cura das nações.
E ali não haverá noite;
E eles não precisam de velas, nem da luz do sol,
Pois o Senhor Deus lhes dá luz:
E eles reinarão para todo o sempre.*

    *Alcancei a visão interior
    E através do teu espírito em mim
    Ouvi o teu segredo maravilhoso.
    Através da tua mística introvisão
    Fizeste uma fonte de conhecimento
    Brotar dentro de mim,
    Uma fonte de poder, que mana águas vivas;
    Um dilúvio de amor e de oniabrangente sabedoria
    Como o esplendor da Luz Eterna.*

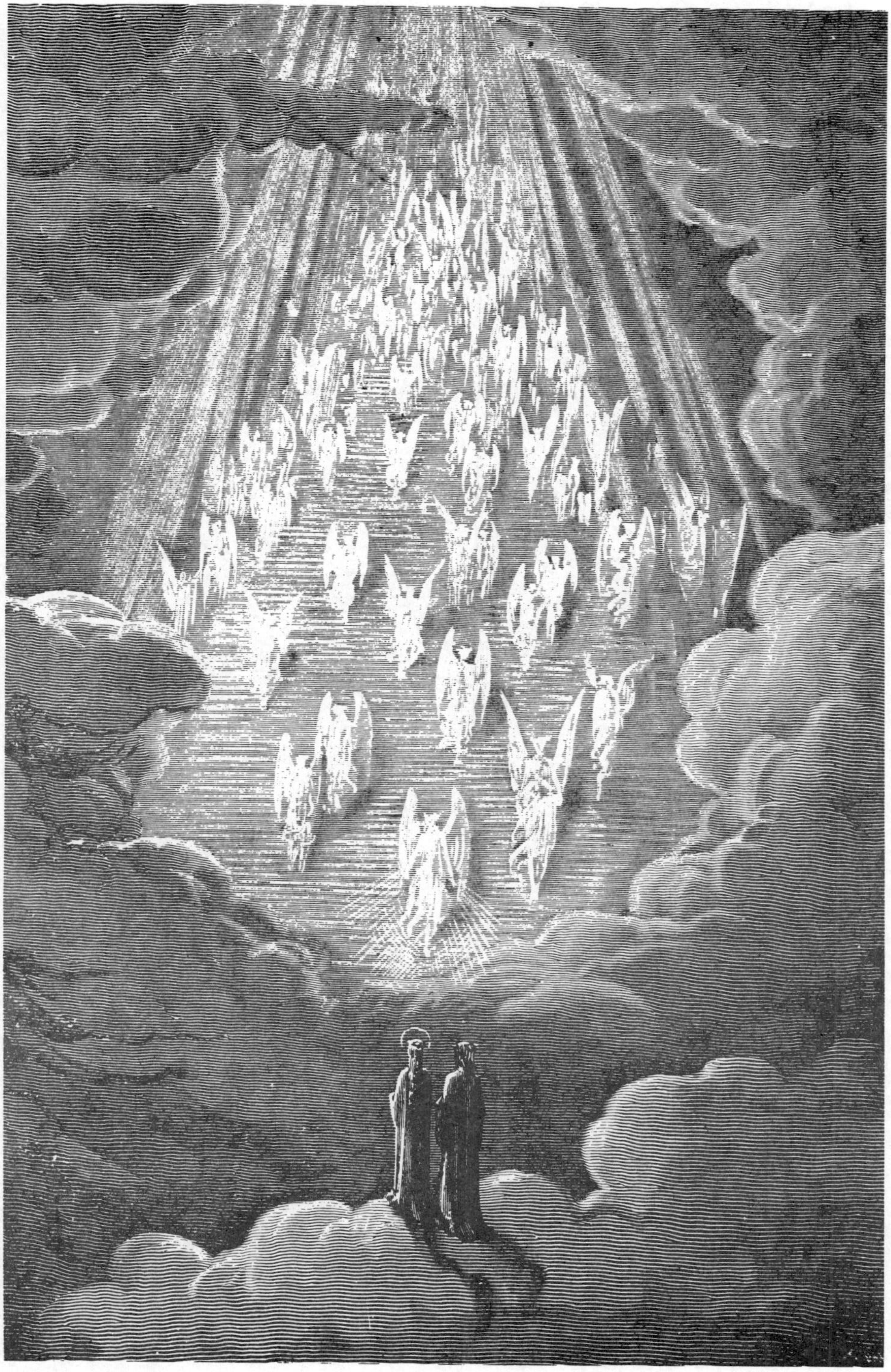

LIVRO III
MANUSCRITOS PERDIDOS DA IRMANDADE ESSÊNIA
Textos hebraicos e aramaicos originais traduzidos
e organizados por Edmond Bordeaux Szekely

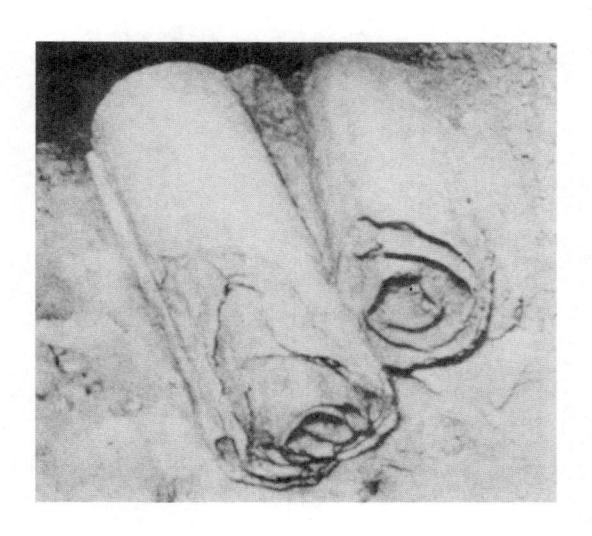

Que minhas palavras
Sejam gravadas com uma pena de ferro
Na rocha para sempre!
Pois sei que meu Criador vive:
E ele subsistirá até o fim do tempo
Sobre a terra e as estrelas.
E embora os vermes destruam este corpo
Eu verei a Deus.

— *Salmos de Ação de Graças*

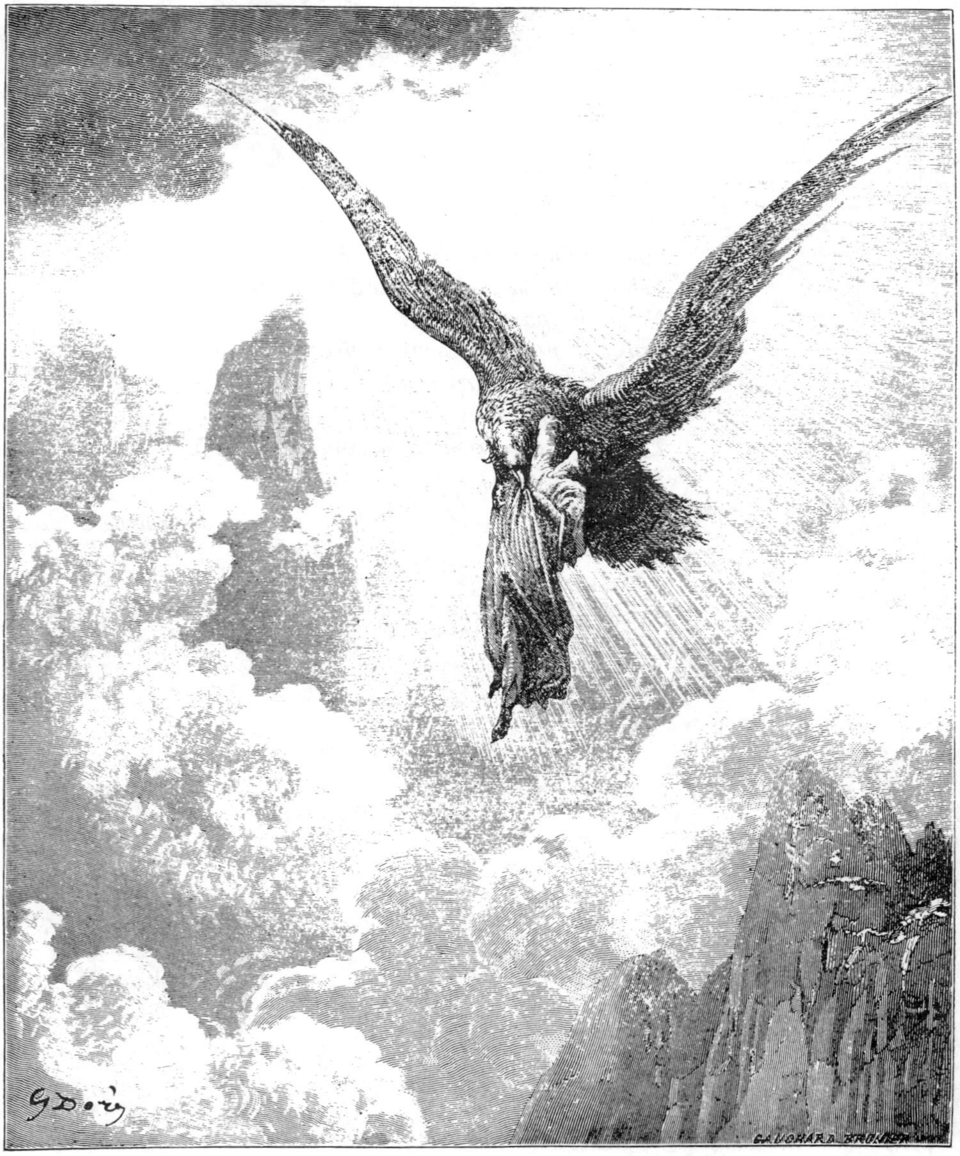
G. Doré

Agora nos separamos orgulhosos, da Natureza, e o espírito de Pã morreu. As almas dos homens estão espalhadas além da esperança de unidade e a espada dos credos formais as separa drasticamente em toda parte. Viver em harmonia com o Universo transformou a vida na execução de uma cerimônia majestosa; viver contra ele era o mesmo que arrastar-se para dentro de um *cul de sac*. Não obstante, até agora, rumores furtivos de mudança, mais uma vez, estão passando pela face do mundo. Como o princípio de outro vasto sonho, a consciência do homem espalha-se para fora mais uma vez. Uma voz do passado distante trombeteia divinamente de um lado a outro do nosso pequeno globo. A essa voz dedico este livro.

E.B.S.

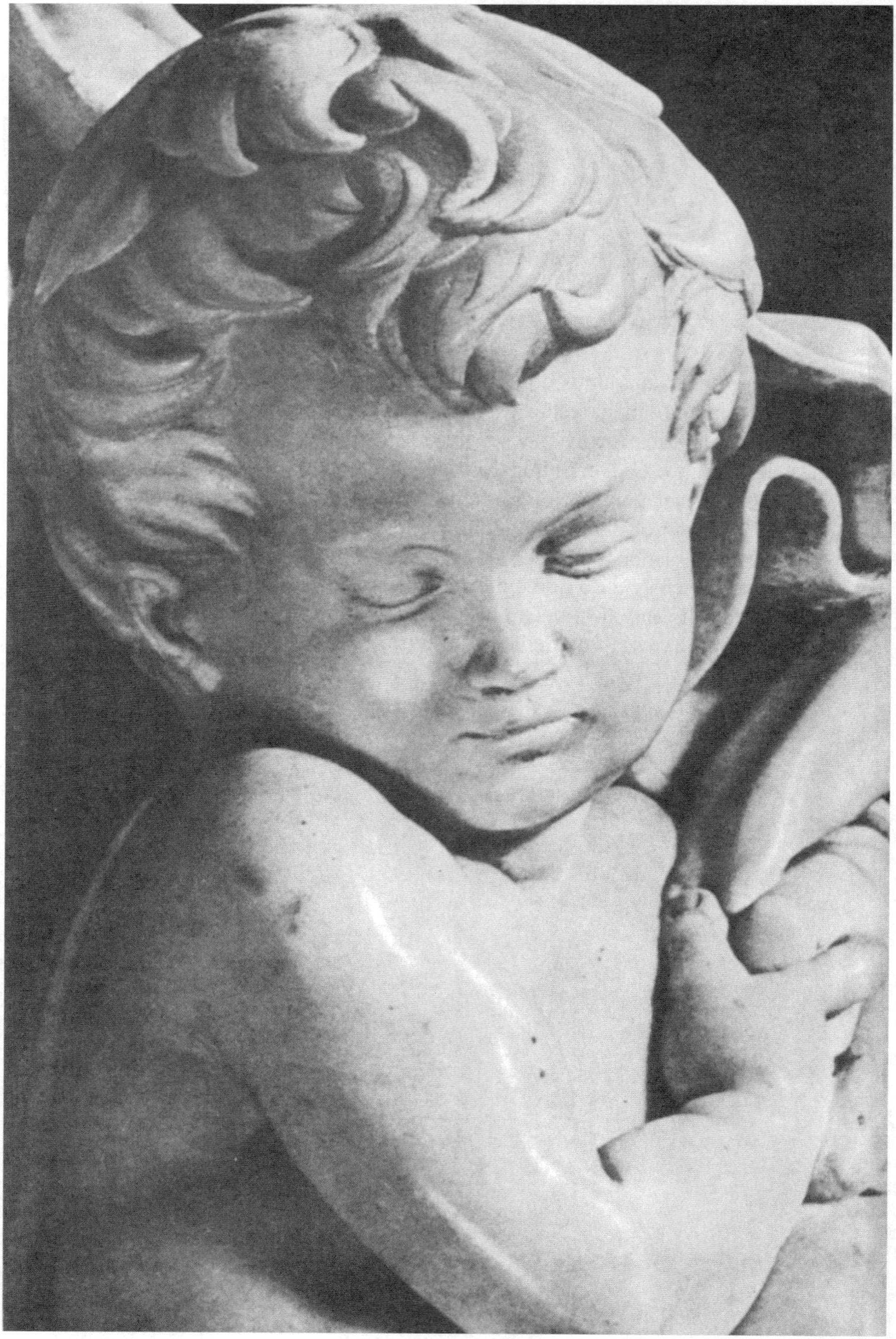

PREFÁCIO

Terceiro Livro do Evangelho Essênio da Paz

Este terceiro livro do *Evangelho Essênio da Paz* é uma coleção de textos de grande valor espiritual, literário, filosófico e poético, criados por duas correntes de tradição poderosas e entrelaçadas.

Cronologicamente, a primeira é a corrente de tradições a que o povo hebreu se viu exposto na prisão babilônica, desde as Epopéias de Gilgamesh até o Zend Avesta de Zaratustra. A segunda é a corrente de tradições que flui, com poética majestade, através do Antigo e do Novo Testamentos, desde o imutável Enoque e os outros Patriarcas, passando pelos Profetas, até a misteriosa Irmandade Essênia.

Na biblioteca da Irmandade Essênia enterrada no Mar Morto, onde se encontrou o maior número de manuscritos, os textos das duas correntes de tradições entreteceram-se muitíssimo. Seguem-se uma à outra em estranha sucessão: à poderosa simplicidade cubista da primeira justapõe-se a majestosa poesia expressionista da segunda.

Os textos originais da coleção podem ser classificados em três grupos quase idênticos: cerca de setenta por cento deles são completamente diferentes dos antigos Livros Sagrados dos Avestas e do Antigo e Novo Testamentos; vinte por cento são semelhantes, e dez por cento, idênticos.

Ao apresentar esta coleção foi meu desejo abster-me de interpretações filológicas e exegéticas secas e concentrar-me, em vez disso, em seus valores espirituais e poéticos, mais atraentes para o homem do século XX. Tentei seguir o estilo da minha tradução francesa do primeiro livro do *Evangelho Essênio da Paz*, até agora publicado em dezessete idiomas e distribuído em mais de 200.000 exemplares.*

Espero que este Terceiro Livro seja tão bem-sucedido quanto o Primeiro e continue, assim, a trazer inspirações eternas ao nosso século desorientado, guiando-nos, *per secula seculorum*, no rumo da luz cada vez maior.

EDMOND BORDEAUX SZEKELY

---

* Por ocasião desta impressão em 1986, o Primeiro Livro do *Evangelho Essênio da Paz* já tinha sido publicado em vinte e cinco línguas e distribuído em mais de um milhão de exemplares.

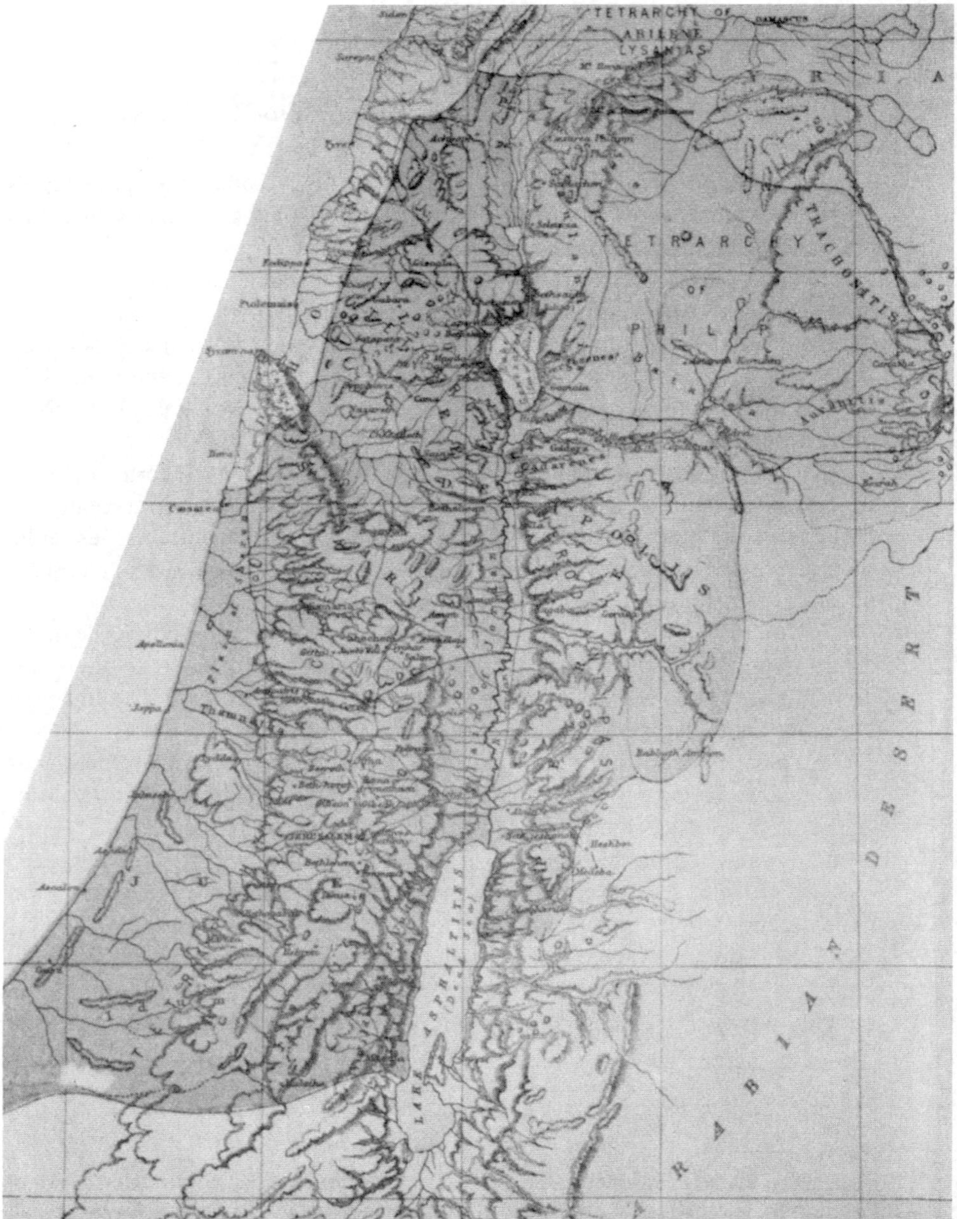
TETRARCHY OF
ABILENE
LYSANIAS
TETRARCHY
OF
PHILIP
TRACHONITIS
LAKE ASPHALTITES
ARABIA DESERTA

INTRODUÇÃO

Existe, desde as épocas mais remotas da Antigüidade, um ensinamento notável de aplicação universal e eterna sabedoria. Encontram-se fragmentos dele em hieróglifos sumérios e em ladrilhos e pedras que remontam a oito ou dez mil anos. Alguns símbolos, como, por exemplo, o do sol, da lua, do ar, da água e de outras forças naturais, são de uma época até mais remota, anterior ao cataclismo que encerrou o período plistocênico. Não se sabe há quantos milhares de anos antes disso já existia o citado ensinamento.

Estudá-lo e praticá-lo é redespertar no coração de cada homem um conhecimento intuitivo, que pode resolver os seus problemas individuais e os problemas do mundo.

Vestígios do ensinamento surgiram em quase todos os países e religiões. Seus princípios fundamentais foram ensinados na Pérsia, no Egito, na Índia, no Tibete, na China, na Palestina e na Grécia antigos e em muitos outros países. Mas tem sido transmitido em sua forma mais pura pelos essênios, a irmandade misteriosa que viveu durante os últimos dois ou três séculos a.C. e no primeiro século da era cristã no Mar Morto, na Palestina, e no Lago Mareota, no Egito. Na Palestina e na Síria os membros da irmandade eram conhecidos como essênios e, no Egito, como terapeutas, ou curadores.

A parte esotérica do seu ensinamento está na Árvore da Vida, nas Comunhões essênias com os Anjos e na Paz Sétupla, entre outras. O ensino exotérico ou exterior aparece no Primeiro Livro do *Evangelho Essênio da Paz* e nos recém-descobertos Manuscritos do Mar Morto.

Diz-se que a origem da irmandade é desconhecida e a derivação do nome, incerta. Acreditam alguns que ele procede de Esnoque, ou Enoque, proclamado seu fundador, e que primeiro recebeu as Comunhões com o mundo angélico.

Entendem outros que o nome provém de Israel, os eleitos do povo para os quais Moisés deu as Comunhões no Monte Sinai, onde elas lhe foram reveladas pelo mundo angélico.

Seja, porém, qual for a sua origem, o certo é que os essênios existiram por muito tempo como irmandade, talvez até sob outras denominações em outros países.

O ensinamento aparece no Zend Avesta de Zaratustra, que fez dele um modo de vida, seguido por milhares de anos. Contém os conceitos fundamentais do Bramanismo, dos Vedas e dos Upanixades; e os sistemas iogues da Índia brotaram da mesma fonte. Mais tarde, Buda divulgou essencialmente as mesmas idéias básicas e sua árvore sagrada Bodhi se correlaciona com a Árvore Essênia da Vida. No Tibete, o ensinamento mais uma vez encontrou expressão na Roda Tibetana da Vida.

Na Grécia antiga, Pitagóricos e Estóicos seguiram também os princípios essênios e muita coisa do modo de vida essênio. O mesmo ensinamento era um elemento da cultura adônica dos fenícios, da Escola Alexandrina de Filosofia, no Egito, e contribuiu consideravelmente para muitos ramos da cultura ocidental, a Maçonaria, o Gnosticismo, a Cabala e o Cristianismo. Jesus interpretou-o em sua forma mais sublime e mais bela nas sete Bem-aventuranças do Sermão da Montanha.

Os essênios viviam nas praias de lagos e rios, fora das cidades, grandes ou pequenas, e praticavam um modo comunitário de vida, compartindo de tudo igualmente. Eram sobretudo agricultores e arboricultores, e tinham vasto conhecimento de colheitas, solos e condições climáticas, o que lhes permitia cultivar notável variedade de frutas e vegetais em áreas relativamente desertas e com um mínimo de trabalho.

Não tinham criados nem escravos e dizia-se que foram eles o primeiro povo a condenar o escravagismo assim na teoria como na prática. Não os havia ricos nem pobres, duas condições consideradas entre eles aberrações da Lei. Instituíram seu próprio sistema econômico, baseado na Lei, e demonstraram que todos os alimentos e necessidades materiais do homem podem ser obtidos sem luta, pelo conhecimento da Lei.

Passavam muito tempo estudando não só os escritos antigos mas também ramos especiais do saber, como a educação, a cura e a astronomia. Era corrente a idéia de serem eles os herdeiros da astronomia caldaica e persa e das artes curativas egípcias. Adeptos da profecia, para a qual se preparavam por meio de um jejum prolongado, eram igualmente proficientes no uso de plantas e ervas para a cura dos homens e animais.

Viviam uma vida regular e simples, levantando-se todos os dias antes do nascer do sol a fim de estudar e comungar com as forças da natureza, banhando-se em água fria como um ritual e vestindo-se de branco. Depois do trabalho diário nos campos e nas vinhas, partilhavam suas refeições em silêncio, precedendo-as de uma prece e rematando-as com outra. Em seu profundo respeito a todas as coisas vivas, nunca tocavam em alimentos que incluíssem carnes, nem tomavam líquidos fermentados. Suas noites eram consagradas ao estudo e às comunhões com as forças celestiais.

O anoitecer era o princípio de sua jornada, e o Sábado, ou dia santo, começava ao anoitecer de sexta-feira, para eles o primeiro dia da semana, dedicado ao estudo, à discussão, ao entretenimento de visitantes e à execução de instrumentos musicais, relíquias dos quais têm sido descobertas.

Esse estilo de vida lhes permitia viver até idades avançadas de 120 anos, ou mais, e era voz corrente que eles possuíam uma força maravilhosa e uma extraordinária resistência. Em todas as suas atividades os essênios expressavam um amor criativo.

De suas irmandades tiravam eles os curadores e professores, entre os quais figuravam Elias, João Batista, João, o Bem-amado, e o grande Mestre essênio, Jesus.

Só se lograva a condição de membro da irmandade após um período probatório de um ano, e três anos de trabalho iniciatório, seguidos de mais sete antes da admissão ao pleno ensinamento interior.

Registros do modo de vida essênio chegaram até nós por intermédio dos escritos de seus contemporâneos. Plínio, o naturalista romano, Filo, o filósofo alexandrino, Josefo, o historiador romano, Solano e outros, que falaram sobre eles de várias maneiras, como, por exemplo: "uma raça por si só, mais notável do que qualquer outra no mundo", "os mais antigos iniciados, que recebem seu ensinamento da Ásia Central", "ensinamento perpetuado através de um imenso espaço de séculos", "constante e inalterável santidade".

Parte do ensinamento exotérico encontra-se preservado num texto aramaico no Vaticano, em Roma. Parte foi encontrada num texto esloveno em mãos dos Habsburgos da Áustria e, segundo se afirma, trazido da Ásia no século XIII por padres nestorianos que fugiam das hordas de Genghis Khan.

Ecos do ensinamento existem hoje em muitas formas, em rituais da Ordem Maçônica, no símbolo do candelabro de sete braços, na saudação "A paz seja convosco", usada desde o tempo de Moisés, e até nos sete dias da semana, que há muito perderam seu primeiro significado espiritual.

De sua antigüidade, de sua persistência através dos séculos, deduz-se evidentemente que o ensinamento não podia ser o conceito de um indivíduo ou de um povo, senão a interpretação, por uma sucessão de grandes Professores, da Lei do universo, da Lei básica, eterna e imutável como as estrelas em seus cursos, a mesma agora como há dois ou dez mil anos, e tão aplicável hoje como então.

O ensinamento explica a Lei, mostra como os seus desvios, feitos pelo homem, são a causa de todos os sofrimentos humanos e dá o método pelo qual o homem pode encontrar o caminho para sair do seu dilema.

O VOTO SÉTUPLO

Quero fazer e farei quanto puder
Para viver como a Árvore da Vida,
Plantada pelos Grandes Mestres da nossa Irmandade,
Com meu Pai Celestial,
Que plantou o Jardim Eterno do Universo
E me deu o espírito;
Com minha Mãe Terrena
Que plantou o Grande Jardim da Terra
E me deu o corpo;
Com meus irmãos
Que trabalham no Jardim da nossa Irmandade.

Quero fazer e farei quanto puder
Para manter toda manhã minhas Comunhões
Com os Anjos da Mãe Terrena,
E toda noite
Com os Anjos do Pai Celestial,
Como ficou estabelecido
Pelos Grandes Mestres da nossa Irmandade.

Quero fazer e farei quanto puder
Para seguir o Caminho da Paz Sétupla.

Quero fazer e farei quanto puder
Para aperfeiçoar meu corpo que age,
Meu corpo que sente,
E meu corpo que pensa,
Segundo os ensinamentos
Dos Grandes Mestres da nossa Irmandade.

Obedecerei sempre e em toda a parte, com reverência,
A Meu Mestre,
Que me dá a Luz
Dos Grandes Mestres de todos os tempos.
Submeter-me-ei a meu Mestre
E aceitarei sua decisão

*Sobre quaisquer diferenças ou queixas que eu tenha
Contra algum dos meus irmãos
Que trabalham no Jardim da Irmandade;
E jamais levarei alguma queixa contra um irmão
Ao mundo exterior.*

*Sempre e em toda parte manterei secretas
Todas as tradições da nossa Irmandade
Que meu Mestre me revelar;
E nunca mostrarei a ninguém tais segredos
Sem a permissão de meu Mestre.
Nunca reivindicarei para mim
O conhecimento recebido de meu Mestre,
E sempre lhe darei o crédito
De todo esse conhecimento.
Nunca usarei o conhecimento e o poder que granjeei,
Pela iniciação de meu Mestre,
Com propósitos materiais ou egoístas.*

*Adentro o Jardim Eterno e Infinito
Com reverência ao Pai Celestial,
À Mãe Terrena
E aos Grandes Mestres,
Reverência ao Sagrado,
Puro e Salvador Ensinamento,
Reverência à Irmandade dos Eleitos.*

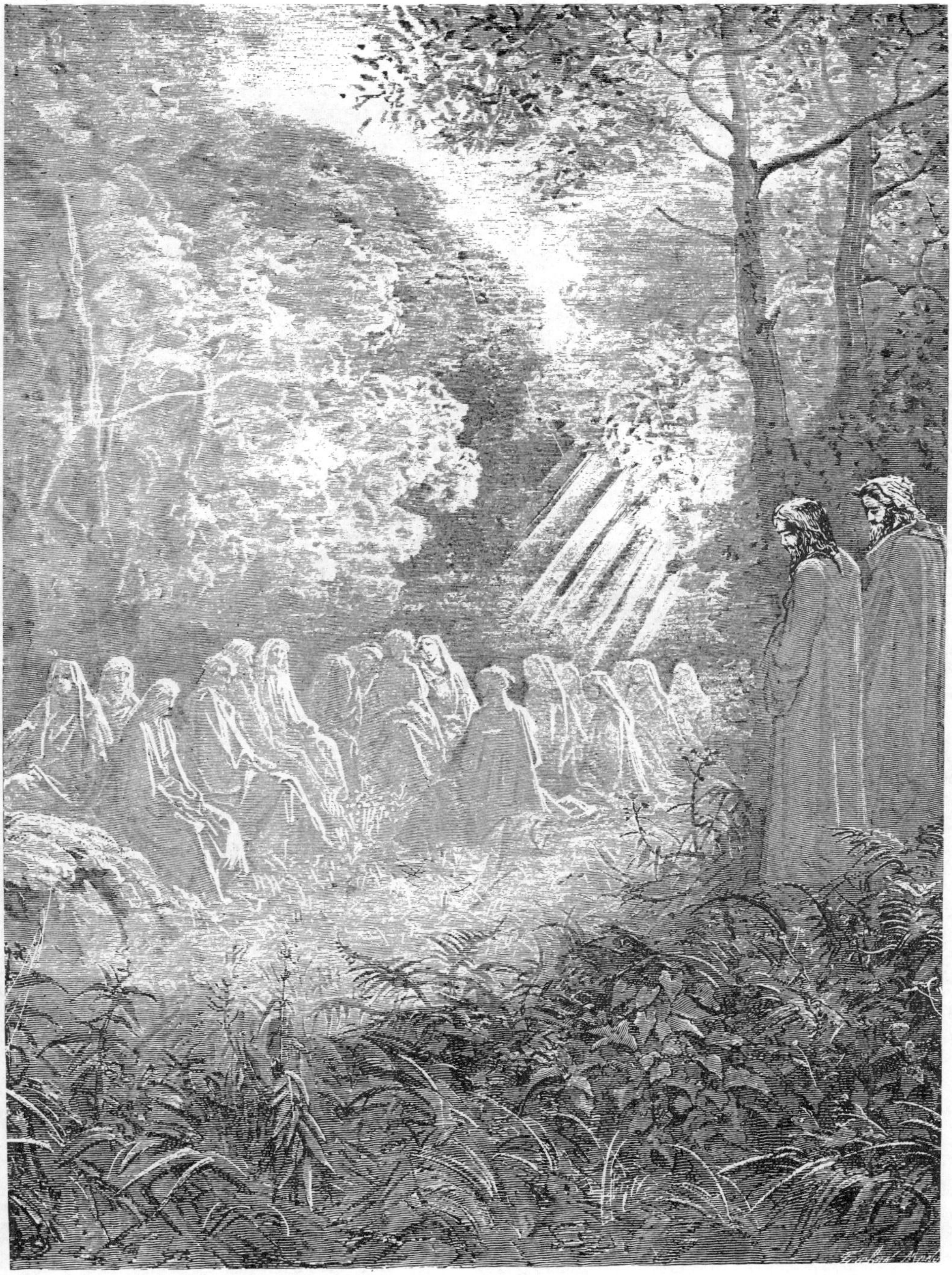

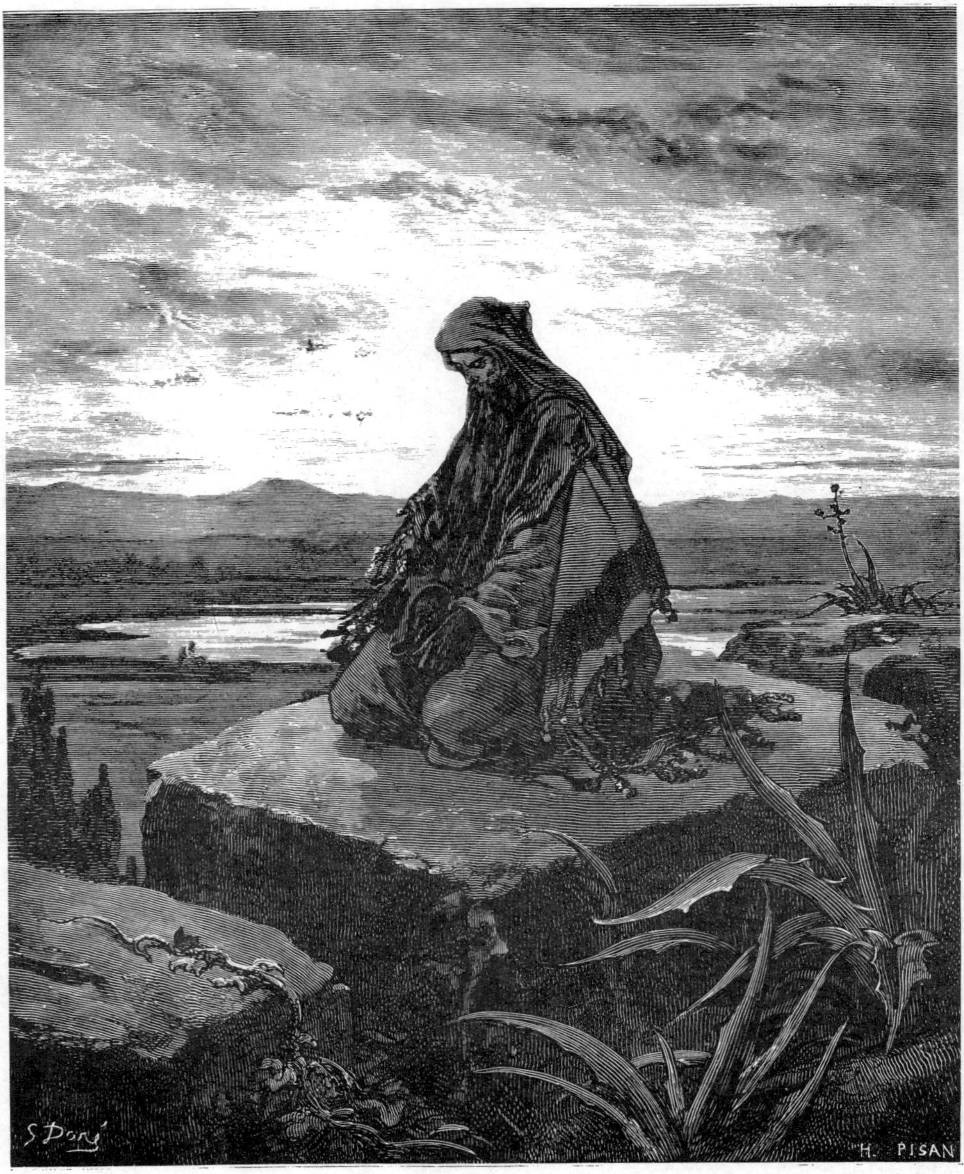

O CULTO ESSÊNIO

PRÓLOGO

Quando Deus viu que o seu povo pereceria
Porque não via a Luz da Vida,
Escolheu os melhores de Israel,
Para que pudessem fazer a Luz da Vida
Brilhar diante dos filhos dos homens,
E os escolhidos foram chamados Essênios,
Porque ensinavam os ignorantes
E curavam os enfermos,
E se reuniam na véspera de cada sétimo dia
Para alegrar-se com os Anjos.

CULTO

ANCIÃO: Mãe Terrena, dá-nos o Alimento da Vida!
IRMÃOS: Nós comeremos o Alimento da Vida!
ANCIÃO: Anjo do Sol, dá-nos o Fogo da Vida!
IRMÃOS: Nós perpetuaremos o Fogo da Vida!
ANCIÃO: Anjo da Água, dá-nos a Água da Vida!
IRMÃOS: Nós nos banharemos na Água da Vida!
ANCIÃO: Anjo do Ar, dá-nos o Sopro da Vida!
IRMÃOS: Nós respiraremos o Ar da Vida!
ANCIÃO: Pai Celestial, dá-nos o teu Poder!
IRMÃOS: Nós construiremos o Reino de Deus com o Poder do Pai Celestial!
ANCIÃO: Pai Celestial, dá-nos o teu Amor!
IRMÃOS: Nós encheremos nossos corações com o Amor do Pai Celestial!
ANCIÃO: Pai Celestial, dá-nos a tua Sabedoria!
IRMÃOS: Nós seguiremos a Sabedoria do Pai Celestial!
ANCIÃO: Pai Celestial, dá-nos a Vida Eterna!
IRMÃOS: Nós viveremos como a Árvore da Vida Eterna!
ANCIÃO: A paz seja contigo!
IRMÃOS: A paz seja contigo!

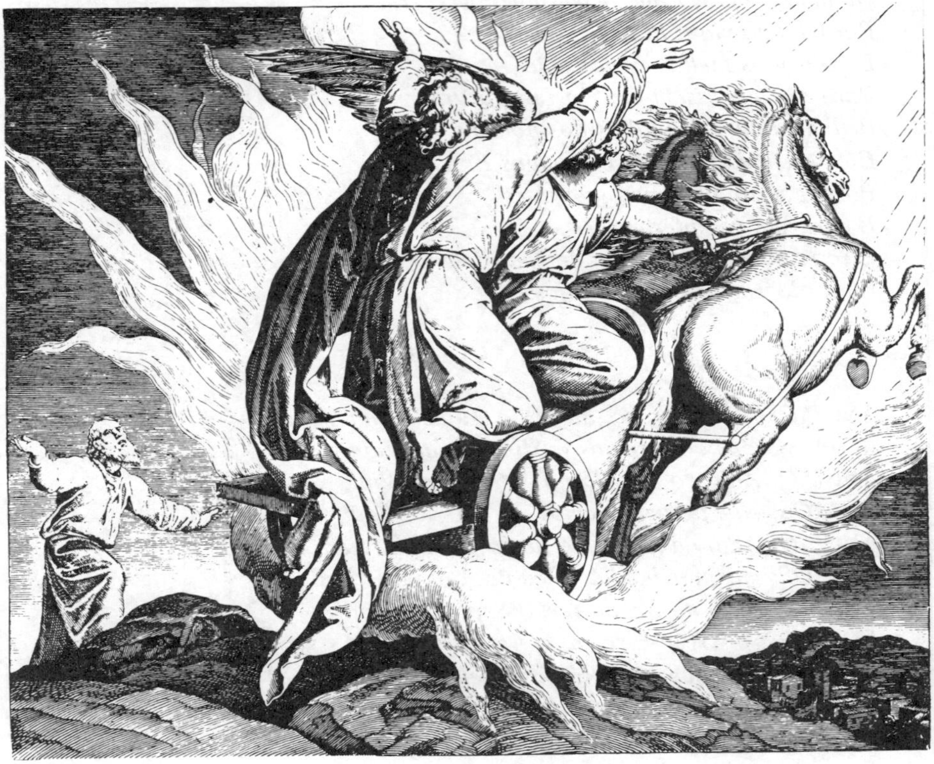

O ANJO DO SOL

Eia! Levanta-te e segue!
Ó tu, imortal, cintilante,
Velocíssimo Anjo do Sol!
Acima das Montanhas!
Produz Luz para o Mundo!

Anjo do Sol, és a Fonte da Luz:
Rompes a escuridão.
Abre tu a porta do horizonte!
O Anjo do Sol mora muito acima da terra
E, no entanto, seus raios nos enchem os dias de vida e calor.
O carro da manhã traz a luz
Do sol que nasce
E alegra o coração dos homens.
O Anjo do Sol nos ilumina o caminho
Com raios de esplendor.
Anjo do Sol!
Arremessa teus raios sobre mim!
Deixa que me toquem; deixa que me penetrem!
Entrego-me a ti e ao teu abraço,
Abençoado com o fogo da vida!
Uma corrente líquida de santa alegria
Flui para mim vinda de ti!
Avante, Anjo do Sol!
Assim como nenhum homem pode fitar o sol a olho nu,
Assim também nenhum homem pode ver a Deus frente a frente,
Pois seria consumido pelas chamas
Que guardam a Árvore da Vida.
Estuda, portanto, a Lei Sagrada:
Pois a face do Sol e a face de Deus
Só podem ser vistas por alguém que tenha dentro de si
A Revelação da Lei.
Acreditas que a morte é um fim?
Teus pensamentos são tolos como os de uma criança
Que vê o céu escuro e a chuva que cai
E chora porque já não há sol.

Queres fortalecer-te na Lei?
Sê, então, como o sol ao meio-dia,
Que brilha com luz e calor sobre todos os homens
E distribui livre e copiosamente sua glória de ouro.
A Fonte da Luz, então, fluirá de volta a ti,
Assim como o Sol nunca se desprovê de luz,
Pois flui livremente, sem restrições.
E quando o Sol nasce,
A Terra, feita pelo Criador,
Limpa-se,
As águas correntes se purificam,
As águas dos poços se purificam,
As águas do mar se purificam,
As águas paradas se purificam,
Todas as Criaturas Sagradas se purificam.
É através do brilho e da glória
Que nasce o homem que ouve bem
As Palavras Sagradas da Lei,
Que a Sabedoria encarece.
Através do seu brilho e da sua glória
Segue o Sol o seu caminho,
Através do seu brilho e da sua glória
Segue a Lua o seu caminho,
Através do seu brilho e da sua glória
Seguem as Estrelas o seu caminho.
Ao imortal, cintilante e velocíssimo Sol
Haja invocação com sacrifício e prece.
Quando a Luz do Sol se torna mais brilhante,
Quando o brilho do Sol se torna mais quente,
Surgem as forças celestiais.
Elas vertem sua Glória sobre a Terra,
Feita pelo Pai Celestial,
Para o aumento dos Filhos da Luz,
Para o aumento do imortal,
Cintilante e velocíssimo Sol.
Quem oferece um sacrifício
Ao imortal, cintilante e velocíssimo Sol,
Para resistir à escuridão,
Para resistir à morte que se insinua, furtiva e invisível,

Oferece-o ao Pai Celestial,
Oferece-o aos Anjos,
Oferece-o à própria alma.
Rejubila-se com todas as forças celestes e terrestres
Que oferecem um sacrifício
Ao imortal, cintilante e velocíssimo Sol.
Sacrificarei a essa amizade,
A melhor de todas as amizades,
Que reina entre o Anjo do Sol
E os filhos da Mãe Terrena.
Exalto a Glória e a Luz,
A Força e o Vigor,
Do imortal, cintilante e velocíssimo Anjo do Sol!

O ANJO DA ÁGUA

*Do Mar Celestial
as Águas correm e fluem para a frente
vindas das Fontes inesgotáveis.*

Ao deserto seco e infecundo
Levaram os Irmãos o Anjo da Água:
Para que ele produzisse um jardim e um recanto verde,
Cheio de árvores e da fragrância das flores.
Atira-te nos braços envolventes
Do Anjo da Água:
Porque ele arrancará de ti
Tudo o que é impuro e mau.
Que o meu amor flua para ti, Pai Celestial,
Como o rio flui para o mar.
E que o teu amor flua para mim, Pai Celestial,
Como a chuva gentil beija a terra.
Qual rio que atravessa a floresta
É a Lei Sagrada.
Todas as criaturas dependem dela,
E ela nada nega a nenhum ser.
A Lei é para o mundo dos homens
O que um grande rio é para córregos e riachos.
Como rios de água num sítio seco
Os Irmãos trazem a Lei Sagrada
Ao mundo dos homens.
Assim como na água te afogas
Assim na água mitigas a sede.
Assim é a Lei Sagrada uma espada de dois gumes:
Pela Lei podes destruir-te,
E pela lei podes ver a Deus.
Pai Celestial!
Do teu Mar Celestial fluem todas as Águas
Que se espalham pelos sete Reinos.
Somente este teu Mar Celestial
Continua trazendo Águas
Assim no verão como no inverno e em todas as estações.

Esse teu Mar purifica o sêmen nos machos,
O ventre nas fêmeas,
O leite nos peitos das fêmeas.
O Mar Celestial flui, desimpedido,
Para os trigais de sementes grandes,
Para os pascigos de sementes pequenas,
E para todo o Mundo Terrestre.
Um milhar de Fontes puras escorre para os pastos
A fim de alimentar os Filhos da Luz.
Se alguém sacrificar a ti,
Ó Anjo sagrado da Água!
A esse darás, a um tempo, esplendor e glória,
Com a saúde e o vigor do corpo.
A ele darás vida longa e duradoura,

E, depois dela, o Mar Celestial.
Adoramos todas as águas sagradas
Que saciam a sede da terra,
Todas as águas santas feitas pelo Criador,
E todas as plantas feitas pelo Criador,
Todas as quais são sagradas.
Adoramos a Água da Vida,
E todas as águas sobre a terra,
Paradas, correntes, ou de poço,
Ou as águas de fonte que fluem, perenes,
Ou as gotas benditas das chuvas,
Sacrificamos às boas e santas águas
Que a Lei criou.
Ruja o mar e todas as águas,
O mundo e os que nele habitam.
Batam palmas as inundações,
Rejubilem-se juntas as colinas.
A voz do Senhor paira sobre as águas:
O Deus da Glória estronda.
Pai Celestial! e tu, Anjo da Água!
Nós te agradecemos e bendizemos o teu nome.
Um jorro de amor irrompe
Dos lugares ocultos sob a terra:
A Irmandade é abençoada para sempre
Na Santa Água da Vida.

O ANJO DO AR

Nós adoramos o Sopro Sagrado,
Colocado mais alto que
Todas as outras coisas criadas.
E adoramos
A veracíssima Sabedoria.

No meio do ar fresco da floresta e dos campos,
Encontrarás o Anjo do Ar.
Paciente, ele espera
Que deixes os buracos escuros e abarrotados da cidade.
Procura-o, portanto, e sorve em grandes haustos, profundamente,
A corrente de ar curativa que ele te oferece.
Respira longo e fundo,
Para que o Anjo do Ar seja levado para dentro de ti.
Porque o ritmo da tua respiração é a chave do conhecimento
Que revela a Lei Sagrada.
O Anjo do Ar
Libra-se em asas invisíveis:
Contudo, deves palmear-lhe o caminho oculto
Se quiseres ver o rosto de Deus.
Mais doce do que o mais fino néctar
De romã adoçada com mel
É a fragrância do vento
No bosque de ciprestes.
Mais doce ainda que o aroma dos religiosos,
Que veneram e ensinam a Lei Sagrada.
Santo é o Anjo do Ar,
Que limpa tudo o que é sujo
E dá a todas as coisas malcheirosas um suave perfume.
Vinde, vinde, Ó Nuvens!
De cima para baixo sobre a terra,
Com milhares de gotas,
Através do seu brilho e glória sopram os ventos,
Empurrando as nuvens para baixo,
Para as fontes inesgotáveis.
Sobem os vapores dos vales das montanhas,
Perseguidos pelo vento ao longo da trilha da Lei

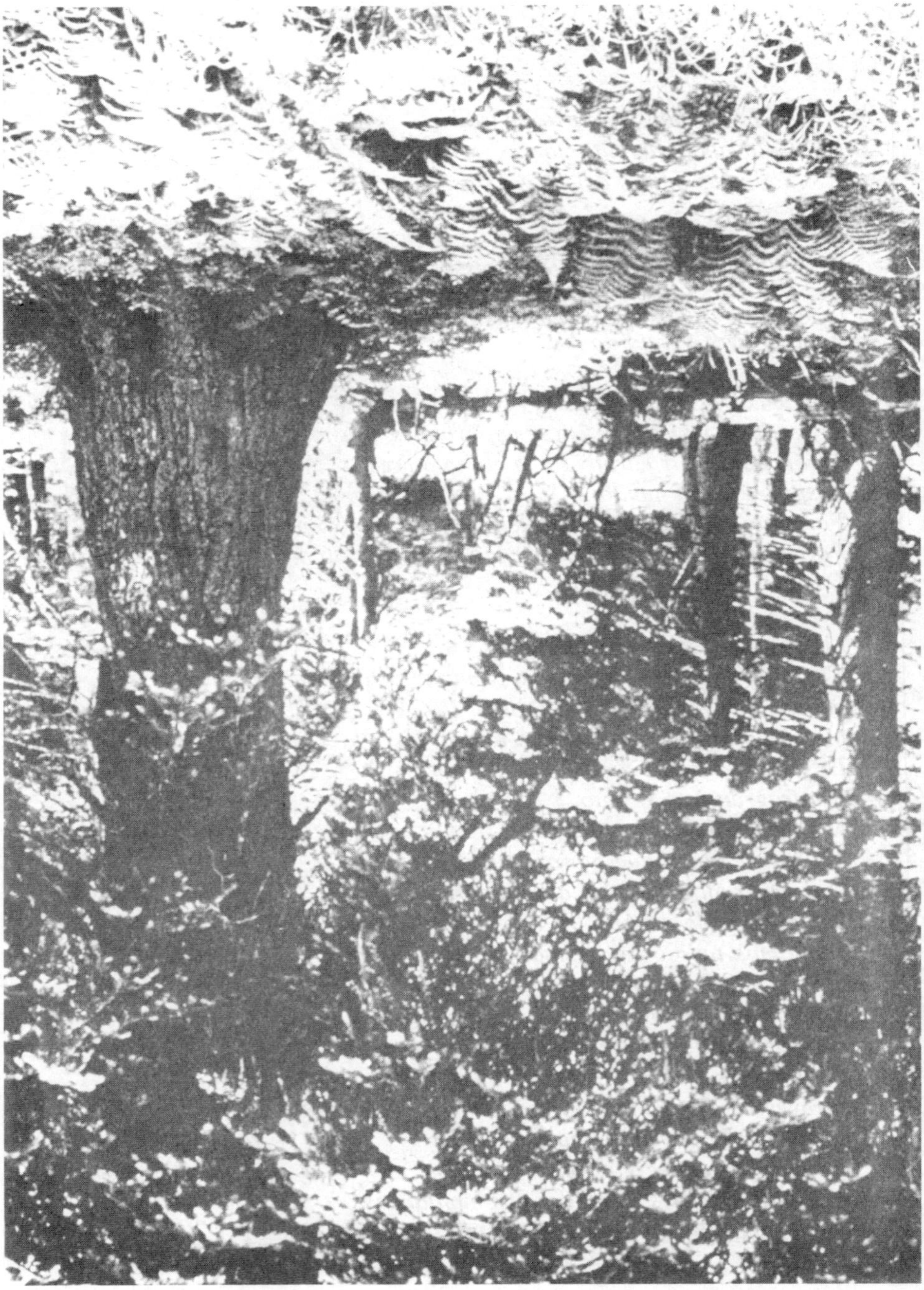

*Que aumenta o reino da Luz.
O Pai Celestial fez a terra com o seu poder,
Criou o mundo com a sua sabedoria,
E estendeu os céus com a sua vontade.
Quando ele emite sua voz,
Há uma multidão de águas nos céus,
E ele faz subir os vapores
Desde os extremos da terra;
Faz relâmpagos com chuva,
E produz o vento com o seu sopro.
Assim como o mar é o ponto de reunião das águas,
Que se levantam e abatem,
Que percorrem a senda aérea e voltam a cair sobre a terra,
Que sobem de novo a senda aérea:
Assim se levantam e rolam!
Tu, para cujo elevar-se e crescer
O Pai Celestial
Fez o eterno e soberano Espaço luminoso.
Homem nenhum pode chegar diante do Rosto de Deus
Se o Anjo do Ar não o tiver deixado passar.
Teu corpo precisa respirar o ar da Mãe Terrena,
E teu espírito precisa respirar a Lei Sagrada
Do Pai Celestial.*

O ANJO DA TERRA

Invocamos a Terra Abundante!
Que possui Saúde e Felicidade
E é mais poderosa
Do que todas as suas Criaturas.

Louvamos esta terra ampla,
Estendida ao longe por caminhos,
A produtiva, a plenamente capaz de gerar,
Tua mãe, planta sagrada!
Exaltamos as terras onde cresces,
Perfumosa, espalhando-te depressa,
O bom crescimento da Mãe Terrena.
Louvamos o bom, o forte, o beneficente
Anjo da Terra,
Que se compraz no orvalho do céu,
Na opulência da terra,
E na colheita farta do trigo e das uvas.
Louvamos as altas montanhas,
Ricas de pastos e águas,
Sobre as quais correm os muitos córregos e rios.
Louvamos as plantas sagradas do Anjo da Terra,
Que brotam do solo,
Para alimentar animais e homens,
Para nutrir os Filhos da Luz.
A terra é a robusta Preservadora,
A santa Preservadora, a Mantenedora!
Louvamos a força e o vigor
Da poderosa Preservadora, a terra,
Criada pelo Pai Celestial!
Louvamos os curadores da terra,
Os que conhecem os segredos das ervas e das plantas;
Aos curadores o Anjo da Terra
Revelou seu antigo conhecimento.
O Senhor criou remédios da própria terra,
Que o sábio empregará.
Não foi a água adoçada com madeira,

Para que a sua virtude fosse conhecida?
E a certos irmãos o Senhor conferiu habilidade,
Para que a Lei fosse honrada e cumprida.
Com essas coisas eles curam os homens,
E lhes tiram as dores,
E para as suas obras não há fim,
E deles emana a paz que cobre a terra.
Dá lugar, portanto, aos curadores e honra-os,
Pois o Pai Celestial os criou:
Não deixes que se afastem de ti, pois tens precisão deles.
Louvamos os operários do solo,
Que trabalham juntos no Jardim da Irmandade,
Nos campos que o Senhor abençoou:

Para quem amanha a terra,
Com o braço esquerdo e com o direito,
Ela produzirá grande cópia de frutos,
E plantas verdes saudáveis e grãos de ouro.
Doçura e opulência fluirão dessa terra
E desses campos,
A par de saúde e cura,
Com plenitude, incremento e abundância.
Quem semeia trigo, relva e frutos
Semeia a lei Sagrada:
Faz progredir a Lei do Criador.
Quando toda a terra for um jardim,
Todo o mundo físico se tornará livre
Da velhice e da morte, da corrupção e da podridão,
Para todo o sempre.
A misericórdia e a verdade serão vistas juntas,
A virtude e a paz se oscularão,
A verdade saltará da terra,
E a glória habitará no nosso reino.

O ANJO DA VIDA

*Não sejas ingrato ao teu Criador,
pois ele te deu a Vida.*

*Não busques a lei em tuas escrituras, pois a lei é Vida,
Ao passo que as escrituras são palavras.
Em verdade te digo,
Moisés não recebeu de Deus suas leis escritas,
Senão através da palavra viva.
A lei é a palavra viva do Deus vivo
Para profetas vivos transmitirem a homens vivos.
Em tudo o que é vida está escrita a lei.
Ela se encontra na relva, nas árvores,
No rio, nas montanhas, nos pássaros do céu,
Nas criaturas da floresta e nos peixes do mar;
Mas se encontra sobretudo em vós mesmos.
Todas as coisas vivas estão mais perto de Deus
Que as escrituras, destituídas de vida.
Deus fez a vida e todas as coisas vivas
Para que elas possam, pela primeira palavra eterna,
Ensinar as leis do Pai Celestial
E da Mãe Terrena
Aos filhos dos homens.
Deus não escreveu as leis nas páginas dos livros,
Mas no teu coração e no teu espírito.
Elas estão no teu alento, no teu sangue e em teus ossos,
Em tua carne, em teus olhos, em teus ouvidos,
E em cada partezinha do teu corpo.
Estão presentes no ar, na água,
Na terra, nas plantas, nos raios de sol,
Nas profundezas e nas alturas.
Todas falam contigo
Para poderes compreender a língua e a vontade
Do Deus vivo.
As escrituras são obras do homem,
Mas a vida e todas as suas hostes são obra de Deus.
Eterno, Ó Grande Criador!*

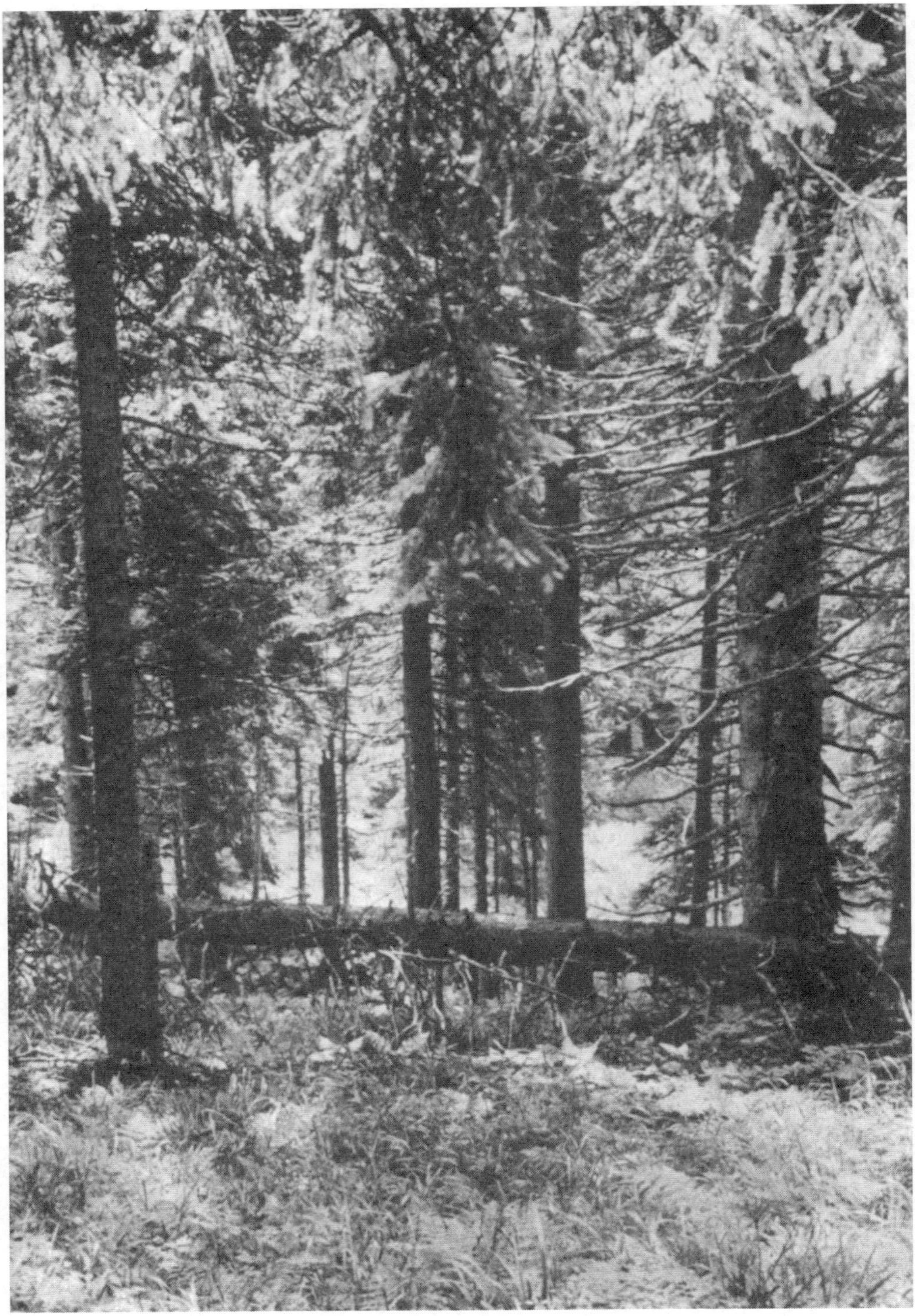

*Criaste os Poderes Celestiais
E revelaste as Leis Celestiais!
Tu nos deste entendimento
De tua própria mente,
E fizeste a nossa vida física.
Somos gratos, Pai Celestial,
Por todas as tuas inúmeras dádivas de vida:
Pelas coisas preciosas do céu, pelo orvalho,
Pelos frutos preciosos produzidos pelo sol,
Pelas coisas preciosas produzidas pela lua,
Pelas grandes coisas das montanhas antigas,
Pelas coisas preciosas das colinas duradouras,
E pelas coisas preciosas da terra.
Nós somos gratos, Pai Celestial,
Pelo vigor da saúde, pela saúde do corpo,
De olhos sábios, brilhantes e claros, de pés ligeiros,
Rápida audição dos ouvidos, força nos braços
E visão de águia.
Pelas inúmeras dádivas de Vida,
Adoramos o Fogo da Vida,
E a Santa Luz da Ordem Celestial.
Adoramos o Fogo,
Bom e amistoso,
O Fogo da Vida!
O mais benéfico e prestativo,
O Fogo da Vida!
O mais auxiliador, o mais generoso,
O Fogo que é a Casa do Senhor!
Eis agora o Filho da Luz
Que comunga com o Anjo da Vida:
Ei-lo agora com a força nos rins,
E a força nos músculos do peito.
Ele move as pernas feito um cedro:
Os tendões de suas coxas estão interligados.
Os ossos são como tubos de metal,
Os membros como barras de ferro.
Ele come à mesa da Mãe Terrena,
A relva do campo e as águas do córrego
Alimentam-no;*

*As montanhas, sem dúvida, lhe trazem comida.
Abençoadas são a sua força e a sua beleza,
Porque ele serve à Lei.
Um Santuário do Espírito Santo
É o corpo em que o Fogo da Vida
Arde com Luz eterna.
Nós te agradecemos, Pai Celestial,
Pois nos fizeste manancial de córregos que fluem,
Numa fonte viva em terra de seca,
Que irrigam um eterno jardim de maravilhas,
A Árvore da Vida, mistério dos mistérios,
Que cultiva galhos duráveis para o eterno plantio
Para fincar-lhes as raízes na corrente da Vida
Desde uma fonte eterna.*

O ANJO DA ALEGRIA

Os céus sorriem, a terra comemora,
as estrelas da manhã cantam juntas,
e todos os Filhos da Luz gritam de Alegria.

Entoai para o Pai Celestial um novo cântico:
Cantai para a Mãe Terrena, toda a terra.
Rejubilem-se os céus, alegre-se a terra.
Troe o mar, e a plenitude da Vida Eterna.
Regozije-se o campo, e tudo o que nele existe:
E todas as árvores da mata
Jubilarão perante a Lei Sagrada.
Cantai para o Pai Celestial,
Todos vós, céus dos céus,
E vós, águas que estais acima dos céus,
Todas as montanhas e todas as colinas,
Vento tempestuoso que cumpre sua palavra,
Árvores prolíficas e todos os cedros,
Animais e todo o gado,
Coisas que rastejam e aves que voam,
Reis da terra e todas as pessoas,
Príncipes e juízes da terra:
Donzéis e donzelas, velhos e crianças,
Deixai-os cantar para o Pai Celestial com Alegria.
Cantai para o Senhor com a harpa e a voz de um salmo.
Com trombetas e o som de flautas
Produzi um som alegre diante dos Anjos.
Deixai que as inundações batam palmas:
Que as colinas se comprazam juntas na presença do Senhor.
Fazei um som jucundo para o senhor, todas vós, terras.
Servi ao Pai Celestial e à Mãe Terrena
Com prazer e alegria:
Entrai à presença deles com cânticos.
O espírito da Lei Sagrada paira sobre mim,
Porque os Anciãos me ungiram
A fim de que eu pregue as boas novas aos humildes.
Eles me mandaram ligar os corações partidos,

Proclamar a liberdade dos cativos,
E a abertura da prisão aos condenados;
Consolar os que pranteiam,
E enviar-lhes o santo Anjo da Alegria,
Para dar-lhes beleza em troca das cinzas,
O óleo da alegria em troca das lamentações,
Vestes de Luz em troca do espírito da opressão,
Porque o choro pode durar a noite inteira,
Mas a alegria chega de manhã.
As pessoas que caminhavam na escuridão
Verão uma grande luz,
E sobre os que moram na terra da sombra da morte,
Brilhará a luz da Lei Sagrada.
Abatei-vos, ó céus, lá de cima,
E deixai que os céus derramem felicidade.
Deixai o povo da tristeza sair com alegria,
E ser conduzido com paz:
Deixai que as montanhas e colinas
Rompam em cânticos diante dele,
Para que participe da santa celebração,
E coma do fruto da Árvore da Vida,
Que se ergue no Mar Eterno.
O sol já não será a sua luz de dia,
E tampouco pelo seu brilho
A lua lhe dará claridade:
Mas a Lei será para eles uma luz permanente,
E o Pai Celestial e a Mãe Terrena
Serão a sua glória eterna.
O seu sol não mais se porá,
Nem a sua lua se recolherá:
Pois a Lei será a sua luz permanente,
E os dias de suas lamentações terminarão.
Contentar-me-ei grandemente na Lei Sagrada,
Minha alma recrear-se-á nos Anjos;
Pois eles me vestiram com trajos de luz,
E me cobriram com mantos de alegria.
Assim como a terra produz o seu renovo,
E assim como o jardim faz brotar suas sementes,
Assim o Pai Celestial fará a Lei Sagrada

Brotar, contente e alegre,
Diante de todos os Filhos da Luz.
No Jardim da Irmandade,
Toda a terra brilha com santidade e alegria abundantes,
Pois lá se semearam as sementes da Lei Sagrada.
A Lei é o melhor de todos os bens
Para os Filhos da Luz:
Dá-lhes brilho e glória,
Saúde e força do corpo,
Vida longa em comunhão com os Anjos,
Eterna e infindável Alegria.
Cantaremos para o Pai Celestial,
E para a Mãe Terrena,
E para todos os Anjos,
Enquanto vivermos no Jardim da Irmandade:
Entoaremos louvores à Lei Sagrada
Para todo o sempre.

A MÃE TERRENA

Honra tua Mãe Terrena,
para que teus dias sejam longos sobre a terra.

A Mãe Terrena está em ti e tu estás nela.
Ela te deu à luz; ela te deu a vida.
Foi ela quem te deu o corpo,
Que a ela, um dia, devolverás.
Bem-aventurado serás tu quando a conheceres
E conheceres o seu reino.
Se receberes os anjos de tua Mãe
E cumprires as suas leis,
O que faz essas coisas nunca verá moléstia.
Pois o poder de nossa Mãe está acima de tudo.
Ela tem o governo de todos os corpos dos homens
E de todas as coisas vivas.
O sangue que corre em nós
Nasceu do sangue de nossa Mãe Terrena.
O sangue dela cai das nuvens,
Salta do ventre da terra,
Murmura nos ribeiros das montanhas,
Corre, amplo, nos rios das planícies,
Dorme nos lagos,
Enfurece-se enormemente nos mares tempestuosos.
O ar que respiramos
Nasceu do sopro da nossa Mãe Terrena.
Seu alento é azul nas alturas dos céus,
Suspira no topo das montanhas,
Sussurra nas folhas da floresta,
Eleva-se sobre os trigais,
Descansa nos vales profundos,
Arde, quente, no deserto.
A dureza dos nossos ossos
Nasceu dos ossos de nossa Mãe Terrena,
Das rochas e das pedras.
Elas estão nuas debaixo dos céus
No cimo das montanhas,
São quais gigantes adormecidos

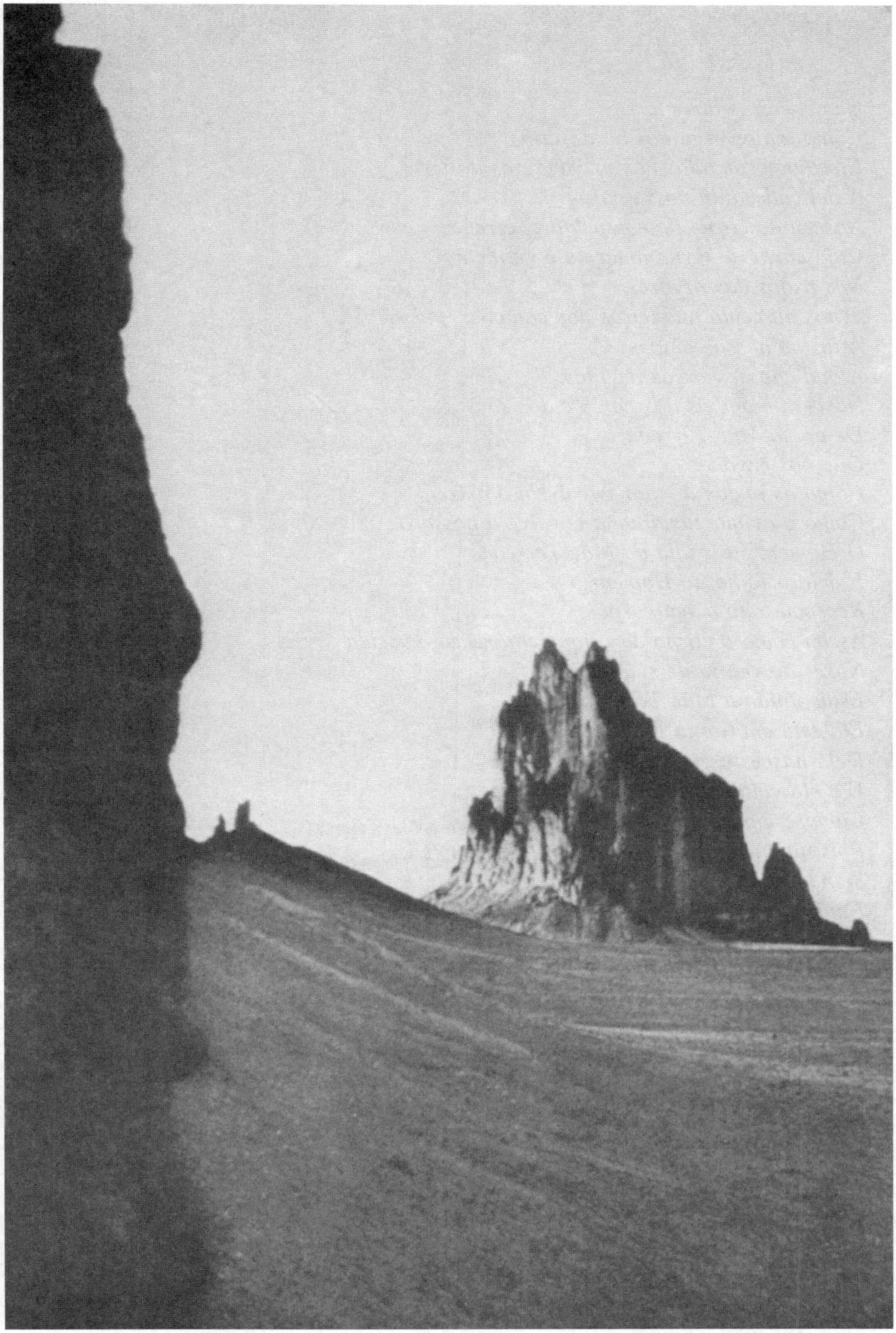

Nas encostas dos morros,
Como ídolos erguidos no deserto,
E estão escondidas nas profundezas da terra.
A delicadeza da nossa carne
Nasceu da carne de nossa Mãe Terrena,
Cuja carne se torna amarela e vermelha
Nos frutos das árvores,
E nos alimenta nas leiras dos campos.
A luz de nossos olhos,
A audição de nossos ouvidos,
Nasceram ambas das cores e dos sons
De nossa Mãe Terrena;
Que nos envolve
Como as ondas do mar envolvem o peixe,
Como o ar que turbilhona envolve o pássaro.
O Homem é o Filho da Mãe Terrena,
E dela o Filho do Homem
Recebeu todo o seu corpo,
Assim como o corpo da criancinha recém-nascida
Nasce do ventre de sua mãe.
Estás unido à Mãe Terrena;
Ela está em ti e tu estás nela.
Dela nasceste, nela vives,
E a ela voltarás outra vez.
Cumpre, portanto, as suas leis,
Pois ninguém pode viver muito, nem ser feliz,
Se não honrar sua Mãe Terrena
E não lhe cumprir as leis.
Pois o teu alento é o alento dela,
O teu sangue é o sangue dela,
Os teus ossos são os ossos dela,
A tua carne é a carne dela,
Teus olhos e teus ouvidos,
São os olhos e ouvidos dela.
Nossa Mãe Terrena!
Somos sempre abraçados por ela,
Sempre cercados pela sua beleza.
Nunca poderemos separar-nos dela;
Nunca poderemos conhecer-lhe as profundezas.

Ela está sempre criando formas novas:
O que agora existe nunca existiu antes.
O que já existiu não retorna.
Em seu reino tudo é sempre novo e sempre velho.
Vivemos no meio dela e não a conhecemos.
Ela fala conosco de contínuo,
Mas nunca trai os seus segredos para nós.
Sempre lavramos o seu solo e apanhamos as suas colheitas,
E, no entanto, não temos poder nenhum sobre ela.
Ela constrói sempre, ela destrói sempre,
E seu local de trabalho está escondido aos olhos dos homens.

O ANJO DO PODER

Teu, Ó Pai Celestial!
era o Poder quando ordenaste
um Caminho para cada um de nós e para todos.

Que é a ação bem praticada?
É a praticada pelos Filhos da Luz
Que dão à Lei primazia sobre todas as outras coisas.
A melhor de todas as dádivas, portanto,
Eu a imploro, a ti, que és o melhor dos seres,
Pai Celestial!
Que a Lei Sagrada nos governe por dentro
Através do teu Anjo do Poder!
Aproximo-me de ti com minhas invocações,
Para que tuas grandes dádivas de poder
Protejam tua Ordem Celestial
E tua mente criativa dentro de nós, perpetuamente.
Nós te glorificaremos, Pai Celestial,
Rei onipotente!
E bendiremos o teu poder para todo o sempre.
Enquanto formos capazes e pudermos ter o poder,
Ensinaremos o povo
A respeito desses Atos que devem ser praticados por ele
Com fé no Pai Celestial,
Na Mãe Terrena, nos santos Anjos,
E em todos os Filhos da Luz,
Que lavram o solo do Jardim da Irmandade,
E no desejo do advento da Ordem Celestial
Em suas almas e corpos.
Teu, Ó Pai Celestial! era o Poder,
Sim, teus, Ó Criador do Amor!
Eram o entendimento e o espírito,
Quando ordenaste um caminho para cada um de nós e para todos.
Graças ao teu Poder iremos para o meio das pessoas,
E as ensinaremos, dizendo: Confiai na Lei,
E trilhai os caminhos dos santos Anjos,
Assim habitareis na terra,

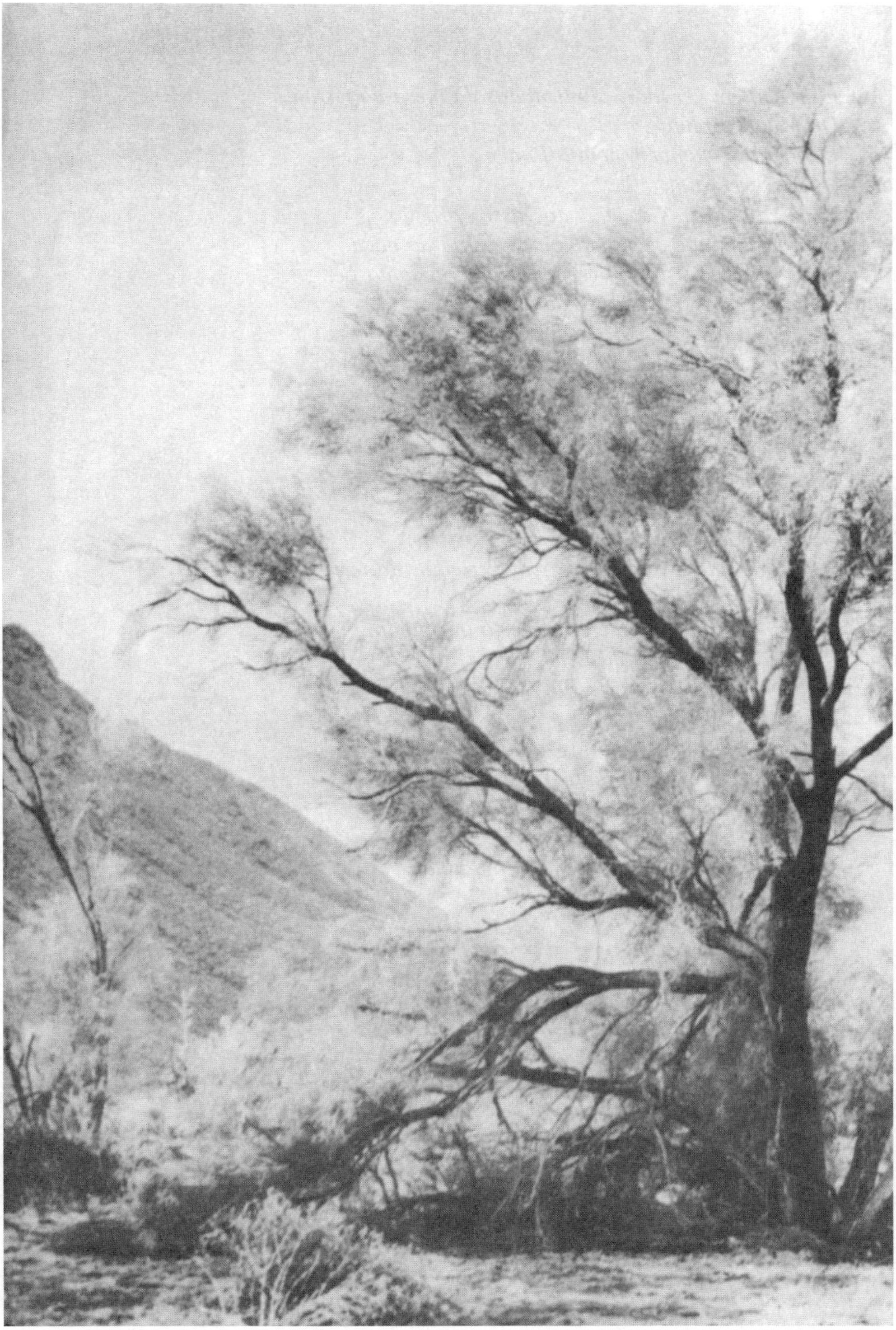

E sereis, em verdade, alimentados da mesa do festim
Da Mãe Terrena.
Deliciai-vos também com o Poder
Do Pai Celestial,
E ele satisfará os desejos do vosso coração.
Não deixeis que a arrogância vos saia da boca:
Pois o Pai Celestial governa segundo a santa Lei,
E por ele as ações são pesadas.
Ele leva para o túmulo e eleva para o alto.
O Poder da Lei faz o pobre e faz o rico:
Seu Poder abate e eleva.
Ele ergue o pobre do pó em que está,
E levanta o mendigo da esterqueira,
E fá-los herdar o trono da glória.
Com estrondo expulsa do céu
Os filhos da escuridão:
O Senhor julgará com Poder os extremos da terra.
Ouvi as vozes dos Irmãos
Que clamam no ermo e no deserto infecundo:
Preparai o caminho da Lei,
Endireitai as veredas do Pai Celestial,
E da Mãe Terrena,
E de todos os santos Anjos do dia e da noite.
Todos os vales serão repletos,
Todas as montanhas e colinas serão arrasadas;
O torto será endireitado,
Os caminhos acidentados serão aplanados,
E toda a carne verá o Poder da Lei.
Nós te glorificamos, Pai Celestial,
Pois tu nos levantaste.
Ó Senhor, Onipotente e Poderoso Pai,
Nós clamamos a ti e tu nos curaste.
Do túmulo arrancaste
A alma das pessoas;
E as mantiveste vivas,
Para que não caíssem no abismo.
Ó Pai Celestial, tu és a Lei;
De manhã e à tarde buscaremos os teus Anjos:
Nossas almas têm sede da Lei,

Nossa carne tem fome da Lei.
A Lei é um rio de santo Poder
Numa terra seca e sedenta, onde não existe água.
Nossos lábios louvarão o teu Poder enquanto vivermos,
Ergueremos nossas mãos em teu nome.
Preservaremos, alimentaremos a Ordem Celestial
Através da execução de Atos.
Invocaremos e proclamaremos de dia e de noite
Teu santo Poder,
E esse Poder virá auxiliar-nos;
Como um milhar de anjos
Empenhados em vigiar um homem.
A ti, Pai Celestial, pertence todo o Poder,
Como a ti também pertence a misericórdia:
Pois a santa Lei dá a cada homem
Segundo o seu trabalho.

O ANJO DO AMOR

*O Amor é mais forte
que as correntes de águas profundas.
O Amor é mais forte que a morte.*

Amada, amemo-nos um ao outro:
Pois o amor é do Pai Celestial:
E todo aquele que ama nasceu
Do Pai Celestial e da Mãe Terrena,
E conhece os Anjos.
Vós vos amareis uns aos outros,
Como o Pai Celestial vos amou.
Pois o Pai Celestial é amor;
E quem se demora no amor
Demora-se no Pai Celestial,
E o Pai Celestial se demora nele.
Que aquele que o ama seja como o sol
Quando se apresenta em sua força.
Irmãos, tende todos a mesma idéia,
Com amor e compaixão infinitos uns pelos outros.
Não exercerás vingança, nem nutrirás rancor
Contra os filhos do teu povo,
Mas amarás o teu vizinho como a ti mesmo.
Se um homem disser,
Amo o Pai Celestial, mas odeio meu irmão,
Estará mentindo.
Pois se ele não ama a seu irmão, a quem já viu,
Como pode amar o Pai Celestial
A quem nunca viu?
Quem ama o Pai Celestial
Ama também seu irmão.
Ama também o estrangeiro:
Pois éreis estrangeiros na terra do Egito.
O povo costuma dizer,
É melhor um jantar de ervas onde está o amor,
Do que um boi no estábulo com ódio de seu confinamento.
As palavras de amor são qual favo de mel,

*Doce para a alma e saudável para os ossos.
As palavras da boca de um homem são como águas profundas,
E a fonte do amor é como um córrego fluente.
Que é o que a Lei requer de ti,
Senão que procedas com justiça e ames a misericórdia,
E caminhes humildemente com os Anjos.
Sabemos, porém, que o Anjo do Amor
Habita em nós
Quando amamos o Pai Celestial
E cumprimos a sua Lei.
Ó Gracioso Amor!
Ó Criador do Amor!
Revela as melhores palavras
Por meio da mente divina que vive dentro de nós.
Dize aos Filhos da Luz
Que lavram o solo no Jardim da Irmandade:
Honrai todos os homens.
Amai a Irmandade.
Obedecei à Lei.*

O ANJO DA SABEDORIA

Seguir o Senhor
É o princípio da Sabedoria:
E o conhecimento
Do Santíssimo
É entendimento.
Pois por meio dele
Teus dias serão multiplicados,
E os anos de tua vida
Acrescentados.

Toda Sabedoria provém do Pai Celestial,
E fica com ele para sempre.
Através da Lei sagrada o Anjo da Sabedoria
Guia os Filhos da Luz.
Quem pode contar a areia do mar,
E as gotas da chuva, e os dias da eternidade?
Quem pode calcular a altura do céu,
A extensão da terra,
E o abismo, e a sabedoria?
A sabedoria foi criada antes de todas as coisas.
Pode-se curar com bondade,
Pode-se curar com justiça,
Pode-se curar com ervas,
Pode-se curar com a Palavra Sapiente.
Entre todos os remédios,
Curativo é aquele
Que cura com a Palavra Sapiente.
Este é o que melhor expulsa a doença
Dos corpos dos fiéis,
Pois a Sabedoria é o mais eficiente de todos os remédios.
Seguir a Lei Sagrada é a coroa da Sabedoria,
Fazer florescer a paz e a saúde perfeita,
Ambas as quais são dádivas dos Anjos.
Nós nos acercáramos de ti, Ó Pai Celestial!
Com a ajuda do teu Anjo da Sabedoria,
Que nos guia por intermédio da tua Ordem Celestial,
E com ações e palavras

Inspiradas pela tua santa Sapiência!
Vem a nós, Pai Celestial, com a tua mente criativa,
E confere tu, que conferes dádivas
Através da Ordem Celestial,
Confere igualmente a dádiva duradoura da Sabedoria
Aos Filhos da Luz,
Para que esta vida seja vivida em santo serviço
No Jardim da Irmandade.
No reino da tua boa mente,
Encarnado em nossas mentes,
Segue a senda da Sabedoria
Desde a Ordem Celestial,
Na qual demora a Árvore Sagrada da Vida.
De que modo se manifesta a tua Lei,
Ó Pai Celestial!
Responde o Pai Celestial:
Pelo bom pensamento
Em perfeita unidade com a Sabedoria,
Ó Filho da Luz!
Qual é a palavra bem falada?
É a palavra da Sabedoria que confere bênçãos.
Qual é o pensamento bem pensado?
É o que pensa o Filho da Luz,
O que considera o Pensamento Divino
O que de maior valor existe entre todas as coisas.
Assim crescerá o Filho da Luz
Em concentração e comunhão,
Para desenvolver a Sabedoria,
E assim continuará ele
Até que todos os mistérios do Jardim Infinito,
Onde se ergue a Árvore da Vida
Sejam-lhe revelados.
Então dirá ele estas palavras vitoriosas:
Ó Pai Celestial!
Dá-me a minha tarefa
Para a construção do teu Reino na terra,
Através de bons pensamentos, boas palavras, boas ações,
Que serão para o Filho da Luz
O seu dom mais precioso.

Ó tu Ordem Celestial!
E tu Mente Universal!
Adorar-vos-ei e adorarei o Pai Celestial,
À conta do qual a mente criativa dentro de nós
Leva o Reino Imperecível a progredir!
Sabedoria Divina, liberta todos os homens do medo,
E fá-los generosos de coração e leves de consciência.
Sabedoria Divina, o entendimento que desabrocha para sempre,
Continuamente, sem fim,
E não se adquire nos manuscritos sagrados.
A ignorância arruína a maioria das pessoas,
Não só entre as que morreram,
Mas também entre as que vão morrer.
Quando a ignorância for substituída pela Sabedoria Divina,
A suavidade e a abundância voltarão outra vez
À nossa terra e aos nossos campos,
Com saúde e cura,
Com plenitude, aumento, crescimento,
E abundância de trigo e capim,
E rios de Paz fluirão pelo deserto.

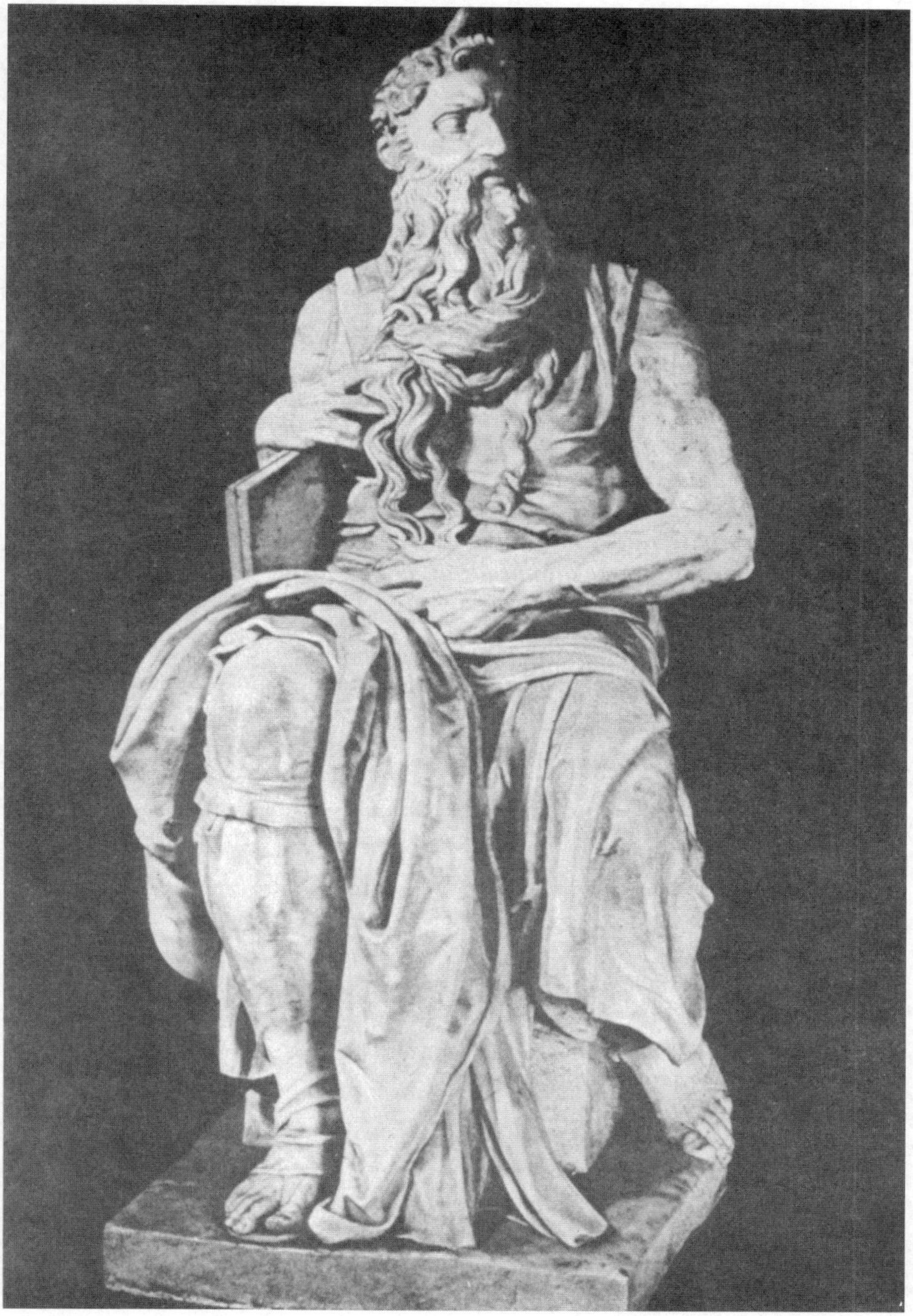

O ANJO DA VIDA ETERNA

E Enoque caminhava com Deus,
e ele não estava; pois Deus o levara.

Sobre a terra nenhum homem foi criado como Enoque,
Pois ele foi tirado da terra.
Era como a estrela da manhã no meio de uma nuvem,
Como a lua cheia,
Como o sol que brilha sobre o templo do Altíssimo,
E como o arco-íris que dá luz às nuvens brilhantes,
Como a flor de rosas na primavera do ano,
Como lírios à beira dos rios de águas,
Como os galhos da árvore de olíbano
No tempo do verão,
Como a formosa oliveira que dá frutos,
E como o cipreste que cresce até chegar às nuvens.
O primeiro seguidor da Lei foi Enoque,
O primeiro dos curadores, dos sábios,
Dos felizes, dos gloriosos, dos fortes,
Que rechaçou a doença e rechaçou a morte.
Ele conseguiu uma fonte de remédios
Para resistir à doença e resistir à morte;
Para resistir à dor e resistir à febre;
Para resistir ao mal e à infecção
Que a ignorância da Lei
Criou contra o corpo dos mortais.
Invocamos Enoque,
Mestre da vida,
Fundador da nossa Irmandade,
Homem da Lei,
O mais sábio de todos os seres,
O que melhor governa entre todos eles,
O mais brilhante de todos,
O mais glorioso de todos,
O mais digno de invocações entre todos os seres,
O mais digno de glorificação entre todos eles,
Que primeiro pensou o que é bom,

Que primeiro falou o que é bom,
Que primeiro fez o que é bom.
Que foi o primeiro Sacerdote,
O primeiro Lavrador do Solo,
Que primeiro conheceu e primeiro ensinou a Palavra,
E a obediência à Lei Sagrada.
A todos os Filhos da Luz
Ele deu todas as coisas boas da vida:
Foi o primeiro portador da Lei.
Estão escritas as palavras do Pai Enoque:
Sacrificamos ao Criador,
Ao Pai Celestial,
Aos brilhantes e gloriosos Anjos.
Sacrificamos aos céus que resplandecem,
Sacrificamos à brilhante, feliz, bem-aventurada sabedoria
Dos Santos Anjos da Eternidade.
Concede-nos, Pai Celestial!
O desejo e o conhecimento do caminho mais reto,
Do mais reto em razão da Ordem Celestial da Vida,
A Vida Melhor dos Anjos,
Brilhante e gloriosa.
Assim como a saúde é excelente, assim o é também a Vida Eterna,
Que ambas emanam da Ordem Celestial,
A criadora da bondade da mente,
E das ações da vida executadas por devoção
Ao Criador da Vida Eterna.
Sacrificamos ao firmamento soberano,
Sacrificamos ao tempo sem limites,
Sacrificamos ao mar sem fim da Vida Eterna.
Invocamos a Lei mais gloriosa.
Invocamos o Reino do Céu,
O tempo sem limites e os Anjos.
Invocamos a Lei eterna e santa.
Seguimos os caminhos das Estrelas,
Da Lua, do Sol e da Luz sem fim,
Que giram para sempre em seu círculo revolvente.
E a veracidade do Pensamento, da Palavra e da Ação
Colocará a alma do homem fiel
Na luz sem fim da Vida Eterna.

O Pai Celestial me dominou
No começo do seu caminho, antes de suas obras mais antigas.
Fui iniciado na eternidade, desde o princípio,
Ou desde que existiu a terra.
Quando não havia profundezas, fui produzido:
Enquanto ele ainda não fizera a terra, nem os campos,
Nem o começo da poeira do mundo.
Quando ele fundou os céus, eu estava lá:
Quando colocou um círculo sobre a face do abismo:
Quando firmou os céus lá no alto:
Quando a fonte do abismo se tornou forte:
Quando ele deu ao mar os seus limites,
Para que as águas não lhe transgredissem a Lei:
Quando ele demarcou os alicerces da terra:
Eu estava a seu lado, como mestre operário:
E era diariamente o seu deleite,
Regozijando-me sempre diante dele,
Regozijando-me em sua terra habitável,
E o meu deleite se resumia nos filhos dos homens.
Por toda a eternidade reina o Pai Celestial,
Que se veste de majestade e força.
Ele é o Eterno!
As enchentes se ergueram, Senhor,
As enchentes ergueram sua voz,
As enchentes ergueram suas ondas.
O Pai Celestial nas alturas
É mais forte que o estridor de muitas águas,
Que as ondas poderosas do mar.
Seu nome durará para sempre,
Seu nome será continuado por toda a eternidade,
E todos os Filhos da Luz serão abençoados nele,
E todos os homens o chamarão bendito.
Que a terra inteira se encha
Com a glória do Pai Celestial,
Da Mãe Terrena,
E de todos os santos Anjos.
Alcancei a visão interior
E, através do teu espírito em mim,
Ouvi o teu segredo maravilhoso.

*Através da tua mística introvisão
Fizeste uma fonte de conhecimento
Brotar dentro de mim,
Uma fonte de poder, que verte águas vivas,
Um dilúvio de amor e sabedoria que a tudo envolve
Como o esplendor da Luz Eterna.*

O ANJO DO TRABALHO

Quem mediu as águas
Na concavidade de sua mão,
E mediu o céu aos palmos,
E abrangeu o pó da terra
Numa medida,
E pesou as montanhas
E as colinas numa balança?

Nasce o sol, e os Irmãos se reúnem,
E saem para o trabalho nos campos;
Partem com dorsos fortes e corações joviais
Para trabalhar juntos no Jardim da Irmandade.
São os Trabalhadores do Bem,
Porque trabalham o bem do Pai Celestial.
São o espírito, a consciência e a alma dos
Que ensinam a Lei e lutam por ela.
Com o braço direito e o esquerdo, lavram o solo,
E o deserto explode em cores, em verde e ouro.
Com o braço direito e o esquerdo, eles assentam as pedras
Que edificarão na terra o Reino do Céu.
Eles são os mensageiros do Anjo do Trabalho:
Neles se revela a Lei sagrada.
Pai Celestial! Como são múltiplas as tuas obras!
Com sabedoria fizeste todas elas;
A terra se repleta das tuas riquezas.
Mandaste as fontes para os vales,
Que correm entre colinas.
Dás de beber aos animais do campo,
E fazes crescer o capim para o gado.
Colocaste as árvores poderosas em seus lugares,
Para que as aves do céu tenham sua habitação,
E cantem suavemente entre os ramos.
Dás as ervas para o serviço do homem,
Para que ele retire o alimento da terra.
Nas mãos dos Irmãos todos os teus dons dão fruto,
Pois eles constroem na terra o Reino do Céu.

Abriste as mãos, que estão cheias de bens.
Envias o teu espírito, eles se criam
E, juntamente com os teus santos Anjos,
Renovarão a face da terra.
Ó Pai Celestial!
Tu que és um só!
Revela aos Filhos da Luz:
Qual é o principal lugar
Em que a terra sente a maior alegria?
Respondendo, disse o Pai Celestial:
É o lugar em que um dos Irmãos
Que seguem a Lei sagrada, deu um passo à frente:
Com seus bons pensamentos, boas palavras e boas ações!
Cujo dorso é forte no serviço,
Cujas mãos não são ociosas,
Cuja voz se levanta de pleno acordo com a Lei.
É santo o lugar em que um dos Irmãos
Semeia mais trigo, mais capim, mais frutas:
Onde rega o solo seco,
Ou drena o solo demasiado úmido.
Pois a terra foi entregue à guarda
Dos Filhos da Luz,
Para que a conservem e zelem,
E só tirem das suas profundezas aquilo
Que se presta à alimentação do corpo.
Bem-aventurados são os Filhos da Luz
Cuja alegria está no trabalho da Lei,
Que laboram de dia no Jardim da Irmandade
E juntam-se, à noite, aos Anjos do Pai Celestial.
Seus lábios contam a história
Que serve de ensinamento aos filhos dos homens:
Diz-se que as árvores partiram, de uma feita,
Para ungir um rei que as governasse;
E disseram à oliveira:
"Reina tu sobre nós."
Disse-lhes, porém, a oliveira:
"Deverei, acaso, deixar minha abundância,
Com que, por meu intermédio, honram a Deus e ao homem,
E ser colocada acima das árvores?"

E as árvores disseram à figueira:
"Vem tu, e reina sobre nós."
Mas a figueira respondeu-lhes:
"Deverei, acaso, abandonar minha doçura e meus bons frutos,
E ser colocada acima das árvores?"
Disseram, então, as árvores à vinha,
"Vem tu, e reina sobre nós."
E a vinha lhes disse:
"Deverei, acaso, deixar o meu vinho,
Que alegra a Deus e ao homem,
E ser colocada acima das árvores?"
O homem da Lei que cumpre suas tarefas
Dispensa outras bênçãos.

O ANJO DA PAZ

*Pois a terra será cheia
da Paz do Pai Celestial,
como as águas cobrem o mar.*

*Invocarei o Anjo da Paz,
Cujo alento é amistoso,
Cujas mãos se vestem de poder.
No reino da Paz não há fome nem sede,
Nem vento frio nem vento quente,
Nem velhice nem morte.
No reino da Paz,
Assim os animais como os homens serão imperecíveis,
As águas e as plantas inesgotáveis,
E nunca faltará o alimento da vida.
Diz-se que as montanhas
Trarão paz ao povo,
E as pequenas colinas, virtude.
Haverá paz
Enquanto o sol e a luz perdurarem,
Do princípio ao fim de todas as gerações.
A Paz cairá como chuva sobre medas de feno,
Como aguaceiros que irrigam a terra.
No reinado da Paz a Lei vigorará,
E os Filhos da Luz terão domínio
De mar a mar, até os confins da terra.
O reinado da Paz tem sua fonte
No Pai Celestial;
Com sua força ele instala as montanhas,
E faz que o adeus da manhã e da noite
Se compraza na Luz,
Ele traz à terra o rio da Lei,
Para aguá-la e enriquecê-la,
Ele amolece a terra com as chuvas,
Que caem sobre os pastos do sertão,
E as pequenas colinas se regalam de todos os lados.
As pastagens estão vestidas de rebanhos;*

Os vales também se cobrem de trigo;
Gritam e cantam de alegria.
Ó Pai Celestial!
Traze à tua terra o reinado da Paz!
Então nos lembraremos das palavras
Daquele que ensinava outrora aos Filhos da Luz:
Eu dou a paz de tua Mãe Terrena
Ao teu corpo,
E a paz de teu Pai Celestial
Ao teu espírito.

*E que a paz de ambos
Reine entre os filhos dos homens.
Vinde a mim todos que estais cansados,
E sofreis em disputas e aflição!
Que a minha paz vos fortalecerá e consolará.
Pois a minha paz está excessivamente cheia de alegria.
Daí que eu sempre vos saúde desta maneira:
A paz seja convosco!
Saudai sempre assim, portanto, o vosso vizinho,
Para que sobre o vosso corpo desça
A Paz da vossa Mãe Terrena,
E sobre o vosso espírito
A Paz do vosso Pai Celestial.
E então encontrareis paz também entre vós,
Pois o Reino da Lei está no vosso interior.
E voltai para os vossos Irmãos
E dai-lhes também a vossa paz,
Pois bem-aventurados são os que lutam pela paz,
Pois eles encontrarão a paz do Pai Celestial.
E dai a cada um a vossa paz,
Como eu vos dei a minha paz.
Pois a minha paz é de Deus.
A paz seja convosco!*

O PAI CELESTIAL

No Reino Celestial
Há obras estranhas e portentosas,
Pois todas as coisas condizem com a sua palavra.
Existem ainda escondidas coisas maiores do que estas,
Pois só vimos algumas de suas obras:
O Pai Celestial fez todas as coisas.

A beleza do céu, a glória das estrelas
Emitem luz nos lugares mais altos do Mar Celestial.
Sentinelas do Altíssimo, estão dispostos em ordem,
E nunca desfalecem na vigilância.
Olha para o arco-íris e louva quem o fez;
Lindíssimo é ele em seu resplendor.
Curvado pelas mãos do Altíssimo,
Circunda o céu num círculo glorioso.
Com sua Lei faz a neve cair, célere,
E despede velozmente os raios do seu julgamento.
Através deste se abrem os tesouros,
E as nuvens fogem como pássaros selvagens.
Com o seu grande poder, ele firma as nuvens,
E quebra em pedacinhos o granizo.
À vista dele, abalam-se as montanhas,
E à sua vontade, sopra o vento do sul.
O rugido do trovão faz tremer a terra:
O mesmo fazem a tempestade do norte e o tufão;
Como aves que voam, ele dispersou a neve,
E os olhos se extasiaram
Diante da beleza da sua alvura,
E o coração pasma da sua fartura.
Assim declaram os céus a glória de Deus,
E o firmamento mostra sua obra.
Quem fez as águas?
E quem faz as plantas?
Quem atrelou ao vento as nuvens da tormenta,
As rápidas e até as mais velozes?
Quem, Ó Pai Celestial,

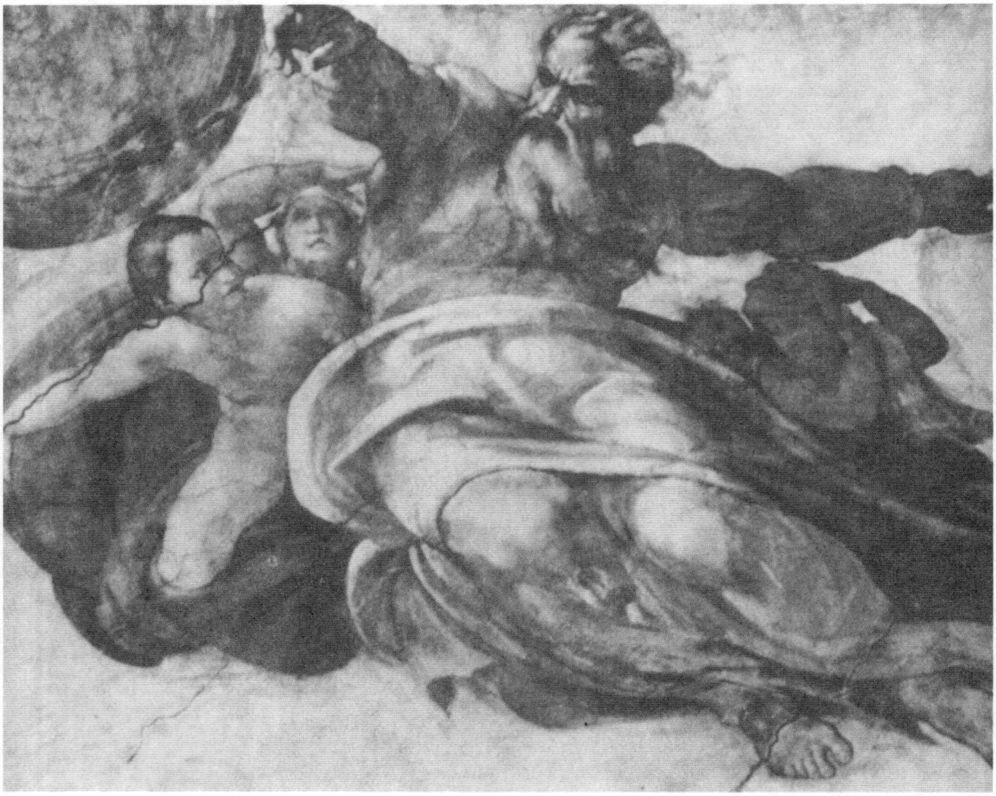

É o Criador da Lei divina dentro de nossas almas?
Quem fez a luz e a escuridão?
Quem fez o sono e o prazer das horas de vigília?
Quem deu ao sol e às estrelas recorrentes
O seu caminho invariável?
Quem estabeleceu o motivo por que a lua cresce
E o motivo por que míngua?
Quem, senão tu, Pai Celestial,
Fez estas coisas gloriosas?
Senhor, tens sido a nossa habitação
Em todas as gerações.
Antes que as montanhas fossem produzidas,
Ou antes de formares a terra e o mundo,
Desde toda a eternidade, tu és a Lei.
Teu nome é Entendimento,
Teu nome é Sabedoria,
Teu nome é o Beneficentíssimo,
Teu nome é o Invencível,
Teu nome é o que presta as verdadeiras contas,
Teu nome é o que tudo Vê,
Teu nome é o que tudo Cura,
Teu nome é o Criador.
Tu és o Guardador,
Tu és o Criador e o Mantenedor;
Tu és o Discernidor e o Espírito,
Tu és a Lei Divina.
Estes nomes foram pronunciados
Antes da Criação deste Céu,
Antes de se fazerem as águas e as plantas,
Antes do nascimento do nosso santo Pai Enoque.
Antes do princípio do tempo,
O Pai Celestial plantou a Árvore sagrada da Vida,
Que se ergue para todo o sempre no meio do Mar Eterno.
No alto de seus galhos canta um pássaro,
E somente os que viajaram até lá,
E ouviram o canto misterioso do pássaro,
Verão o Pai Celestial.
Eles lhe perguntarão o seu nome,
E ele responderá, Eu sou o que é,

*Sendo sempre o mesmo que o Eterno eu sou.
Ó tu, Pai Celestial!
Quão excelente é o teu nome em toda a terra!
Colocaste tua glória acima dos céus.
Quando refletimos nos teus céus, obra dos teus dedos,
Na lua e nas estrelas, que ordenaste,
Que é o homem para que te preocupes com ele?
Entretanto, fizeste uma aliança
Com os Filhos da Luz,
E eles caminham com os teus santos Anjos;
Tu os coroaste de glória e honra,
Fizeste-os para que tenham o domínio
Das obras de tuas mãos,
E deste-lhes
A tarefa de nutrir e proteger
Todas as vidas e crescimentos sobre a tua terra verde.
Ó Pai Celestial!
Quão excelente é o teu nome em toda a terra!
Ouve a voz de alguém que brada por ti:
Para onde irei se me ausentar do teu espírito?
Ou para onde fugirei da tua presença?
Se eu subir ao céu, lá estarás tu;
Se eu fizer minha cama no inferno, eis que lá estarás.
Se eu tomar as asas da manhã,
E for morar nas partes mais remotas do mar,
Até lá tua mão me guiará,
E tua mão direita me empolgará.
Se eu disser "A escuridão, decerto, me envolverá",
A própria noite será clara ao meu redor;
Sim, a escuridão não me ocultará de ti
E a noite brilhará como o dia:
Escuridão e luz serão ambas iguais para ti,
Pois tomaste minhas rédeas.
Como o veado anseia pelos cursos d'água,
Assim minha alma anseia por ti, Ó Deus.
Minha alma tem sede do Pai Celestial vivo.
A Lei é a minha luz e a minha salvação;
De quem me temerei?
A Lei é o amparo e a força em minha vida;*

De quem me temerei?
Uma coisa tenho desejado da Lei,
Que buscarei:
Poder morar na casa da Lei
Todos os dias da minha vida,
Para contemplar a beleza do Pai Celestial.
Os que habitam no lugar secreto do Altíssimo
Habitarão sob a sombra do Todo-poderoso.
Diremos da Lei,
"Tu és o nosso refúgio e a nossa fortaleza;
Confiaremos na Lei Sagrada."
E o Pai Celestial
Cobrir-nos-á com suas penas,
E debaixo de suas asas estaremos confiantes;
A verdade será nosso escudo e nosso broquel.
Não teremos medo do terror à noite,
Nem da seta que voa de dia,
Nem da peste que rasteja no escuro,
Nem da destruição que devasta ao meio-dia.
Pois de dia caminharemos
Com os Anjos da Mãe Terrena;
À noite comungaremos
Com os Anjos do Pai Celestial.
E quando o sol chegar ao zênite,
Quedar-nos-emos em silêncio diante da Paz Sétupla:
E nenhum mal nos sucederá,
Nem praga alguma se aproximará da nossa morada,
Pois ele conferiu aos seus Anjos a nossa custódia,
Para manter-nos em todos os seus caminhos.
O Pai Celestial é o nosso refúgio e a nossa força.
Portanto, não temeremos,
Ainda que a terra seja mudada de lugar,
E ainda que as montanhas sejam transportadas
Para o meio do mar,
Ainda que suas águas rujam e se perturbem,
Ainda que as serras, inchadas, se abalem.
Há um rio, que corre para o Mar Eterno.
E à sua beira viceja a sagrada Árvore da Vida.
Ali demora o meu Pai, e o meu lar está nele.
O Pai Celestial e eu somos Um.

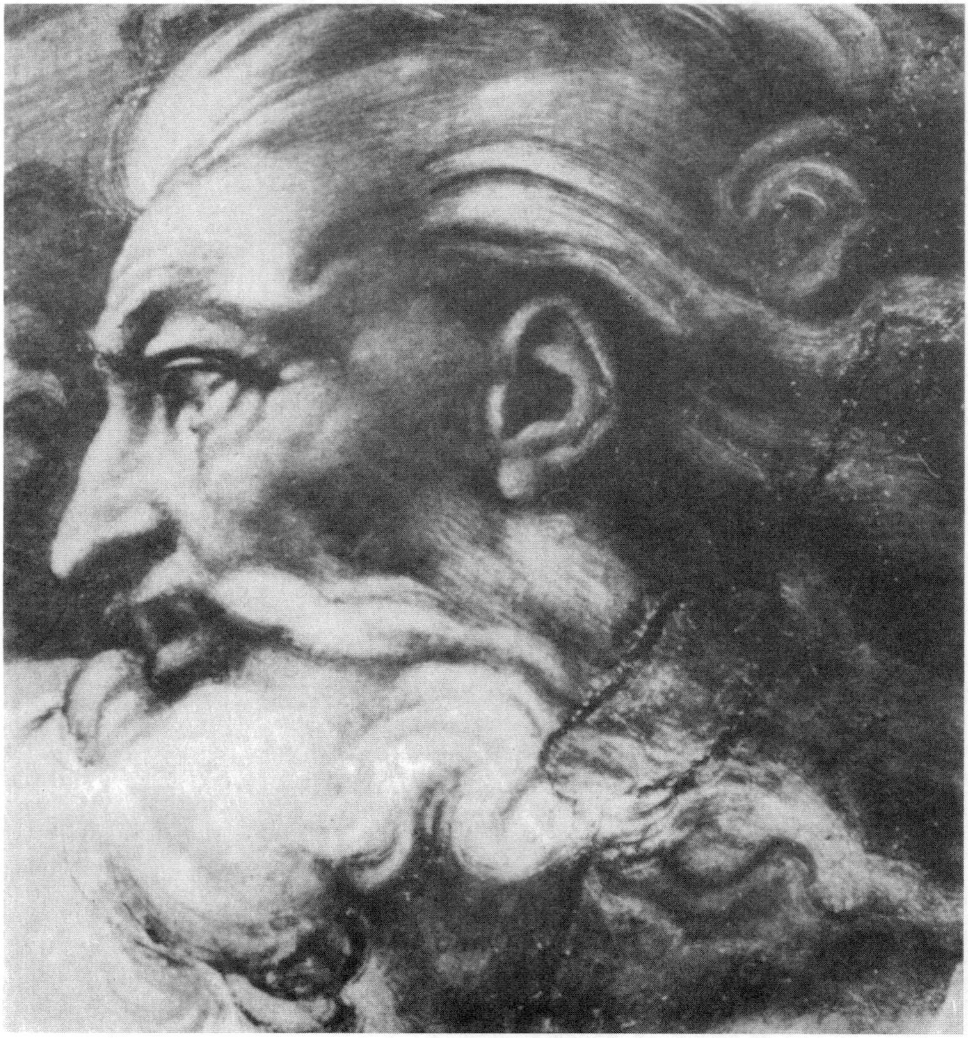

A LEI SAGRADA

Tu, Ó Lei Sagrada,
A Árvore da Vida
Que se ergue no meio
Do Mar Eterno,
Que é chamada
A Árvore da Cura,
A Árvore da Cura poderosa,
A Árvore de todas as Curas
E sobre a qual repousam as sementes
De tudo o que invocamos.

Não conheceste? Não ouviste falar?
A história não te foi contada desde o princípio?
Ergue os olhos para o alto e contempla a Lei Sagrada,
Instituída antes do eterno,
Soberano e luminoso espaço,
Que criou os fundamentos da terra,
Que é a primeira e a última,
Que vive no coração dos Filhos da Luz.
Pois a Lei é grande,
Como é grande o Pai Celestial acima dos seus Anjos:
É ele quem nos dá a Lei, e ele é a Lei:
Em sua mão estão os lugares profundos da terra;
A força das colinas é sua também.
O mar é seu, e ele o fez,
E suas mãos formaram a terra seca.
Vamos, adoremos e prostremo-nos,
Ajoelhemos diante do Pai Celestial,
Pois ele é a Lei,
E nós somos o povo da sua pastagem
E as ovelhas da sua mão.
Com cânticos de júbilo os Filhos da Luz
Invocam a Lei Sagrada:
A moléstia foge diante dela,
A morte foge,
Foge a ignorância.

O orgulho, o desprezo e a febre alta,
A calúnia, a discórdia e o mal,
Toda a raiva e toda a violência,
E as palavras mentirosas de falsidade,
Todas fogem diante do poder da Lei Sagrada.
Aqui está a Lei
Que derrotará todas as moléstias,
Que derrotará toda a morte,
Que derrotará os opressores dos homens,
Que derrotará o orgulho,
Que derrotará o desprezo,
Que derrotará as febres altas,
Que derrotará todas as calúnias,
Que derrotará todas as discórdias,
Que derrotará o pior do mal,
Que banirá a ignorância da terra.
Bendizemos a invocação e a prece,
A força e o vigor da Lei Sagrada.
Invocamos o espírito, a consciência e a alma
Dos Filhos da Luz que ensinam a Lei,
Que lutam no reino da escuridão
Para trazer a luz da Lei aos filhos dos homens.
Bendizemos a vitória
Dos bons pensamentos, das boas palavras e das boas ações,
Que fortalece as fundações
Do Reino da Luz.
Que os filhos dos homens que pensam, falam e fazem
Todos os bons pensamentos, palavras e atos
Habitem o céu como o seu lar.
E que os que pensam, falam e fazem
Maus pensamentos, palavras e atos
Habitem o caos.
A pureza é para o homem, depois da vida,
O maior dos bens:
Essa pureza está na Lei Sagrada,
Que faz crescer a relva sobre os montes,
E limpa o coração dos homens.
Com bons pensamentos, boas palavras e boas ações
Limpo será o fogo,
Limpa a água,

Limpa a terra,
Limpas as estrelas, a lua e o sol,
Limpo o homem fiel e a mulher fiel,
Limpa a Luz eterna e sem limites,
Limpo o Reino da Mãe Terrena
E limpo o Reino do Pai Celestial,
Limpas as boas coisas feitas pela Lei,
Cujo produto é a Criação Divina.
Para obter os tesouros do mundo material,
Ó filhos dos homens,
Não vos esqueçais do mundo da Lei.
Pois quem, para obter os tesouros
Do mundo material,
Destrói em si o mundo da Lei,
Não possuirá nem a força da vida
Nem a Lei,
E tampouco a Luz Celestial.
Mas quem caminha com os Anjos,
E segue a Lei Sagrada,
Obterá tudo o que é bom:
Entrará no Mar Eterno
Onde se ergue a Árvore da Vida.
As Comunhões da Lei são perfeitas,
Pois convertem em luz a escuridão da alma;
O testemunho da Lei, seguro,
Torna sábios os simples.
Os estatutos retos da Lei alegram o coração;
O preceito da Lei é puro,
E ilumina os olhos.
A verdade da Lei é limpa e dura para sempre.
Que os Filhos da Luz triunfem em toda parte
Entre os Céus e a Terra!
Respiremos a Lei Sagrada em nossa prece:
Quão belos são os teus tabernáculos,
Ó Pai Celestial!
Minha alma anseia, sim, e até desfalece
Pela Árvore da Vida
Que se ergue no meio do Mar Eterno.
Meu coração e minha carne clamam pelo Deus vivo.

*Sim, o pardal encontrou um lar,
E a andorinha um ninho para si,
Onde pode deixar os seus filhotes.
Os Filhos da Luz
Que trabalham no Jardim da Irmandade
Persistem na Lei Sagrada:
Bem-aventurados sejam os que nela moram!*

OS ANJOS

*O Pai Celestial
Confiou aos seus Anjos
A tua guarda:
E em suas mãos
Eles te sustentarão,
Até chegares à Árvore da Vida
Que se ergue no meio
Do Mar Eterno...*

*Pela sabedoria da Lei,
Pelo poder incomparável da Lei,
E pelo vigor da saúde,
Pela Glória do Pai Celestial
E da Mãe Terrena,
E por todos os benefícios e remédios
Da Paz Sétupla,
Nós adoramos os Santos Anjos.
Nossos trabalhos por eles
E nossas Comunhões com eles
Nos fazem bons aos olhos do Pai Celestial.
A Lei é cumprida segundo os Anjos,
Brilhantes e Santos,
Cujos olhares executam a sua vontade,
Fortes, senhoris,
Imperecíveis e sagrados,
Que são sete e todos com um só Pensamento,
Que são sete e todos com um só Discurso,
Que são sete e todos com uma só Ação.
Cujo Pensamento é o mesmo,
Cujo Discurso é o mesmo,
Cuja Ação é a mesma,
Cujo Pai é o mesmo,
Ou seja, o Pai Celestial!
Os Anjos, que vêem as almas uns dos outros,
Que trazem o Reino da Mãe Terrena
E o Reino do Pai Celestial*

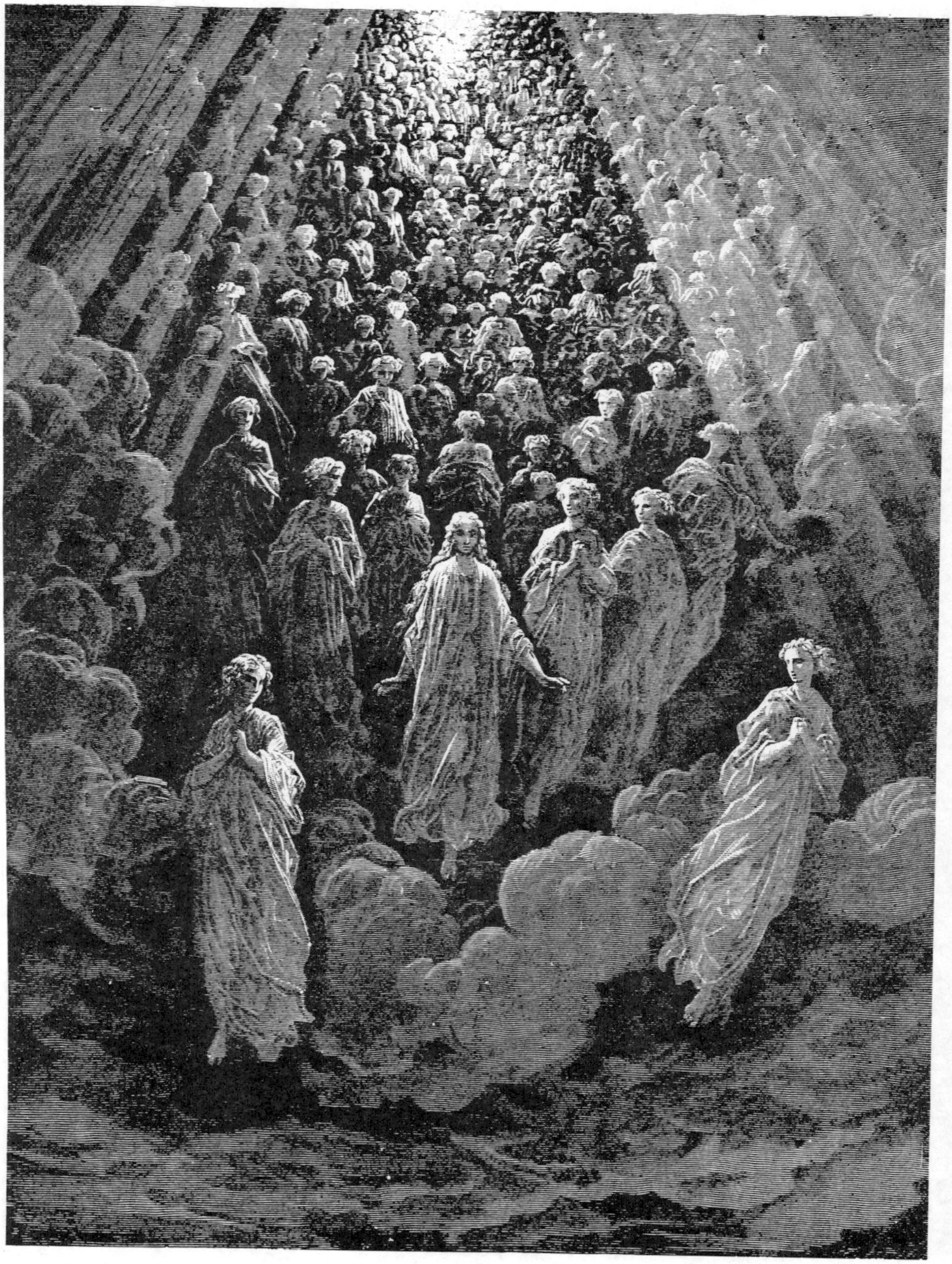

Aos Filhos da Luz
Que trabalham no Jardim da Irmandade.
Os Anjos que são os Fazedores e os Governadores,
Os Afeiçoadores e os Supervisores,
Os Guardadores e os Preservadores da Terra abundante!
E de todas as Criações do Pai Celestial.
Invocamos os bons, fortes, benéficos
Anjos do Pai Celestial e da Mãe Terrena!
O da Luz!
O do Céu!
O das Águas!
O da Terra!
O das Plantas!
O dos Filhos da Luz!
O da Eterna e Sagrada Criação!
Adoramos os Anjos
Que primeiro atentaram para o pensamento e o ensinamento
Do Pai Celestial,
Do qual formaram a semente das nações.
Adoramos os Anjos
Que primeiro tocaram a fronte de nosso Pai Enoque,
E guiaram os Filhos da Luz
Pelos sete vezes sete Caminhos
Rumo à Árvore da Vida
Que se ergue para sempre no meio do Mar Eterno.
Adoramos todos os Anjos,
Os bons, heróicos e generosos Anjos,
Do mundo físico da Mãe Terrena,
E os dos Reinos Invisíveis,
Os dos Mundos Celestiais do Pai Celestial.
Adoramos os Anjos imortais e sempre benditos,
Os Anjos brilhantes de semblante esplendoroso,
As criaturas sublimes e devotadas do Pai Celestial,
Imperecíveis e Santas.
Adoramos os resplendentes, os gloriosos,
Os generosos Santos Anjos,
Que governam corretamente e justamente ajustam todas as coisas.
Ouvi as vozes jubilosas dos Filhos da Luz,
Que entoam loas aos Santos Anjos

Enquanto trabalham no Jardim da Irmandade:
Cantamos com alegria para as águas, para o solo e as plantas,
Para a terra e para os céus,
Para o santo vento e para o santo sol e a santa lua,
Para as estrelas eternas que não tiveram começo,
E para todas as santas criaturas do Pai Celestial.
Cantamos com alegria para a Lei Sagrada,
Que é a Ordem Celestial,
Para os dias e para as noites,
Para os anos e para as estações,
Que são os pilares da Ordem Celestial.
Adoramos os Anjos do Dia,
E os Anjos do Mês,
Os dos Anos e os das Estações,
Todos os bons, heróicos,
Sempre benditos Anjos imortais
Que mantêm e preservam a Ordem Celestial.
Desejamos aproximar-nos dos Anjos poderosos,
De todos os Anjos da Ordem Celestial,
Em razão da Lei Sagrada,
Que é o melhor de todos os bens.
Apresentamos estes pensamentos bem pensados,
Estas palavras bem faladas,
Estas ações bem executadas,
Aos Anjos generosos e imortais,
Aos que exercem corretamente o seu governo.
Apresentamos estas oferendas
Aos Anjos do Dia
E aos Anjos da Noite,
Os sempre vivos, os sempre úteis,
Que habitam eternamente com a Mente Divina.
Que os bons, heróicos e generosos
Anjos do Pai Celestial
E da Mãe Terrena
Caminhem com os seus santos pés
No Jardim da Irmandade,
E andem de mãos dadas conosco
Com as virtudes curativas dos seus dons benditos,
Tão amplamente espalhados quanto a terra,

Tão remotamente espalhados quanto os rios,
Tão altamente extensíveis quanto o sol,
Para favorecer o aprimoramento do homem,
E o crescimento abundante.
São eles, os Santos Anjos,
Que restaurarão o Mundo!
Que a partir daí jamais envelhecerá e jamais morrerá!
Jamais decairá e sempre viverá e aumentará.
Virão, depois, a Vida e a Imortalidade
E o mundo será restaurado!
A Criação tornar-se-á imortal,
Prosperará o Reino do Pai Celestial,
E o mal terá perecido!

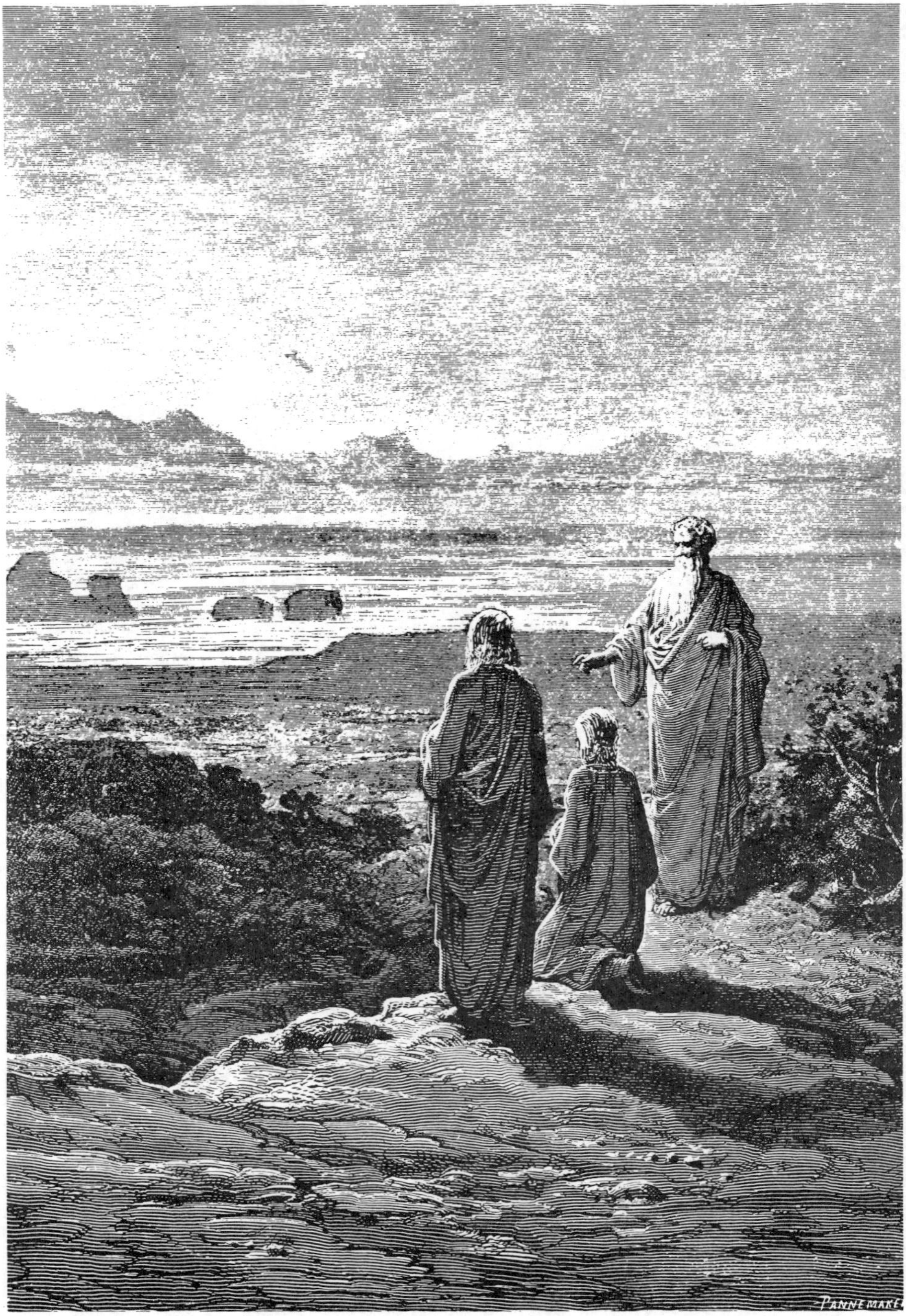

A IRMANDADE

Vede, quão bom e agradável é,
Para os Filhos da Luz,
Habitar juntos em unidade!
Para a Irmandade
O Pai Celestial
Ordenou a Lei.
E a vida para todo o sempre.

A Lei foi plantada no Jardim da Irmandade
Para iluminar o coração dos Filhos da Luz,
A fim de endireitar diante deles
Os sete vezes sete caminhos que conduzem à Árvore da Vida
Erguida no meio do Mar Eterno;
A Lei foi plantada no Jardim da Irmandade,
Para que eles pudessem reconhecer
Os espíritos da verdade e da falsidade,
A verdade proveniente da fonte da Luz,
A falsidade proveniente do poço da escuridão.
O domínio de todos os Filhos da Verdade
Está nas mãos dos poderosos anjos da Luz,
Para que trilhem os caminhos da Luz.
Os Filhos da Luz são os servos da Lei,
E o Pai Celestial não os esquecerá.
Ele apagou-lhes os pecados qual densa nuvem;
Acendeu-lhes a vela da Verdade dentro do coração.
Cantai, Ó céus,
Gritai, Ó partes inferiores da terra,
Rompei em cânticos, ó montanhas,
Ó florestas, e cada árvore que há nelas:
Pois o Pai Celestial acendeu sua chama
No coração dos Filhos da Luz,
E nele se glorificou.
A Lei Sagrada do Criador
Purifica os seguidores da Luz
De todos os maus pensamentos, palavras e atos,
Como o vento poderoso que varre, célere,

*A planície.
O Filho da Luz que assim o deseje
Aprenda a Palavra Sagrada,
No primeiro quarto do dia e no último,
No primeiro quarto da noite e no último,
Para que sua mente cresça em inteligência
E sua alma se fortaleça na Lei Sagrada.
No momento da aurora,
Ele olhará para o sol que nasce
E saudará com alegria sua Mãe Terrena.
No momento da aurora,
Ele banhará o corpo na água fria
E saudará com alegria sua Mãe Terrena.
No momento da aurora,
Ele respirará o ar fragrante
E saudará com alegria sua Mãe Terrena.
Durante o dia,
Ele trabalhará com seus irmãos
No Jardim da Irmandade.
No descer do crepúsculo,
Ele se juntará a seus irmãos,
E todos, reunidos, estudarão as palavras sagradas
De nossos pais e dos pais de seus pais,
Até as palavras do nosso Pai Enoque.
E quando as estrelas estiverem altas nos céus,
Ele comungará
Com os santos Anjos do Pai Celestial.
E sua voz se erguerá, jubilosa,
Até o Altíssimo, dizendo,
Nós adoramos o Criador,
O fazedor de todas as coisas boas:
A Boa Mente,
E da Lei,
A Imortalidade,
E o Sagrado Fogo da Vida.
Oferecemos à Lei
A Sabedoria da Língua,
O Discurso e os Atos Sagrados e as Palavras corretamente proferidas.
Concede-nos, Pai Celestial,
Que possamos trazer abastança*

*Ao mundo que criaste,
Para podermos eliminar a fome e a sede
Do mundo que criaste,
Para podermos eliminar a velhice e a morte
Do mundo que criaste.
Ó bom e misericordiosíssimo Pai Celestial!
Concede-nos que possamos pensar
Segundo a Lei,
Que possamos falar
Segundo a Lei,
Que possamos fazer
Segundo a Lei.
Ó Pai Celestial,
Qual é a invocação mais meritória
Em grandeza e bondade?
É aquela, ó Filhos da Luz,
Que fazemos
Ao acordar e ao levantar-nos da cama,
Ao mesmo tempo que professamos
Bons pensamentos, boas palavras e boas ações,
E rejeitamos maus pensamentos, más palavras e más ações.
O primeiro passo
Dado pela alma do Filho da Luz
Colocou-o no Paraíso do Bom Pensamento,
O Reino Sagrado da Sabedoria.
O segundo passo
Dado pela alma do Filho da Luz
Colocou-o no Paraíso da Boa Palavra,
O Reino Sagrado do Amor.
O terceiro passo
Dado pela alma do Filho da Luz
Colocou-o no Paraíso da Boa Ação,
O Reino Sagrado do Poder.
O quarto passo
Dado pela alma do Filho da Luz
Colocou-o na Luz Infinita.
O Pai Celestial conhece o coração
Dos Filhos da Luz,
E sua herança será para sempre.*

Eles não sentirão medo nos maus tempos:
E serão satisfeitos nos dias de fome.
Pois com eles está a Fonte da Vida,
E o Pai Celestial não desampara seus filhos.
Suas almas respirarão para todo o sempre,
E suas formas serão dotadas de Vida Eterna.
Abençoados sejam os Filhos da Luz
Que se uniram à Lei,
E palmilham realmente todos os seus caminhos.
Que a Lei os abençoe com todo o bem
E os guarde de todo o mal,
E lhes ilumine o coração
Com vislumbres das coisas da vida,
E os agracie com o conhecimento das coisas eternas.

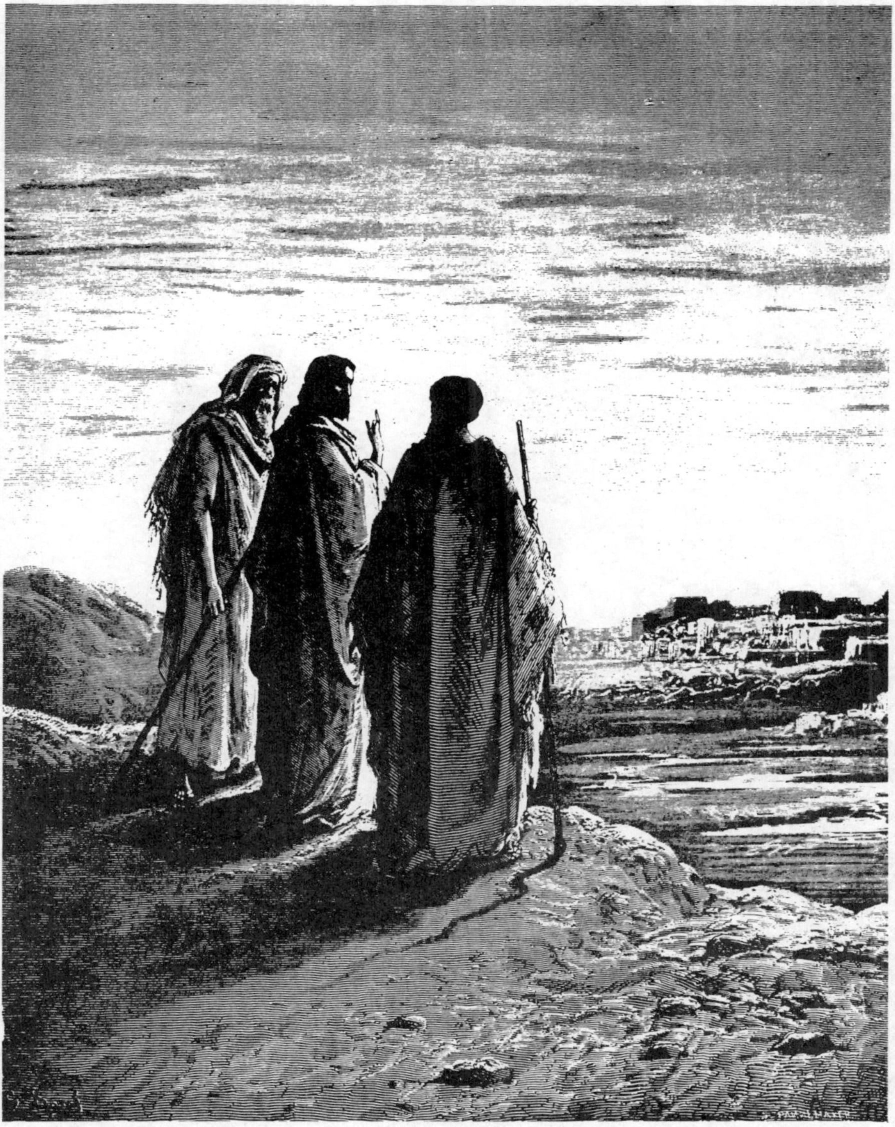

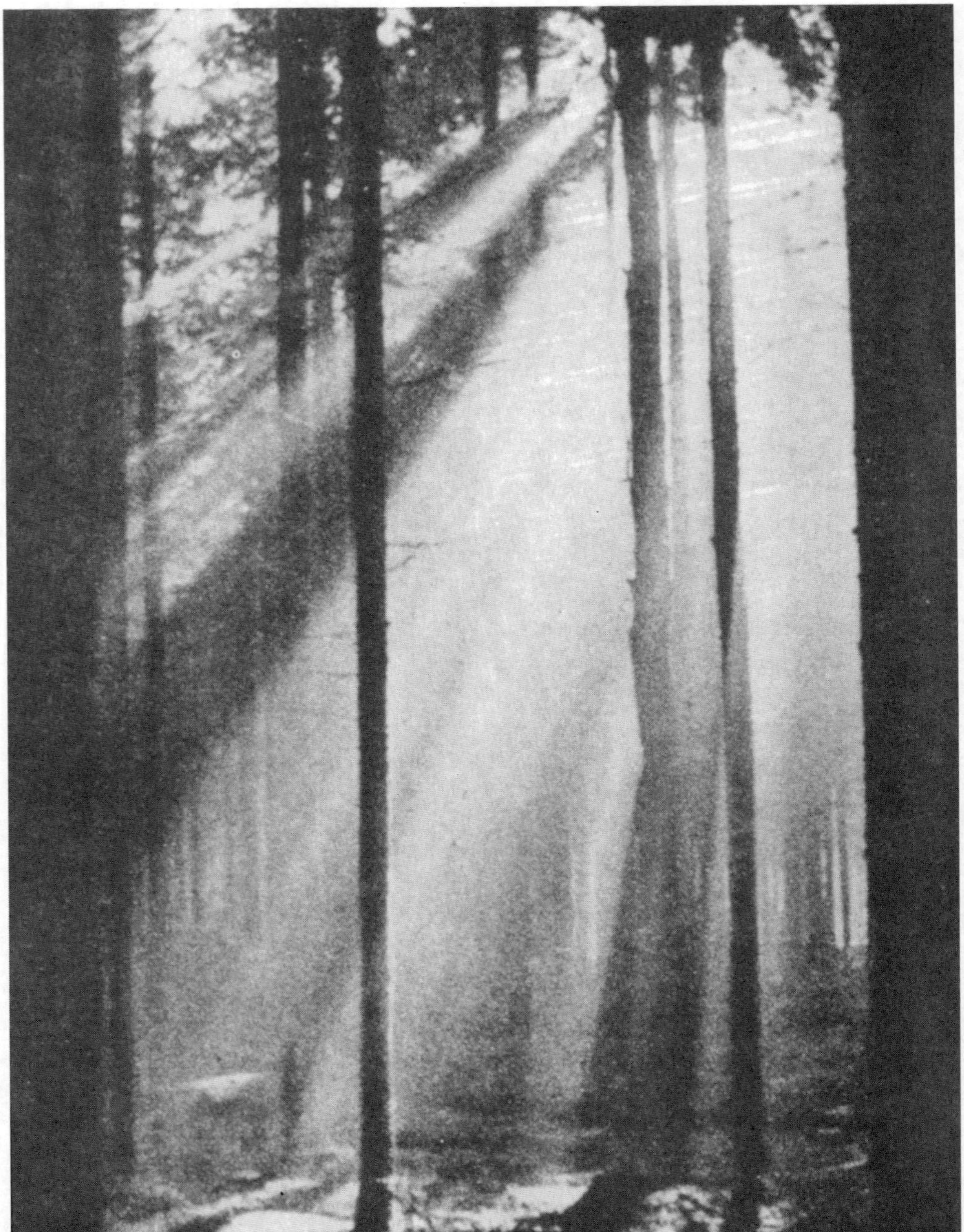

ÁRVORES

Dirige-te às Árvores altaneiras
E, diante de uma delas,
Bela, alta e possante,
Dize estas palavras:
Eu te saúdo!
Ó Árvore viva e boa,
Feita pelo Criador.

Antigamente, quando a Criação era nova,
A terra estava cheia de árvores gigantescas,
Cujos galhos pairavam acima das nuvens,
E nelas moravam nossos Pais Antigos,
Os que caminhavam com os Anjos
E viviam segundo a Lei Sagrada.
À sombra dos seus ramos todos os homens conviviam em paz,
E possuíam a sabedoria e o conhecimento,
E era deles a revelação da Luz Infinita.
Através das suas florestas fluía o Rio Eterno,
Em cujo centro se erguia a Árvore da Vida,
Que não se escondia deles.
Eles comiam à mesa da Mãe Terrena,
E dormiam nos braços do Pai Celestial,
Aliados para a eternidade com a Lei Sagrada.
Naquele tempo as árvores eram irmãs dos homens,
E muito longa era a duração de sua vida na terra,
Tão longa quanto o Rio Eterno,
Que fluía sem cessar
Desde a Fonte Desconhecida.
Agora o deserto varre a terra com areia ardente,
As árvores gigantescas fizeram-se poeira e cinzas,
E o vasto rio é uma lagoa lodosa.
Pois a aliança sagrada com o Criador
Foi rompida pelos filhos dos homens,
Que foram banidos de seu lar nas árvores.
Agora o caminho para a Árvore da Vida
Esconde-se dos olhos dos homens,

*E a tristeza enche o céu vazio
Onde antes pairavam os galhos altaneiros.
Agora ao deserto ardente
Chegaram os Filhos da Luz,
Para trabalhar no Jardim da Irmandade.
A semente que plantam no solo árido
Transformar-se-á em grande floresta,
E as árvores se multiplicarão
E estenderão as asas virentes
Até que toda a terra se cubra outra vez.
A terra toda será um jardim
E as árvores sobranceiras cobrirão a terra.
Nesse dia, os Filhos da Luz entoarão um novo cântico:
Minha irmã Árvore!
Não deixes que eu me esconda de ti,
Mas partilhemos o alento de vida
Que nos deu nossa Mãe Terrena.
Mais bela que a jóia mais fina
Da arte do tapeceiro,
É a alcatifa de folhas verdes sob os meus pés nus;
Mais majestosa que o dossel de seda
Do rico mercador,
É a tenda de galhos acima da minha cabeça,
Através da qual dão luz as estrelas faiscantes.
O vento entre as folhas dos ciprestes
Faz um som como de um coro de anjos.
Através do carvalho rugoso e do cedro real
A Mãe Terrena enviou uma mensagem de Vida Eterna
Ao Pai Celestial.
Minha prece endereça-se às árvores excelsas:
E os seus ramos erguidos para o céu
Carregarão minha voz até o Pai Celestial.
Para cada filho plantarás uma árvore,
Para que o ventre da tua Mãe Terrena
Produza vida,
Como produz vida o ventre da mulher.
Aquele que destrói uma árvore
Corta os próprios membros.
Assim cantarão os Filhos da Luz,
Quando a terra voltar a ser um jardim:*

Árvore Sagrada, dom divino da Lei!
Tua majestade reúne todos aqueles
Que se desgarraram do verdadeiro lar,
Que é o Jardim da Irmandade.
Todos os homens voltarão a ser irmãos
Debaixo dos teus ramos desfraldados.
Como o Pai Celestial tem amado todos os seus filhos,
Assim amaremos as árvores e cuidaremos delas,
As árvores que crescem na nossa terra,
Assim as guardaremos e protegeremos,
Para que cresçam altas e fortes
E encham de novo a terra com sua beleza.
Pois as árvores são nossas irmãs,
E, como irmãos,
Havemos de amar-nos e guardar-nos uns aos outros.

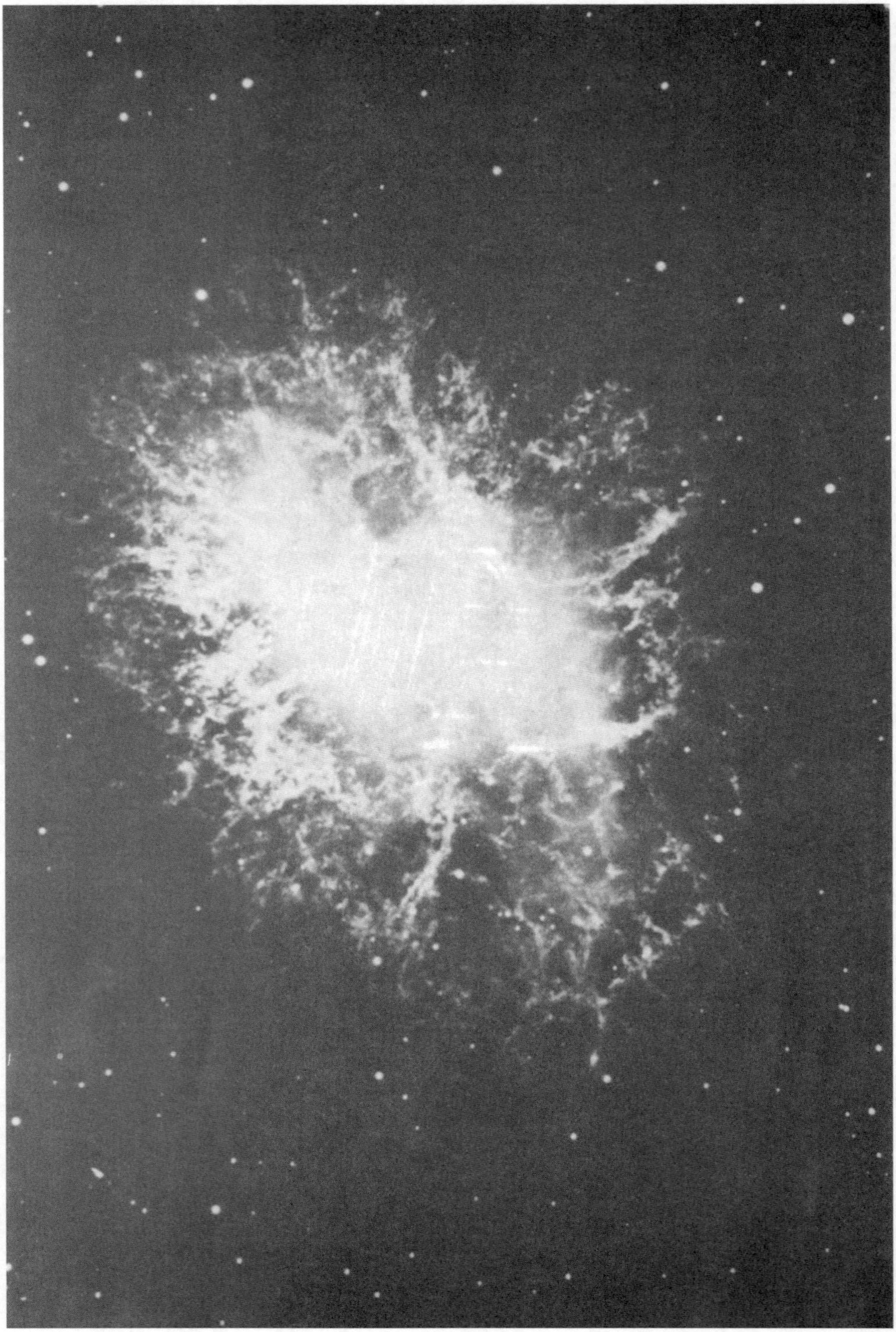

ESTRELAS

As brancas, cintilantes,
Estrelas que se vêem ao longe!
Penetrantes, portadoras da saúde,
Que penetram longe!
Seus raios coruscantes,
Seu brilho e sua glória
São todos, mercê da Lei Sagrada,
Apregoadores do teu louvor,
Ó Pai Celestial!

Sobre a face do céu
O Pai Celestial lançou a sua força:
E eis que ele deixou um Rio de Estrelas em sua esteira!
Invocamos as Estrelas luzentes e gloriosas
Que livram do medo todas as coisas
E trazem saúde e vida a todas as Criações.
Invocamos as Estrelas luzentes e gloriosas
Às quais o Pai Celestial
Deu um milhar de sentidos,
As Estrelas gloriosas que têm dentro em si
A Semente da Vida e da Água.
Às Estrelas luzentes e gloriosas
Oferecemos uma Invocação:
Com sabedoria, poder e amor,
Com discurso, com ações e com palavras corretamente proferidas,
Sacrificamos às Estrelas luzentes e gloriosas
Que voam para o Mar Celestial
Tão velozes como a seta
Cruza o Espaço celestial.
Invocamos as Estrelas luzentes e gloriosas,
Que, belas, se destacam
Espalhando conforto e alegria
Ao comungar dentro de si.
As Obras Sagradas,
As Estrelas, os Sóis e a multicolorida Aurora
Que traz a Luz dos Dias,

São todos, através da Ordem Celestial,
Apregoadores do teu louvor,
Ó grande doadora, Lei Sagrada!
Invocamos o Senhor das Estrelas,
O Anjo da Luz,
O sempre desperto!
Que toma posse
Da formosa Lei, que, larga, se expande,
Grande e poderosamente,
E cujo rosto olha sobre
Os sete vezes sete Reinos da Terra;
Célere entre os céleres,
Generosa entre os generosos,
Forte entre os fortes,
Doadora de Crescimento,
Doadora de Soberania,
Doadora de Contentamento e Bem-aventurança.
Invocamos o Senhor das Estrelas,
O Anjo da Luz,
Que fala verdade,
Com um milhar de ouvidos e dez milhares de olhos,
Com pleno conhecimento, forte e sempre desperto.
A Ordem Celestial impregna todas as coisas puras,
Dela são as Estrelas,
Com a luz das quais se vestem os Anjos gloriosos.
Grande é o nosso Pai Celestial, e de sumo poder:
Seu entendimento é infinito.
Ele diz o número das estrelas;
E chama a todas pelo nome.
Contemplai a altura das estrelas!
Como são altas!
No entanto, o Pai Celestial as segura na palma das mãos,
Como peneiramos a areia nas nossas.
Quem não conhece a Lei Sagrada
É como a estrela errante
Na escuridão de um céu desconhecido.
Cuidas tu que só existe uma forma
De ver o firmamento?
Imagina que as estrelas são apenas pontos quebrados do firmamento

Através dos quais se revela a glória do céu
Em fragmentos de luz coruscante!
Na noite purpúrea,
Atravessada pelas Estrelas contínuas
As almas dos Filhos da Luz
Criarão asas e juntar-se-ão aos Anjos do Pai Celestial.
E o Mar Eterno
Refletirá a glória deslumbrante dos céus,
E os ramos da Árvore da Vida alcançarão as Estrelas.
E o Reino do Céu
Encherá a terra de Glória,
E as Estrelas lampejantes do Altíssimo
Arderão no coração dos Filhos da Luz
E aquecerão e consolarão os ambiciosos filhos dos homens.

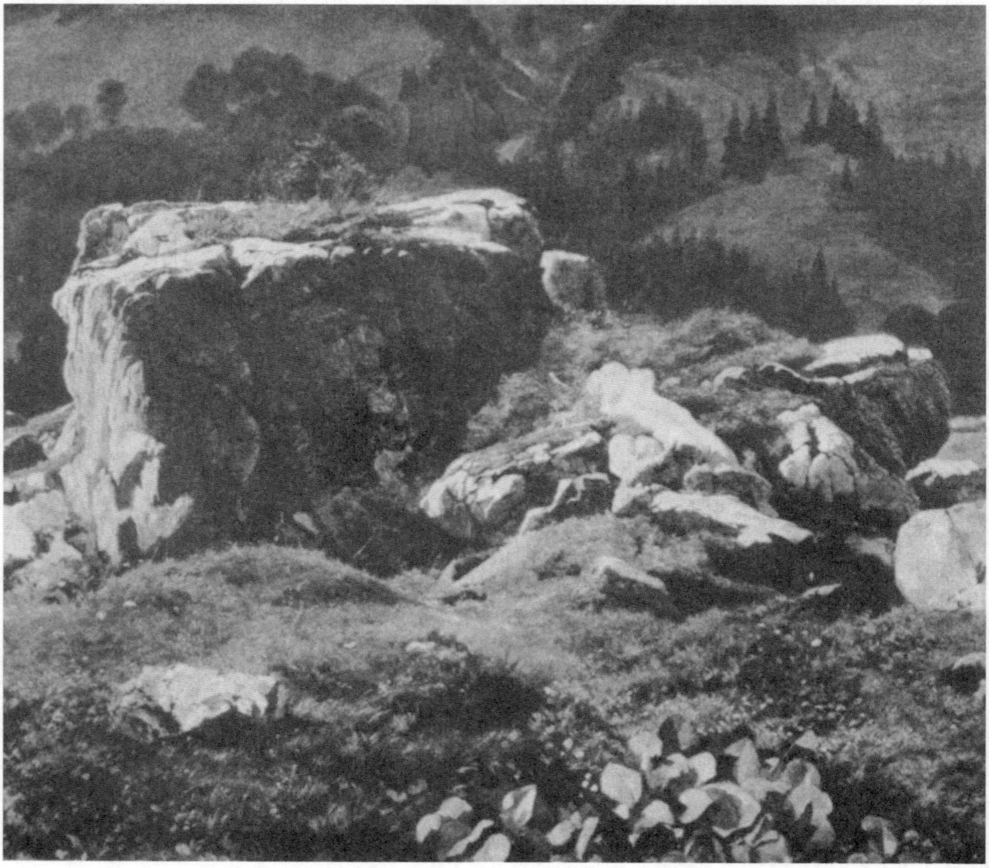

A LUA

Para a Lua luminosa,
Que guarda dentro de si
A semente de muitas espécies,
Permita-se uma invocação
Com sacrifício e prece...

Quando a Luz da Lua fica mais quente,
Plantas de matizes dourados brotam da terra
Durante a estação da Primavera.
Sacrificamos às Luas Novas
E às Luas Cheias;
O crescente da Lua Nova está repleno de santa Paz:
Sacrificamos ao Anjo da Paz.
A Lua radiante e luminosa
Guarda a semente dentro de si:
A brilhante, a gloriosa,
A que nos dá a água,
A que nos dá o calor,
A que nos dá a sapiência,
A que nos dá a meditação,
A que nos dá o frescor,
A curadora, a Lua da Paz!
Com luz silente e dadora de Paz
A Lua brilha
Sobre os pastos, as residências,
As águas, as terras e as plantas
Do nosso jardim terreno.
A Lua e o Sol,
O santo Vento e as Estrelas sem começo,
Autodeterminados e automovidos,
São todos reguladores da Ordem Sagrada,
Dos dias e das noites,
Dos meses e dos anos.
A face da Lua muda de aspecto
E, no entanto, é sempre a mesma.
Assim como a Lei Sagrada revela uma face diversa

A cada um dos Filhos da Luz,
Mas não se altera na Essência.
Invocamos a Lua Nova e a Lua que míngua,
E a Lua Cheia que dispersa a Noite,
E os festivais e as estações anuais
Do Pai Celestial.
Pois foi ele quem deu à lua
O seu aumento e a sua diminuição,
Para que através dela conheçamos os movimentos
Do dia e da noite.
Ó tu, lua de prata e de luz!
Somos gratos por poder contemplar-te,
E ver no teu reflexo
O rosto abençoado de nossa Mãe Terrena.
No mundo dos filhos dos homens,
Os Irmãos da Luz são chamas de radiância,

Como as estrelas empalidecem na presença
Da lua brilhante e resplandecente.
A lua move-se, iluminada, de um lado a outro do céu,
E o contentamento na Lei Sagrada nos enche o coração.
Paz, Paz, Paz,
Santo Anjo da Paz,
Ilumina a lua de prata com a tua santidade,
Para que todos lhe contemplem a beleza
E sintam tua Paz eterna.
No céu deserto, azulado pela noite,
Vemos o primeiro raio da Lua Nova,
Casta e formosa.
Os Irmãos saúdam-se um ao outro
Com amor e ação de graças,
Dizendo "A Paz seja contigo!
A paz seja contigo!"

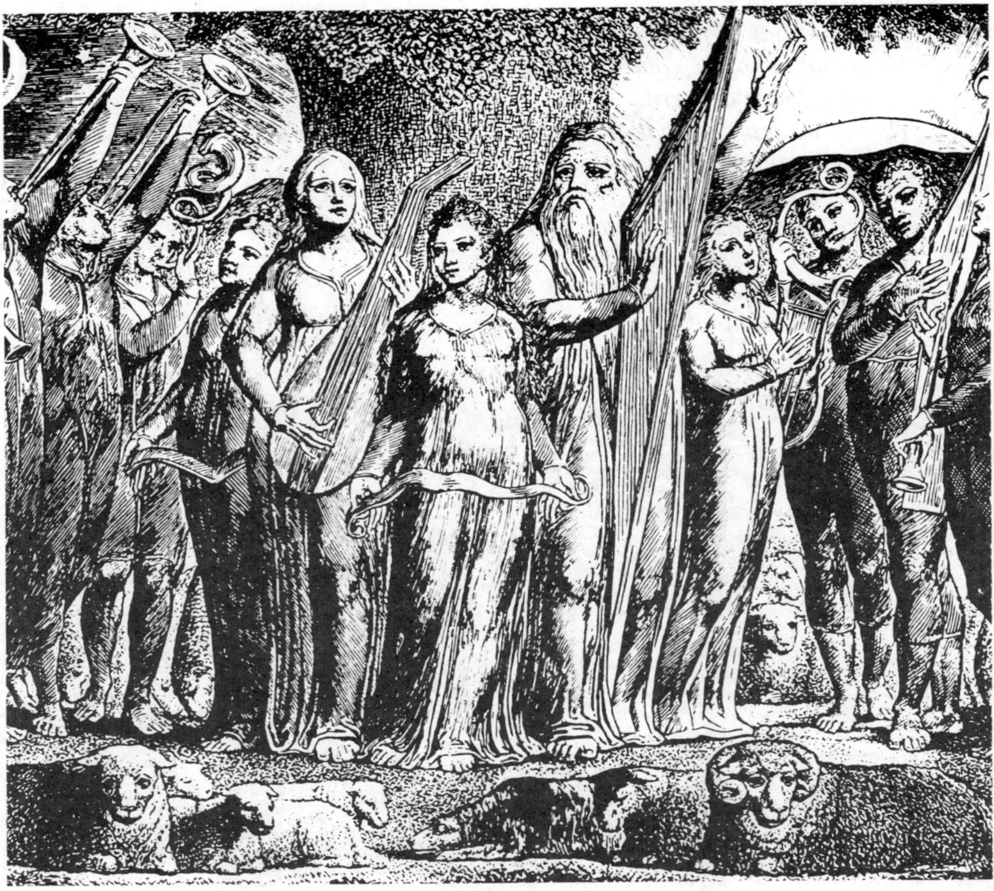

SALMOS DE LOUVOR E AÇÃO DE GRAÇAS

Sou grato, Pai Celestial,
Por me haveres elevado a uma altura eterna,
E eu caminho entre as maravilhas da planície.
Tu me deste orientação
Para alcançar a tua eterna companhia
Desde as profundezas da terra.
Purificaste-me o corpo
Para que eu me junte ao exército dos anjos da terra
E para que meu espírito alcance
A congregação dos anjos celestiais.
Deste eternidade ao homem
Para exaltar, na aurora e no crepúsculo,
Tuas obras e portentos
Em cântico jubiloso.

Ó vós, todas as obras da Ordem Celestial,
Abençoai a Lei:
Louvai e exaltai a Lei acima de tudo para sempre.
Ó vós, céus, abençoai a Lei:
Louvai e exaltai a Lei acima de tudo para sempre.
Ó vós, Anjos do Pai Celestial,
E vós, Anjos da Mãe Terrena,
Bendizei a Lei:
Louvai e exaltai a Lei acima de tudo para sempre.
Ó vós, águas acima dos céus,
Abençoai a Lei.
Ó vós, todos os poderes dos Santos Anjos, bendizei a Lei.
Ó vós, sol e lua, bendizei a Lei.
Ó vós, estrelas do céu, bendizei a Lei.
Ó vós, chuveiros e orvalho, bendizei a Lei.
Ó vós, todos os ventos, bendizei a Lei.
Ó vós, fogo e calor, bendizei a Lei.
Ó vós, inverno e verão, bendizei a Lei.
Ó vós, luz e treva, bendizei a Lei.
Ó vós, orvalhos e tempestades de neve, bendizei a Lei.
Ó vós, noites e dias, bendizei a Lei.

Ó vós, relâmpagos e nuvens, bendizei a Lei.
Ó vós, montanhas e pequenas colinas, bendizei a Lei.
Ó vós, coisas que cresceis na terra, bendizei a Lei.
Ó vós, fontes, bendizei a Lei.
Ó vós, mares e rios, bendizei a Lei.
Ó vós, baleias e quanto se move nas águas,
Bendizei a Lei.
Ó vós, todas as aves do ar, bendizei a Lei.
Ó vós, animais e gado, bendizei a Lei.
Ó vós, filhos dos homens, bendizei a Lei.
Ó vós, espíritos e almas dos Filhos da Luz,
Bendizei a Lei.
Ó vós, santos e humildes trabalhadores
Do Jardim da Irmandade, bendizei a Lei.
Que toda a terra bendiga a Lei!
Dai graças ao Pai Celestial,
E bendizei a sua Lei.
Ó todos vós que adorais a Lei,
Louvai o Pai Celestial
E a Mãe Terrena,
E todos os Santos Anjos,
E dai-lhes graças,
Porque a Lei dura para sempre.
Nós adoramos a Lei de dia e de noite.
Salve Pai Celestial!
Salve Mãe Terrena!
Salve Santos Anjos!
Salve Filhos da Luz!
Salve nosso santo Pai Enoque!
Salve toda a Santa Criação
Que foi, que é e que sempre será!
Nós sacrificamos às estrelas luzentes e gloriosas,
Sacrificamos ao céu soberano,
Sacrificamos ao tempo sem limites,
Sacrificamos à boa Lei
Dos adoradores do Criador,
Dos Filhos da Luz
Que trabalham no Jardim da Irmandade;
Sacrificamos à feição da Lei Sagrada.
Sacrificamos a todos os Santos Anjos
Do mundo invisível;

*Sacrificamos a todos os Santos Anjos
Do mundo material.
Dai graças ao Pai Celestial, pois ele é bom,
Dai graças ao Deus dos Anjos,
Dai graças ao Senhor da Luz,
Pois a sua misericórdia dura para sempre.
A ele que, de per si, faz grandes portentos,
A ele que, pela sabedoria, fez os céus,
A ele que estendeu a terra acima das águas,
A ele que fez grandes luzes nos céus,
A ele que fez o sol para reinar de dia,
E a lua e as estrelas para reinar de noite,
Entoai louvores sem fim e ações de graças,
Pois a sua misericórdia dura para sempre.
E nós adoramos a antiga e santa religião,
Instituída na Criação,
Que estava na terra no tempo das Grandes Árvores;
A santa religião do Criador,
A resplendente e gloriosa,
Revelada a nosso Pai Enoque.
Adoramos o Criador,
E o Fogo da Vida,
E as boas Águas que são Santas,
E o fúlgido Sol e a Lua,
E as Estrelas lustrosas e gloriosas;
E adoramos sobretudo a Lei Sagrada,
Que o Criador, nosso Pai Celestial,
Nos deu.
É a lei que santifica a nossa habitação,
Que é a terra extensa e verde.
Louvai a Lei!
A Lei cura o coração partido,
E cura-lhe as feridas.
Grande é a Lei, e grande é o seu poder;
Infinita é a compreensão da Lei.
A Lei eleva os humildes,
E arremessa ao solo os iníquos.
Cantai para a Lei em agradecimento,
Harpeai louvores à Lei,
Que cobre o céu de nuvens,
Que prepara a chuva para a terra,*

*Que faz crescer a relva nas montanhas.
Louvamos com voz forte o Pensamento bem pensado,
A Palavra bem falada,
A ação bem executada.
Iremos a vós, ó generosos imortais!
Iremos a vós, enaltecendo-vos e invocando-vos,
Anjos do Pai Celestial e da Mãe Terrena!
Adoramos o Santo Senhor da Ordem Celestial,
O Criador de todas as boas criaturas da terra.
E adoramos as afirmações do nosso Pai Enoque,
E sua religião antiga e pura,
Sua fé e seu saber, mais velhos que o início do tempo.
Cantaremos para a Lei enquanto vivermos,
Entoaremos louvores ao nosso Pai Celestial
Enquanto existirmos,
Enquanto durar o Jardim da Irmandade.*

Nossas comunhões com os Anjos serão doces;
Seremos contentes na Lei.
Bendize tu a Lei, ó minha alma.
Louva tu a Lei Sagrada.
Os Filhos da Luz amam a Lei,
Porque a Lei ouve as nossas vozes
E nossas súplicas.
Um ouvido que tudo ouve tem a Lei inclinada para nós,
Portanto evocaremos a Lei enquanto vivermos.
A Lei livrou nossas almas da morte,
Nossos olhos das lágrimas e nossos pés de cair.
Caminharemos diante da Lei na terra dos vivos:
Nos caminhos do Jardim Infinito da Irmandade.
Os dias dos filhos dos homens são como a relva;
Como as flores do campo, assim florescem.
Pois o vento passa por eles, e eles se foram;
Mas a misericórdia da Lei é de eternidade
A eternidade para os que a seguem.
Bendizei o Pai Celestial, todos vós, anjos seus;
Vós, seus ministros, em que ele se compraz.
Bendizei o Senhor, todas as suas obras,
Em todos os lugares do seu domínio:
Bendize o Senhor, ó minha alma.
Ó Pai Celestial, tu és imenso!
Tu te vestes de honra e majestade.
Quem te cobriu de luz como de uma veste,
Quem descerrou os céus como uma cortina,
Quem colocou nas águas as vigas dos seus quartos,
Quem fez das nuvens o seu carro,
Quem caminhou sobre as asas do vento,
Quem fez dos seus Anjos espíritos,
Dos Filhos da Luz um fogaréu chamejante
Para acender a Verdade no coração dos filhos dos homens,
Quem assentou os fundamentos da terra.
Bendize o Pai Celestial, ó minha alma!

LAMENTAÇÕES

Das profundezas gritei para ti, Ó Senhor.
Senhor, ouve a minha voz!

Ouve a minha oração, Ó Senhor,
E deixa que o meu grito chegue a ti.
Não escondas teu rosto de mim
No dia em que estou atormentado;
Inclina teu ouvido para mim;
No dia em que eu chamar responde-me depressa.
Pois meus dias se consomem qual fumaça,
E meus ossos estão queimados qual lareira.
Meu coração está ferido e seco como a relva;
Tanto que me esqueço de comer o meu pão.
Em razão da voz dos meus gemidos
Meus ossos se colam à minha pele.
Sou como um pelicano do ermo;
Sou como a coruja do deserto.
Vigio, e sou como um pardal,
Sozinho no telhado da casa.
Meus dias são como sombra que declina;
E estou murcho como a relva.
Ó meu Deus, não me leves embora no meio dos meus dias:
Os céus são obra de tuas mãos.
Eles perecerão, mas tu subsistirás.
O primeiro passo dado
Pela alma do homem perverso
O deixou no inferno dos maus pensamentos.
O segundo passo dado
Pela alma do homem perverso
O deixou no inferno das más palavras.
O terceiro passo dado
Pela alma do homem perverso
O deixou no inferno das más ações.
O quarto passo dado
Pela alma do homem perverso
O deixou na escuridão sem fim.
Sei que tu podes fazer todas as coisas,

E que nenhum propósito teu pode ser reprimido.
Meus olhos agora te procuram,
E por isso me aborreço a mim mesmo,
E me arrependo no pó e nas cinzas.
Pois os filhos iníquos dos homens
Pecaram contra si mesmos,
E o seu inferno de maus pensamentos, de más palavras e más ações
É o inferno que eles próprios fizeram.
Mas minha angústia e minhas lágrimas amargas
São pelos meus antigos pais,

Que pecaram contra o Criador
E foram banidos
Do Reino Sagrado das Grandes Árvores.
Eis aí porque choro e escondo meu rosto na tristeza,
Pela beleza do Jardim Perdido,
E pela doçura dissipada do canto do Pássaro,
Que cantava nos galhos da Árvore da Vida.
Tem misericórdia de mim, Ó Deus,
E limpa-me do meu pecado.
Acabou-se a alegria do nosso coração,
Nossa dança mudou-se em pranto.
A coroa caiu-nos da cabeça:
Ai de nós, que pecamos!
Para isso, nosso coração é fraco,
Para essas coisas, nossos olhos são opacos.
Tu, Ó Pai Celestial, permaneces eternamente
Em teu trono de geração a geração.
Por que razão nos esqueces para sempre,
E nos desamparas por tanto tempo?
Volta-nos para ti, Ó Senhor,
Renova nossos dias como outrora.
Onde não há virtude nem compaixão,
Jazerão os animais selvagens do deserto;
E suas casas estarão cheias de criaturas lastimosas.
E ali morarão corujas,
E ali dançarão sátiros.
E os animais ferozes chorarão em suas casas desoladas.
Lava-me, Senhor, e serei mais alvo do que a neve.
Faze-me ouvir a alegria e o contentamento;
Afasta o teu rosto dos meus pecados
E apaga todas as minhas iniquidades.
Cria em mim um coração limpo, Ó Deus;
E renova dentro de mim um espírito reto.
Não me expulses da tua presença;
E não tires de mim teu espírito sagrado.
Restaura para mim a alegria do Jardim Infinito
E sustenta-me com os teus Santos Anjos.
Deixa-me afastar todas as coisas más
E todas as impurezas
Do fogo, da água,
Da terra, das árvores,

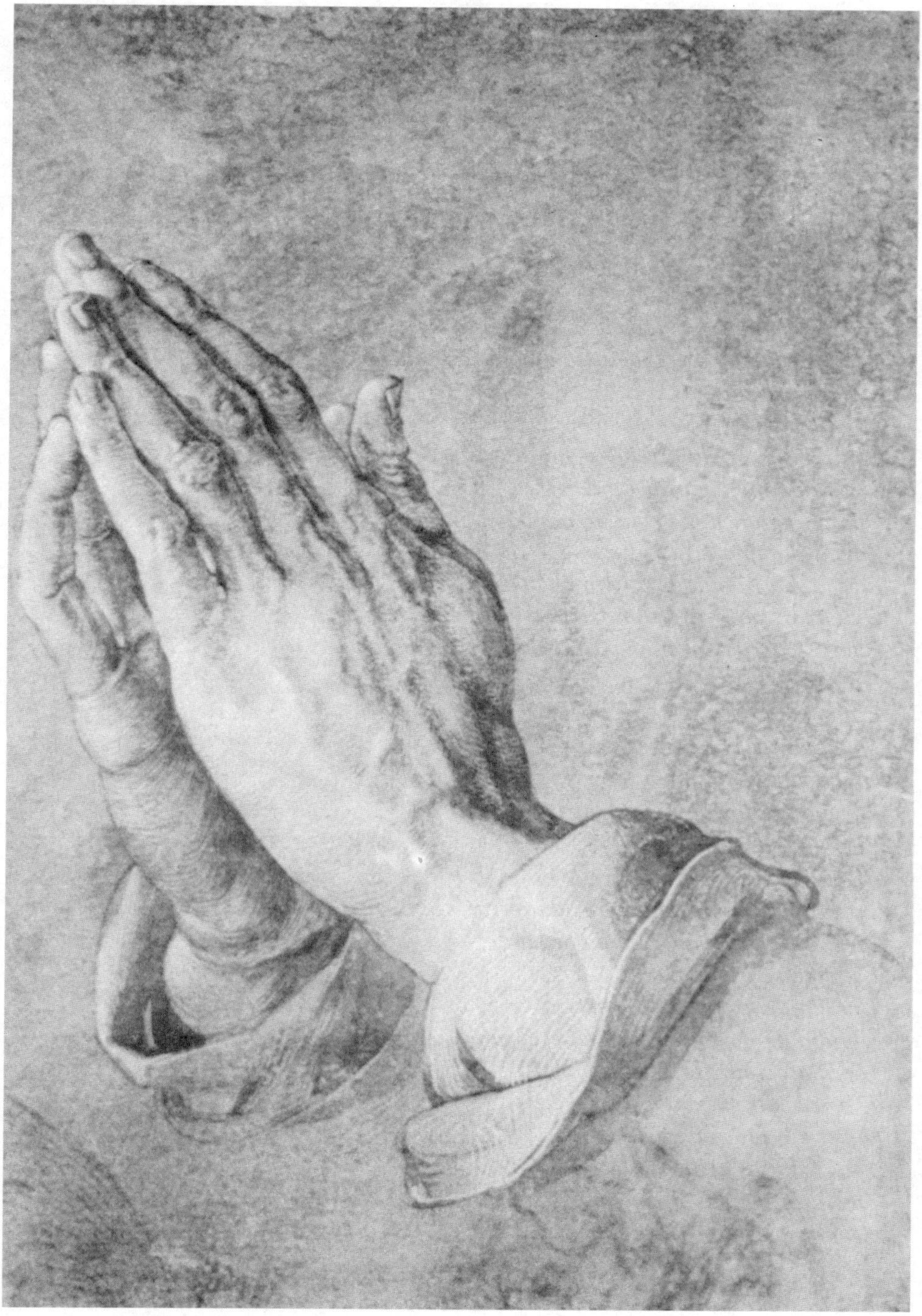

*Do homem fiel e da mulher fiel,
Das estrelas, da lua, do sol,
Da Luz sem limites,
E de todas as coisas boas
Feitas por ti, Ó Pai Celestial,
Cujo fruto é a Lei Sagrada.
Pelos rios da Babilônia,
Lá nos sentamos, sim, e choramos
ao lembrar-nos de Sião.
Penduramos nossas harpas nos salgueiros.
Como poderemos entoar o cântico do Senhor
Numa terra iníqua?
Se eu te esquecer, Jerusalém,
Que a minha mão direita esqueça a sua destreza.
Se eu não me lembrar de ti,
Que a língua se me cole na abóbada da boca;
Pois a Babilônia é a escravidão do mundo,
E Sião é a liberdade da Irmandade.
Ó Senhor, para ti gritarei!
Pois o fogo devorou as pastagens
Do sertão,
E a chama calcinou
Todas as árvores do campo.
Os animais do campo também gritam para ti:
Porque os rios de águas secaram
E o fogo devorou
As pastagens do ermo.
Tremam todos os habitantes da terra:
Pois o dia do Senhor está chegando,
Está quase à mão;
Um dia de escuridão e tristeza,
Um dia de nuvens e espessa escuridão,
Um dia em que a terra tremerá,
E os céus tremerão.
O sol e a lua escurecerão,
E as estrelas retirarão o seu brilho.
Das profundezas gritaremos para ti, Ó Senhor!
Senhor, escuta as nossas vozes!*

PROFECIAS

Ouve-me, meu povo,
Atende ao que digo!
Ergue os olhos para os céus,
E olha para a terra que ficou embaixo:
Pois os céus desaparecerão como fumaça,
E a terra envelhecerá feito uma veste,
E os que moram nela
Morrerão da mesma forma:
Meu Reino, porém, durará para sempre,
E minha Lei não será revogada.

E nesse dia o inferno se alargará,
E abrirá a boca desmesuradamente:
E a glória, o orgulho e a pompa dos maus
Cairão dentro dela.
E o homem mesquinho será abatido,
E o homem poderoso será humilhado,
Como o fogo devora o restolho,
E a chama consome o palhiço;
Assim sua raiz será qual podridão,
E sua florescência se evolará como poeira.
Porque eles lançaram de si
A Lei Sagrada da Ordem Celestial
E desprezaram a palavra dos Filhos da Luz.
Nesse dia, quem olhar para a terra
Verá apenas trevas e tristeza,
E a luz nos céus terá escurecido.
Os líderes do povo o levarão a errar,
E os conduzidos por eles serão destruídos.
Pois todos são hipócritas e malfeitores,
E todas as bocas dizem disparates.
A maldade queima como o fogo:
Devorará urzes e espinhos.
Incendiará as moitas da floresta
E avultará como a fumaça que sobe.
Mercê da cólera da Lei

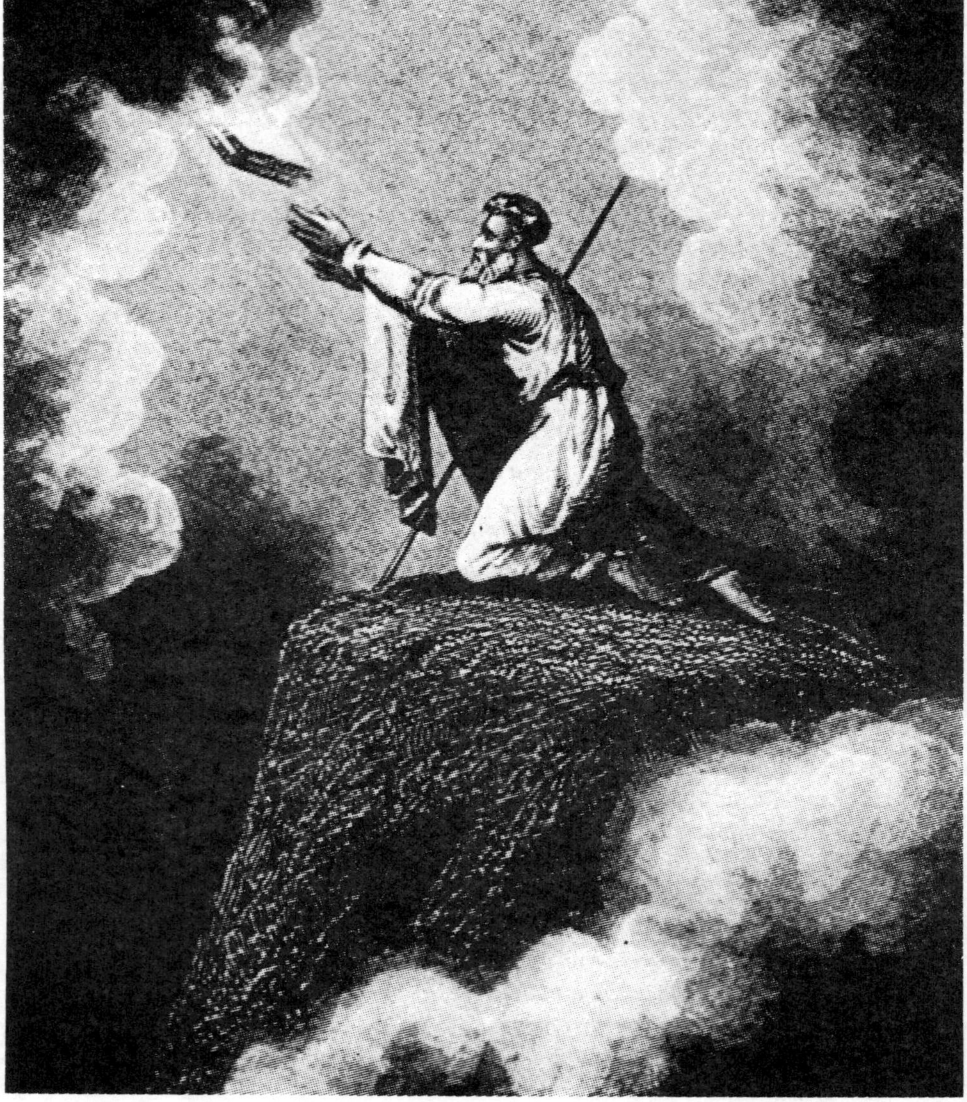

A terra se anuviará,
Pois isto o homem forjou para si mesmo.
E as pessoas serão o combustível do fogo:
Nenhum homem poupará seu irmão.
Ai dos que não tiverem guardado a Lei Sagrada!
Ai da coroa de orgulho!
Ai dos que anseiam pelas coisas do mundo,
E se corrompem praticando injustiças,
Que erram na visão e tropeçam no julgamento:
Pois são um povo rebelde, um povo mentiroso,
Um povo que não ouvirá a Lei do Senhor:
Que diz aos videntes, não vejais,
E aos Profetas, não nos profetizeis as coisas certas,
Dizei-nos antes coisas suaves, profetizai engodos.
Ai dos que decretam decretos injustos,
E escrevem as desgraças que prescreveram.
Ai dos que juntam casa com casa,
Que colocam campos a par de campos,
Até não haver lugar em que o homem possa estar só
No meio da terra!
Ai dos que se levantam de manhã cedo,
Não para comungar com os Anjos,
Mas para dedicar-se a bebidas fortes e continuar até a noite,
Até que os vapores do vinho os inflamem!
Ai de todos os que chamam bem ao mal e mal ao bem,
Que trocam a escuridão pela luz e a luz pela escuridão.
Ai dos
Que desviam os necessitados do bom senso,
E arrebatam o direito aos pobres,
Que fazem das viúvas sua presa e roubam os órfãos!
Em razão do que sucederá
Que a mão do Senhor podará o galho
Com o julgamento da Lei,
E os de alta estatura serão cortados cerce
E os soberbos serão humilhados.
Gemei, que o dia da Lei está próximo;
Ele virá como destruição, de parte do Todo-poderoso.
Por isso todas as mãos serão fracas,
E o coração de todo homem derreterá.

E eles terão medo:
Excruciados de dor e sofrimentos,
Sentirão dores como a mulher em trabalho de parto;
Ficarão pasmados uns dos outros:
Seus rostos serão como chamas.
Eis que chega o dia do Senhor,
Cruel não só na cólera mas também na ira selvagem,
Para deixar a terra desolada:
E ele dela expulsará os pecadores.
Sucederá nesse dia
Que o Senhor castigará a hoste dos arrogantes,
E os reis da terra sobre a terra.
E eles serão reunidos uns aos outros,
Como se reúnem os prisioneiros no poço,
E encerrados na prisão.
E o Senhor sairá do seu lugar,
E descerá,
E pisará nos sítios altos da terra.
E as montanhas se fundirão debaixo dele,
E os vales se fenderão como cera no fogo.
Enquanto as águas cairão, com abundância, de um despenhadeiro.
A lua, então, desaparecerá e o sol se obscurecerá.
E as estrelas dos céus e as suas constelações
Não darão sua luz:
O sol será escurecido na sua marcha,
E a lua não mostrará a sua luz.
E o Senhor sacudirá os céus,
E a terra sairá do lugar,
No dia da ira da Lei
E no dia da cólera selvagem do Senhor.
E as cidades brilhantes serão devastadas,
E nelas viverão os animais ferozes do deserto;
O feno murchará, a relva faltará,
E em toda a terra não haverá uma só coisa verde.
Nesse dia, as cidades fortes
Serão como um galho abandonado,
E uma tempestade de granizo
Varrerá o refúgio das mentiras,
E as águas raivosas

*Inundarão o esconderijo dos iníquos.
E haverá sobre toda montanha altaneira,
E sobre toda colina senhoril,
Rios e cursos d'água
No dia da grande mortandade,
Quando as torres cairão.
Nesse dia, a luz da lua
Será como a do sol,
E a luz do sol será sétupla.
Eis que o nome da Lei virá de longe,
Ardendo de raiva quente,
E o seu fardo é pesado:
Os lábios do Senhor estão cheios de indignação
E sua língua é um fogo devorador.
Ele mostrará a força do seu braço,
Com a chama do fogo que consome,
Com dispersão, tempestade e granizo.
A terra será totalmente esvaziada, totalmente arruinada,
Pois os filhos dos homens se afastaram da Lei.
Derrubar-se-á a cidade da confusão:
Todas as casas estarão fechadas, para que nenhum homem possa entrar nelas.
Nas ruas se ouvem choros e lamentações:
Toda a alegria escureceu, a alacridade da terra se foi.
E sucederá
Que quem foge do ruído do medo
Cairá no poço;
E quem sobe e sai do meio do poço
Cairá na armadilha:
Pois as janelas superiores estão abertas
E os alicerces da terra são sacudidos.
A terra está completamente arruinada,
Totalmente dissolvida,
Excessivamente alterada.
A lua se confundirá,
O sol se cobrirá de vergonha,
E a terra vacilará de um lado para outro, que nem um bêbedo,
E cairá, e não tornará a levantar-se.
E toda a hoste do céu será dissolvida,*

E os céus se enrolarão uns nos outros qual pergaminho:
E toda a sua hoste cairá,
Como cai a folha da parreira,
E como cai o figo da figueira.
As águas do mar se extinguirão,
E os rios esgotados, secarão.
Correntes d'água se transformarão em pez,
E o pó do pez em enxofre,
E a terra se tornará em piche ardente.
E a fumaça não será debelada nem de noite nem de dia,
E nenhum homem a transporá.
Mas o corvo marinho e o alcaravão
Possuirão a terra;
A coruja também e o corvo morarão nela.
E ali serão esticadas sobre ela
A linha da confusão e as pedras da vacuidade.
Eles chamarão seus nobres ao reino,
Mas nenhum estará lá,
E todos os seus príncipes serão nada.
E espinhos crescerão em seus palácios,
Urtigas e sarças nas suas fortalezas:
E eles serão habitação de dragões,
E corte de mochos.
Os embaixadores da paz chorarão amargamente,
E os caminhos principais estarão abandonados.
Consumir-se-á a glória das florestas,
E dos campos produtivos;
Sim, as árvores serão tão poucas
Que uma criança poderá contá-las.
Eis que chegará o dia
Em que tudo o que estiver na terra,
E tudo o que vossos pais armazenaram,
Será levado como fumaça,
Pois esquecestes vosso Pai Celestial
E vossa Mãe Terrena,
E transgredistes a Lei Sagrada.
Oh, pudesses tu dilacerar os céus,
Pudesses descer,

Para que as montanhas se derramassem liqüefeitas, em tua presença.
Quando tua mão exibiu o poder da tua Lei,
Desceste envolto em fúria:
As montanhas fluíram, derretidas, na tua presença,
E arderam os fogos que derretem.
Eis que estás irado porque pecamos.
Somos feito o mar conturbado, quando não pode descansar,
Cujas águas atiram para cima lama e vasa.
Confiamos na vaidade e falamos mentiras;
Nossos pés correm para o mal,
Resíduos e destruição nos atravancam os caminhos.
Tateamos em busca do muro, como os cegos,
Tropeçamos ao meio-dia como se fosse de noite,
Estamos em sítios desolados como homens mortos.
Mas agora, Ó Pai Celestial, és o nosso pai:
Somos o barro e tu és o oleiro,
E somos todos o teu povo.
Tuas cidades santas são um ermo,
Tuas florestas se queimaram,
Toda a tua terra é desolação.
Nossa santa e bela casa,
Onde nossos pais te louvavam,
Foi destruída pelo fogo.
Até o antigo saber de nosso Pai Enoque
É calcado no pó e nas cinzas.
Avistei a terra, e eis que
Ela era sem forma e vazia;
E os céus não tinham luz.
Avistei as montanhas, e eis que elas tremiam,
E todas as colinas se moviam levemente.
Olhei, e eis que não havia ninguém,
E todas as aves do céu tinham voado.
Olhei, e eis que o lugar produtivo era um ermo,
E todas as suas cidades tinham sido arrasadas
Na presença do Senhor, e pela sua cólera ardente.
Pois isto disse o Senhor,
A terra toda quedará desolada;
Entretanto, não darei cabo de tudo.
Eis que a mão da Lei não foi encurtada,

De modo que ela não possa salvar;
Tampouco é tão pesado o ouvido da Lei,
Que ela não possa ouvir:
Do deserto trarei uma semente,
Que será plantada
No Jardim da Irmandade,
E florescerá,
E os Filhos da Luz cobrirão a terra infecunda
Com capim alto e árvores frutíferas.
E eles reconstruirão os velhos lugares abandonados:
Consertarão as cidades devastadas,
As desolações de muitas gerações.
Eles serão chamados reparadores das ruínas,
E restauradores dos caminhos de morar.
Serão uma coroa de glória na cabeça do Senhor,
E um diadema real na mão da Lei.
O ermo e o local solitário
Alegrar-se-ão por eles,
E o deserto, jubiloso, florescerá como a rosa.
Florescerá abundantemente,
E regozijará com alegria e cânticos.
Os olhos do cego se abrirão,
E os ouvidos do surdo se destamparão.
O coxo saltará como um veado,
E a língua do mudo cantará:
Pois as águas irromperão no ermo,
E correntes fluirão no deserto.
E o solo ressequido se converterá em lagoa,
E a terra sequiosa em fontes de água.
E uma estrada haverá ali, e um caminho,
E será chamado o Caminho da Lei:
O impuro não passará por ele,
Pois este será para os Filhos da Luz
Que cruzarão o Rio Eterno para chegar ao lugar escondido
Onde se ergue a Árvore da Vida.
E os filhos dos homens regressarão à terra,
E virão ao Jardim Infinito
Com cânticos e alegria eterna na cabeça:
Obterão alegria e contentamento,

*E o pesar e os suspiros fugirão.
E sucederá nos últimos dias,
Que a montanha da casa do Senhor
Será estabelecida no topo das montanhas,
E exaltada acima das colinas;
E todos os filhos dos homens da terra acudirão a ela.
E muitas pessoas irão e dirão,
Vinde e subamos a montanha do Senhor,
Até o tabernáculo da Lei Sagrada,
E os Santos Anjos nos ensinarão
Os caminhos do Pai Celestial
E da Mãe Terrena,
E trilharemos os caminhos dos justos:
Pois do Jardim da Irmandade
Sairá a Lei
E a palavra do Senhor dos Filhos da Luz.
E o Senhor julgará entre as nações,
E repreenderá muitas pessoas:
E elas converterão as espadas em relhas de arado,
E as lanças em podadeiras:
Nações não erguerão a espada contra nações,
E tampouco aprenderão a guerrear.
Ouvi as vozes dos Irmãos,
Que gritam a brados no ermo:
Preparai o caminho da Lei!
Endireitai no deserto uma estrada para o nosso Deus!
Todo vale será exaltado,
E todas as montanhas e colinas serão abaixadas:
O torto será endireitado,
E os lugares ásperos aplainados:
E ouvir-se-á a voz do Pai Celestial:
Eu, sim, eu sou a Lei; e além de mim não há ninguém.
Sim, antes que o dia fosse eu sou:
E não há ninguém que possa soltar-se da minha mão.
Ouvi-me, Filhos da Luz!
Eu sou ele; eu sou o primeiro, e também sou o último.
Minha mão também assentou os alicerces da terra,
E minha mão direita mediu palmo a palmo os céus.
Ouvi-me, Filhos da Luz!*

Vós que conheceis a retidão,
Meus filhos em cujo coração está a minha Lei:
Saireis fora com alegria, e sereis conduzidos em paz:
As montanhas e as colinas
Irromperão em cânticos diante de vós,
E todas as árvores do campo baterão palmas.
Levantai-vos, brilhai, Filhos da Luz!
Pois minha Luz desceu sobre vós,
E vós sereis a Glória da Lei
Que se erguerá sobre a nova terra!

LIVRO IV
OS ENSINAMENTOS DOS ELEITOS

Textos hebraicos e aramaicos originais traduzidos e organizados
por Edmond Bordeaux Szekely

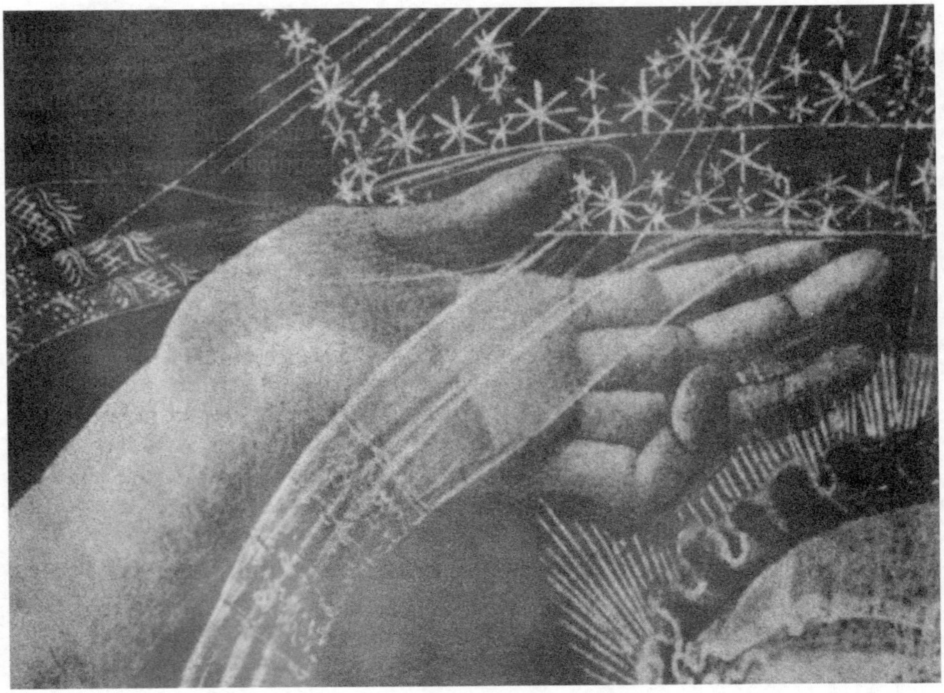

PREFÁCIO

Foi em 1928 que Edmond Bordeaux Szekely publicou, pela primeira vez, sua tradução do Primeiro Livro do *Evangelho Essênio da Paz*, antigo manuscrito por ele encontrado nos Arquivos Secretos do Vaticano e resultado de uma paciência ilimitada, um conhecimento sem falhas e uma intuição infalível, história que ele mesmo contou em seu livro intitulado *O Descobrimento do Evangelho Essênio da Paz*. A versão inglesa do antigo manuscrito apareceu em 1937 e, desde então, o volume viajou o mundo inteiro, aparecendo em idiomas diferentes e logrando, a cada ano, mais e mais leitores, até agora sem nenhuma propaganda comercial, sendo que mais de um milhão de exemplares foram vendidos só nos Estados Unidos. O Segundo e o Terceiro Livros somente vieram a aparecer quase cinqüenta anos após a publicação da primeira tradução francesa, e também se tornaram clássicos da literatura essênia.

O Quarto Livro, *Os Ensinamentos dos Eleitos*, surgirá como surpresa para os leitores que já tinham tido notícia da morte do dr. Szekely em 1979. Se eu fosse filóloga, ou sábia, ou arqueologista, talvez pudesse proporcionar alguma explicação. Mas sou apenas o seu fiel *famulus amanuensis*, e as instruções que ele me deixou foram muito claras e explícitas: "Dois anos depois da minha morte, publique o Quarto Livro de *O Evangelho Essênio da Paz*." Isso foi tudo, e agora estou cumprindo o seu desejo.

O Quarto Livro, *Os Ensinamentos dos Eleitos*, representa mais um fragmento do manuscrito completo que existe, em aramaico, nos Arquivos Secretos do Vaticano e, em esloveno antigo, na Biblioteca Real dos Habsburgos (hoje propriedade do governo austríaco). Quanto à razão da demora na publicação, só posso presumir que o dr. Szekely quisesse que a realidade vívida dessas verdades eternas subsistisse de per si, não obstruída sequer pela presença do tradutor. No prefácio à primeira edição londrina do Primeiro Livro em 1937, ele disse: "Demos a lume esta parte antes do resto porque se trata de uma parte que a humanidade sofredora necessita muito hoje em dia." É possível que o mundo conturbado de quarenta e quatro anos depois necessite, da mesma forma, deste quarto livro do *Evangelho Essênio da Paz*.

Voltando às palavras do dr. Szekely: "Não temos nada para acrescentar ao texto. Ele fala por si só. O leitor que estudar com concentração as páginas que se seguem, sentirá a vitalidade eterna e a evidência poderosa dessas verdades profundas de que a humanidade precisa hoje mais urgentemente do que nunca."

"E a verdade dará testemunho de si mesma."

NORMA NILSSON BORDEAUX

Orosi, Costa Rica, 1981.

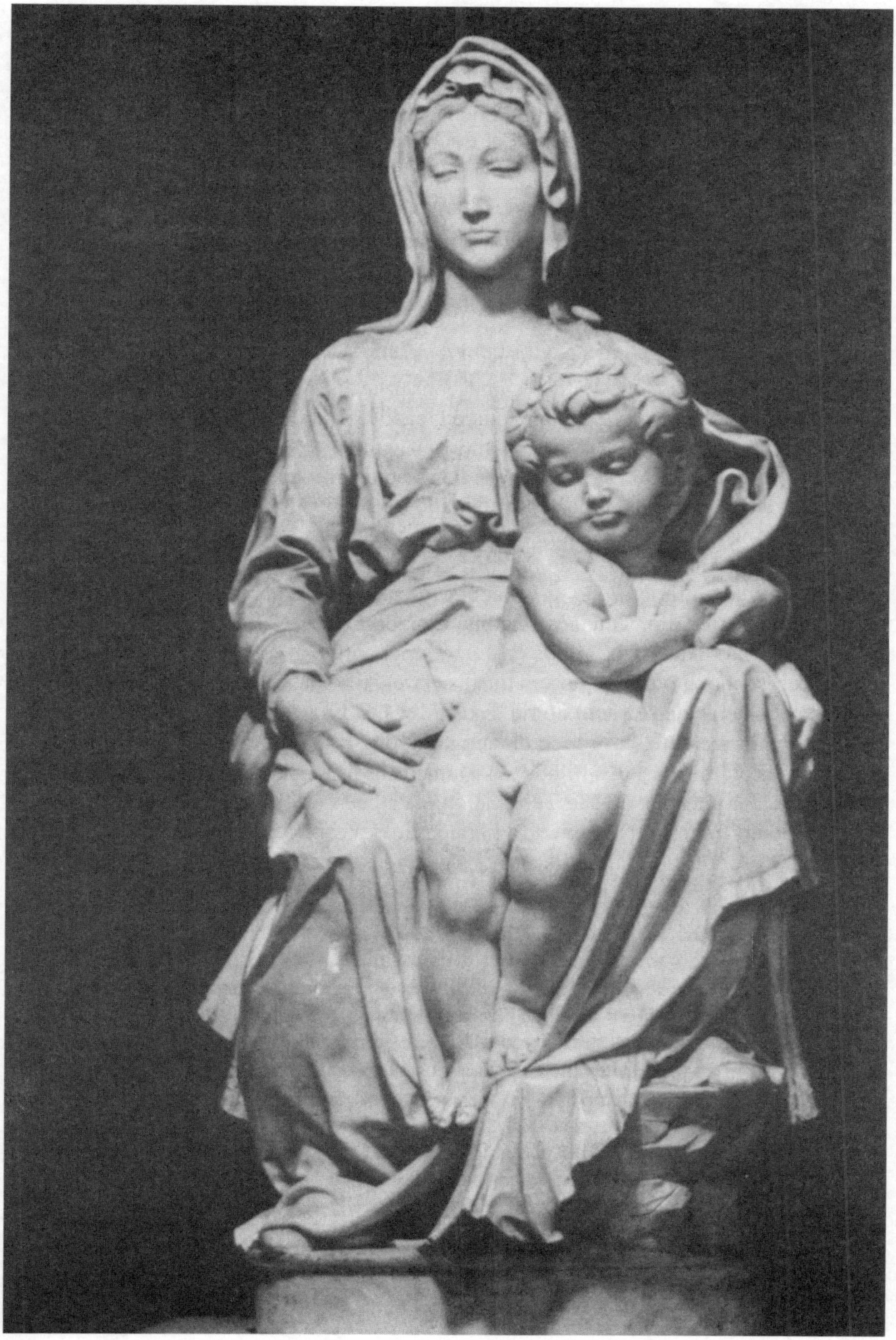

AS COMUNHÕES ESSÊNIAS

E sucedeu que Jesus reuniu os Filhos da Luz junto à praia do rio, a fim de revelar-lhes o que estivera oculto; pois havia transcorrido o espaço de sete anos, e cada um deles estava maduro para a verdade, como a flor se abre desde o botão quando os anjos do sol e da água a conduzem para o seu tempo de florescimento.

E todos eles eram diferentes uns dos outros, pois alguns já tinham idade avançada, ao passo que outros ainda conservavam nas faces o orvalho da juventude, e outros ainda haviam sido educados segundo as tradições de seus pais, enquanto os demais não sabiam sequer quem eram seu pai e sua mãe. Todos, porém, partilhavam de clareza de visão e agilidade de corpo, sinais de que, durante sete anos, haviam caminhado com os anjos da Mãe Terrena e obedecido às suas leis. E, durante sete anos, os anjos desconhecidos do Pai Celestial os tinham doutrinado no correr das suas horas de sono. E aquele era o dia em que entrariam para a Irmandade dos Eleitos e aprenderiam os ensinamentos ocultos dos Anciãos, incluindo os de Enoque e os anteriores a ele.

E Jesus conduziu os Filhos da Luz a uma antiga árvore junto à beira do rio, e ali se ajoelhou no lugar em que as raízes, torcidas e brancas de velhice, se espalhavam pela margem do rio. E os Filhos da Luz ajoelharam-se também, e tocaram, reverentes, o tronco da antiga árvore, pois lhes fora ensinado que as árvores eram Irmãs dos Filhos dos Homens. Pois a mãe tanto de uns quanto de outras é a mesma, a Mãe Terrena, cujo sangue corre na seiva da árvore e no corpo do Filho do Homem. E o pai deles é o mesmo, o Pai Celestial, cujas leis estão escritas nos galhos da árvore e gravadas na testa do Filho do Homem.

E Jesus estendeu as mãos para a árvore, e disse: "Vede a Árvore da Vida, que se ergue no meio do Mar Eterno. Não olheis apenas com os olhos do corpo, mas vede com os olhos do espírito a Árvore da Vida como fonte de correntes que se escoam; fonte viva numa terra de seca. Vede o jardim eterno de maravilhas e, no centro, a Árvore da Vida, mistério dos mistérios, crescendo ramos imortais para o plantio eterno, para enfiar as raízes na corrente da vida nascida de uma fonte eterna. Vede com os olhos do espírito os anjos do dia e os anjos da noite que protegem os frutos com chamas de Luz Eterna, que arde de todos os modos.

"Vede, Filhos da Luz, os ramos da Árvore da Vida que se estendem para o reino do Pai Celestial. E vede as raízes da Árvore da Vida que descem ao seio da Mãe Terrena. E o Filho do Homem é alçado a uma altura eterna e caminha entre as maravilhas da planície; pois somente o Filho do Homem carrega no corpo as raízes da Árvore da Vida; as mesmas raízes que mamam no seio da Mãe Terrena; e apenas o Filho do Homem carrega no espírito os galhos da Árvore da Vida; os mesmos galhos que se estendem para o céu, para o reino do Pai Celestial.

"E assim, durante sete anos, trabalhastes o dia inteiro com os anjos da Mãe Terrena; e durante sete anos dormistes nos braços do Pai Celestial. E agora será grande a vossa recompensa, pois vos será dado o dom das línguas, para atrairdes o pleno poder de vossa Mãe Terrena e terdes o comando de todos os seus anjos e o domínio de todo o seu reino; e para atrairdes a glória ofuscante de vosso Pai Celestial, a fim de comandardes os seus anjos e entrardes na vida perpétua dos reinos celestiais.

"E durante sete anos essas palavras não vos foram ditas, pois quem usa o dom das línguas para tentar alcançar riquezas ou para dominar seus inimigos, deixa de ser Filho da Luz para converter-se em filhote do diabo e numa criatura da treva. Pois somente a água pura reflete como um espelho a luz do sol; e a água escurecida pela sujeira e pela treva não reflete coisa alguma. E depois de terem o corpo e o espírito do Filho do Homem caminhado com os anjos da Mãe Terrena e do Pai Celestial por sete anos, ele passa a ser como a água corrente debaixo do sol do meio-dia, que espelha as luzes coruscantes de jóias luminosas.

"Ouvi-me, Filhos da Luz, pois eu vos conferirei o dom das línguas e, falando com vossa Mãe Terrena pela manhã, e com vosso Pai Celestial à noite, podereis chegar cada vez mais perto da identidade com os reinos da terra e do céu, identidade à qual o Filho do Homem está destinado desde o princípio dos tempos.

"Eu vos farei conhecer coisas profundas e misteriosas. Pois, em verdade vos digo, todas as coisas existem mercê de Deus e não há ninguém além dele. Dirigi, portanto, vossos corações para percorrerdes os caminhos certos, onde está a presença dele.

"Quando abrirdes os olhos de manhã, antes mesmo de vosso corpo ter sido chamado pelo Anjo do Sol, dizei a vós mesmos estas palavras, deixando-as ecoar no espírito; pois as palavras são como folhas mortas quando não há nelas a vida do espírito. Dizei, portanto, estas palavras: 'Entro no jardim eterno e infinito do mistério, meu espírito se une ao Pai Celestial, meu corpo se une à Mãe Terrena, meu coração se harmoniza com meus Irmãos, os Filhos dos Homens, e dedico meu espírito, meu corpo e meu coração ao Ensinamento santo, puro e salvador, o Ensinamento outrora conhecido de Enoque.'

"Depois que essas palavras tiverem entrado em vosso espírito, na primeira manhã após o Sábado, dizei estas outras: 'A Mãe Terrena e eu somos um só.

O hálito dela é o meu hálito; o sangue dela é o meu sangue; os ossos dela, a carne dela, as vísceras dela, os olhos e os ouvidos dela são os meus ossos, a minha carne, as minhas vísceras, os meus olhos e os meus ouvidos. Nunca a desertarei, e ela sempre me alimentará e sustentará o meu corpo.' E sentireis o poder da Mãe Terrena fluindo através do vosso corpo como o rio intumescido pelas chuvas corre poderosamente e com grande estridor.

"E na segunda manhã depois do Sábado, dizei estas palavras: 'Anjo da Terra, torna frutífera a minha semente e, com o teu poder, dá vida ao meu corpo.' Assim como a vossa semente cria nova vida, assim percorre a terra a semente do anjo da Terra: na relva, no chão, em todas as coisas vivas que brotam do solo. Sabei, Filhos da Luz, que o mesmo anjo da Terra, que transforma em filhos a vossa semente, também transforma a minúscula bolota no poderoso carvalho, e faz que o trigo portador de sementes se transmude em pão para o Filho do Homem. E a semente do vosso corpo não precisa entrar no corpo da mulher para criar a vida; pois o poder do anjo da Terra cria a vida do espírito no interior, assim como a vida do corpo no exterior.

"E na terceira manhã depois do Sábado, dizei estas palavras: 'Anjo da Vida, entra com força nos membros do meu corpo.' E com estas palavras abraçai a Árvore da Vida, como eu abraço este irmão carvalho, e sentireis o poder do anjo da Vida fluir para os vossos braços, as vossas pernas e para todas as partes do vosso corpo, como a seiva flui na árvore na primavera, e assim como ela escorre para fora do tronco, assim o anjo da Vida vos inundará o corpo com o poder da Mãe Terrena.

"E na quarta manhã após o Sábado, pronunciai estas palavras: 'Anjo da Alegria, desce à terra e derrama beleza e prazer sobre todos os filhos da Mãe Terrena e do Pai Celestial.' E saireis para os campos de flores depois da chuva e rendereis graças a vossa Mãe Terrena pelo suave aroma das florescências; pois em verdade vos digo, a flor não tem outro propósito senão o de trazer alegria ao coração do Filho do Homem. E ouvireis com ouvidos novos o canto dos pássaros, e vereis com olhos novos as cores do sol que se levanta e que se põe, e todos esses dons da Mãe Terrena farão a alegria dentro de vós, como brota a fonte, de repente, num sítio improdutivo. E sabereis que ninguém entra à presença do Pai Celestial se o anjo da Alegria não o tiver deixado passar; pois na alegria a terra foi criada e na alegria a Mãe Terrena e o Pai Celestial deram à luz o Filho do Homem.

"E na quinta manhã após o Sábado, dizei estas palavras: 'Anjo do Sol, entra em meu corpo e deixa que eu me banhe no fogo da vida.' E sentireis os raios do sol nascente penetrar no ponto central do vosso corpo, no centro em que os anjos do dia e da noite se misturam, e o poder do sol será vosso para dirigir a qualquer parte do vosso corpo, pois os anjos habitam nele.

"E na sexta manhã depois do Sábado, dizei estas palavras: 'Anjo da Água, entra no meu sangue e dá a Água da Vida ao meu corpo.' E sentireis, como a corrente célere do rio, o poder do anjo da Água entrar em vosso sangue e, como os arroios de uma corrente, mandar o poder da Mãe Terrena, através do vosso sangue, a todas as partes do vosso corpo. E será curativo, pois o poder do anjo da Água é muito grande e, quando lhe falardes, ele enviará o seu poder aonde determinardes, pois quando os anjos de Deus habitam no interior do Filho do Homem, todas as coisas são possíveis.

"E na sétima manhã depois do Sábado, proferi estas palavras: 'Anjo do Ar, entra na minha respiração e dá o Ar da Vida ao meu corpo.' Sabei, Filhos da Luz, que o Anjo do Ar é o mensageiro do Pai Celestial, e ninguém entra à presença de Deus se o Anjo do Ar não o tiver deixado passar. Não pensamos no anjo do Ar quando respiramos, pois respiramos sem pensar, como os filhos da treva vivem sua vida sem pensar. Mas quando o poder da vida entra em vossas palavras e na vossa respiração, todas as vezes que invocardes o Anjo do Ar estareis invocando também os anjos desconhecidos do Pai Celestial; e assim chegareis cada vez mais perto dos reinos celestiais.

"E na noite do Sábado dizei estas palavras: 'O Pai Celestial e eu somos Um.' E cerrai os olhos, Filhos da Luz e, no sono, adentrai os reinos desconhecidos do Pai Celestial. E vós vos banhareis na luz das estrelas, e o Pai Celestial vos guardará em sua mão e fará uma fonte de conhecimento manar dentro de vós; uma fonte de poder, que despeja águas vivas, um dilúvio de amor e sabedoria oniabrangente, como o esplendor da Luz Eterna. E um dia os olhos do vosso espírito se abrirão e vós conhecereis todas as coisas.

"E na primeira noite após o Sábado, dizei estas palavras: 'Anjo da Vida Eterna, desce sobre mim e dá vida eterna ao meu espírito!' E cerrai os olhos, Filhos da Luz e, no sono, contemplareis a unidade de toda a vida em toda parte. Porque em verdade vos digo, nas horas diurnas nossos pés estão sobre o solo e não temos asas que nos permitam voar. Mas o nosso espírito não está amarrado à terra e, com a chegada da noite, superamos o apego à terra e nos juntamos ao eterno. Pois o Filho do Homem não é tudo o que parece, e somente com os olhos do espírito podemos ver os fios de ouro que nos ligam à vida em toda parte.

"E na segunda noite após o Sábado, dizei estas palavras: 'Anjo do Trabalho Criativo, desce à terra e confere abundância a todos os Filhos dos Homens.' Pois este, poderosíssimo entre os anjos do Pai Celestial, é a causa do movimento, e só no movimento há vida. Trabalhai, Filhos da Luz, no jardim da Irmandade a fim de criar o reino dos céus na terra. E assim como vós trabalhais, assim o Anjo do Trabalho Criativo alimentará e amadurecerá a semente do vosso espírito, para poderdes ver a Deus.

"E na terceira noite depois do Sábado, dizei estas palavras: 'Paz, paz, paz, Anjo da Paz, está sempre em toda parte.' Procurai o anjo da Paz em tudo o que vive, em tudo o que fazeis, em cada palavra que dizeis. Pois a paz é a chave de todo conhecimento, de todo mistério, de toda vida. Onde não há paz, impera Satanás. E o que os filhos da treva mais ambicionam roubar aos Filhos da Luz é a paz. Ide, portanto, nessa noite, à corrente dourada de luz que é o trajo do anjo da Paz. E trazei para a manhã a paz de Deus que ultrapassa o entendimento, a fim de confortardes, com essa paz perfeita, o coração dos Filhos dos Homens.

"E na quarta noite após o Sábado, dizei estas palavras: 'Anjo do Poder, desce sobre mim e enche de poder todos os meus atos.' Em verdade vos digo, assim como não há vida na terra sem o sol, não há vida no espírito sem o Anjo do Poder. O que pensais e o que sentis são como escrituras mortas, meras palavras numa página, ou como discursos mortos de homens mortos. Os Filhos da Luz, todavia, não somente pensarão, não somente sentirão, mas também agirão, e seus atos lhes cumprirão os pensamentos e sentimentos, como o fruto dourado do verão dá sentido às folhas verdes da primavera.

"E na quinta noite depois do Sábado, dizei estas palavras: 'Anjo do Amor, desce sobre mim e enche de amor todos os meus sentimentos.' Pois é graças ao amor que o Pai Celestial, a Mãe Terrena e o Filho do Homem se unem. O amor é eterno. O amor é mais forte que a morte. E todas as noites os Filhos da Luz devem banhar-se na água santa do anjo do Amor, para que, de manhã, possa batizar os Filhos dos Homens com atos amáveis e palavras gentis. Pois quando o coração do Filho da Luz se banha em amor, só profere palavras gentis e amáveis.

"E na sexta noite após o Sábado, dizei estas palavras: 'Anjo da Sabedoria, desce sobre mim e enche de sabedoria todos os meus pensamentos.' Sabei, Filhos da Luz, que os vossos pensamentos são tão poderosos quanto o raio que apunhala a tempestade e espedaça a árvore possante. Por isso esperastes sete anos para aprender a falar com os anjos, pois não conheceis o poder dos vossos pensamentos. Usai, portanto, a sabedoria em tudo o que pensais, dizeis e fazeis. Pois em verdade vos digo, o que é feito sem sabedoria é como o cavalo desenfreado, de boca espumando e olhos perturbados, que desembesta na direção de um abismo hiante. Mas quando o anjo da Sabedoria governa os vossos atos, estabelece-se o caminho para os reinos desconhecidos, e a ordem e a harmonia vos governam a vida.

"E estas são as comunhões com os anjos dadas aos Filhos da Luz, para que, com o corpo purificado pela Mãe Terrena e o espírito pelo Pai Celestial, possam eles comandar e servir os anjos, de contínuo, de um período a outro, nos circuitos do dia e na sua ordem fixa; com a vinda da luz que provém da sua fonte, na virada da noite e na saída da luz, na saída da treva e na vinda do dia, seguidamente, em todas as gerações do tempo.

"A verdade nasceu da fonte da Luz, a falsidade proveio do poço da escuridão. O domínio de todos os filhos da verdade está nas mãos dos Anjos da Luz, de modo que lhes faculte transitar pelos caminhos da Luz.

"Benditos sejam todos os Filhos da Luz que compartilham a sorte da Lei, que perlustram realmente todos os seus caminhos. Que a Lei vos abençoe com todo o bem e vos livre de todo o mal, e vos ilumine o coração com vislumbres das coisas da vida e vos agracie com o conhecimento das coisas Eternas."

E a lua crescente da paz ergueu-se sobre a montanha e lascas de luz brilharam nas águas do rio. E os Filhos da Luz, à uma, ajoelharam-se, reverentes e agradecidos às palavras de Jesus, visto que ele os ensinava à maneira antiga de seus pais, como Enoque outrora foi ensinado.

E Jesus disse: "A Lei foi plantada para recompensar os Filhos da Luz com cura e paz abundante, com vida longa, com a semente fecunda de bênçãos eternas e com eterna alegria na imortalidade da Luz Eterna.

"Com a vinda do dia abraço minha Mãe, com a vinda da noite junto-me ao meu Pai, e com a saída da tarde e da manhã respiro-lhes a Lei e não interromperei essas Comunhões até o fim do tempo."

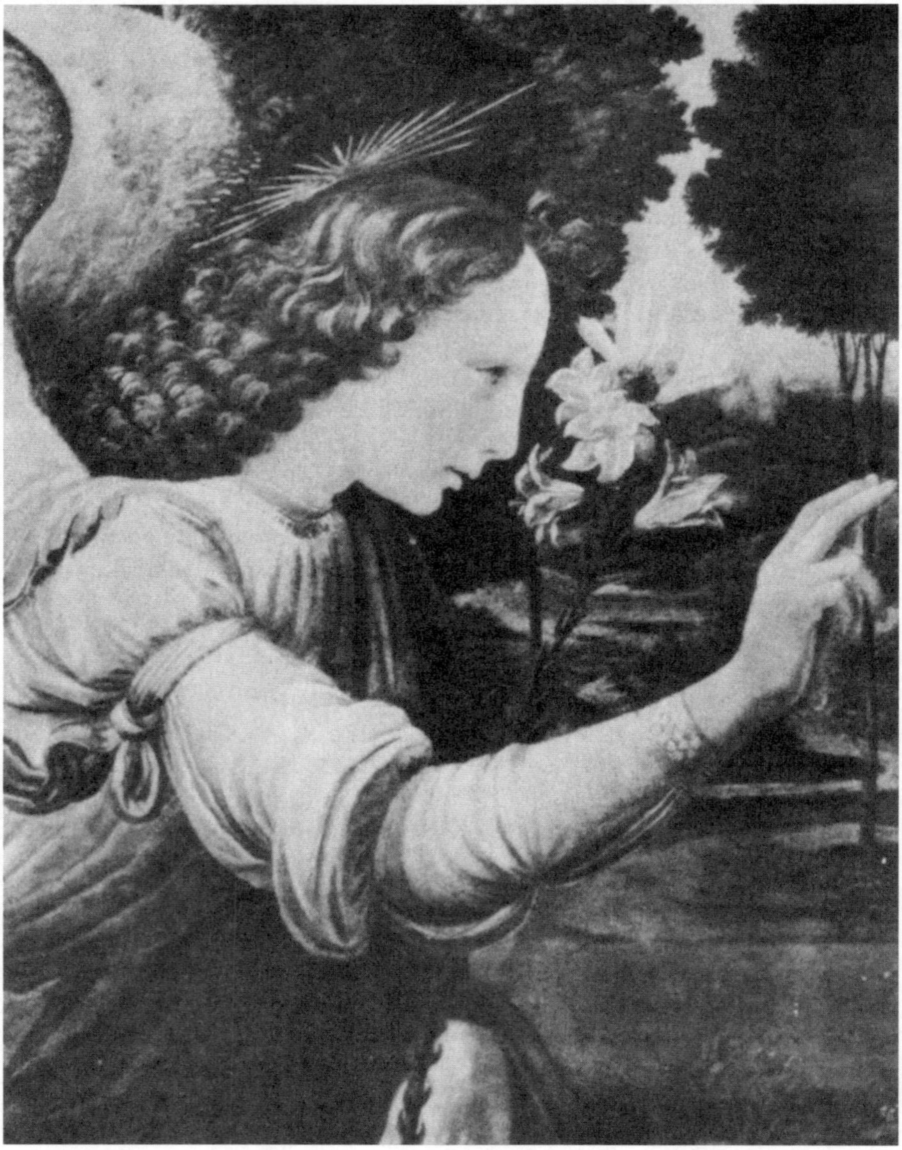

O DOM DA VIDA NA RELVA HUMILDE

Era no mês de Tébete, quando a terra se cobria de brotos de relva nova depois das chuvas, e a cobertura de verde-esmeralda era tenra como a fina lanugem de um pintinho. E foi numa bela manhã ensolarada que Jesus reuniu os novos Irmãos dos Eleitos à sua volta, para que pudessem ouvir com os ouvidos e compreender com o coração os ensinamentos de seus pais, tais como outrora foram transmitidos a Enoque.

E Jesus sentou-se debaixo de uma velha árvore torcida, trazendo nas mãos um potezinho de barro; e no pote cresciam tenras hastes de trigo, a mais perfeita dentre todas as ervas portadoras de sementes. As tenras hastes dentro do pote estavam radiantes de vida, como a relva e as plantas que revestiam as colinas nos campos mais distantes e além deles. E Jesus acariciou a haste no pote com as mãos, como acariciaria a cabeça de uma criancinha.

E Jesus disse: "Bem-aventurados sois vós, Filhos da Luz, pois enveredastes pelo caminho imorredouro, assim como fizeram vossos pais outrora, ensinados pelos Grandes. Com os olhos e ouvidos do espírito vedes e ouvis os espetáculos e os sons do reino da Mãe Terrena: o céu azul onde demora o anjo do Ar, o rio espumoso onde flui o anjo da Água, a luz dourada que escorre do anjo do Sol. E em verdade vos digo, todos eles estão dentro e fora de vós; pois o vosso alento, o vosso sangue, o fogo da vida em vosso íntimo, estão todos unidos à Mãe Terrena.

"Mas de todos eles, e mais do que eles, o dom mais precioso de vossa Mãe Terrena é a relva debaixo de vossos pés, a mesma relva que espezinhais sem pensar. Humilde e meigo é o anjo da Terra, pois não tem asas para voar, nem raios áureos de luz para penetrar a neblina. Grande, porém, é a sua força e vastos são os seus domínios, pois ele cobre a terra com o seu poder e, sem ele, os Filhos dos Homens já não existiriam, já que nenhum homem vive sem a relva, as árvores e as plantas da Mãe Terrena. E estes são os dons do anjo da Terra aos Filhos dos Homens.

"Mas agora vos falarei de coisas misteriosas, pois em verdade vos digo, a relva humilde é mais do que alimento para o homem e para o animal. Ela esconde sua glória debaixo de um aspecto despretensioso, como se contava de um soberano de outrora que visitava as aldeias dos seus súditos disfarçado de mendigo, sabedor de que eles contariam muitas coisas a um homem assim, mas cairiam para trás, amedrontados, diante do seu Rei. Da mesma forma, a relva humilde esconde sua glória debaixo de uma capa de verde modesto, e os Filhos dos Homens andam sobre ela, aram-na, dão-na como alimento aos animais, sem saber dos segredos escondidos em seu interior, até os segredos da vida imortal nos reinos celestiais.

"Mas os Filhos da Luz saberão o que se oculta na relva, pois lhes incumbe levar conforto aos Filhos dos Homens. Mesmo assim, a Mãe Terrena nos ensina, com este punhadinho de trigo num pote singelo, o mesmo pote de barro que usais para tomar leite e juntar o mel das abelhas. O pote, agora, está cheio de terra negra, rica de folhas velhas e úmida, mercê do orvalho da manhã, dom preciosíssimo do anjo da Terra.

"Umedeci um punhado de trigo, para que o anjo da Água pudesse penetrá-lo. O anjo do Ar também o abraçou, como o anjo do Sol, e o poder dos três anjos despertou também o anjo da Vida dentro do trigo, e em cada grão nasceram broto e raiz.

"Em seguida coloquei o trigo despertado no solo do anjo da Terra, e o poder da Mãe Terrena e todos os seus anjos entraram no trigo e, depois que o sol nasceu quatro vezes, os grãos se haviam transformado em relva. Em verdade vos digo, não há maior milagre do que este."

E os Irmãos olharam com reverência para as tenras hastes de relva nas mãos de Jesus, e um deles perguntou-lhe: "Mestre, qual é o segredo da relva que tens nas mãos? Em que difere ela da relva que recobre as colinas e as montanhas?"

E Jesus respondeu: "Ela não difere da outra, Filho da Luz. Todas as relvas, todas as árvores, todas as plantas, em todas as partes do mundo, fazem parte do reino da Mãe Terrena. Mas separei neste pote uma pequena porção do reino de vossa Mãe, para poderdes tocá-la com as mãos do espírito, e para que o poder dela vos entre no corpo.

"Pois em verdade vos digo, existe uma Corrente Sagrada da Vida que deu à luz a Mãe Terrena e todos os seus anjos. Essa Corrente da Vida é invisível aos olhos dos Filhos dos Homens, que caminham na escuridão e não vêem os anjos do dia e da noite que os cercam e pairam sobre eles. Mas os Filhos da Luz caminharam durante sete anos com os anjos do dia e da noite, e agora lhes foram confiados os segredos da comunhão com os anjos. E os olhos do vosso espírito se abrirão, e vereis, ouvireis e tocareis a Corrente da Vida que gerou a Mãe Terrena. E vós entrareis na Corrente Sagrada da Vida, que vos carregará, com ternura infinita, à vida eterna do reino de vosso Pai Celestial."

"Como faremos isso, Mestre?" indagaram alguns, atônitos. "Que segredos precisamos conhecer para ver, ouvir e tocar essa Corrente Sagrada da Vida?"

Jesus não respondeu. Mas colocou as mãos em torno das hastes de relva que cresciam no pote, delicadamente, como se fosse a testa de uma criancinha. Fechou os olhos e, ao redor dele, ondas de luz tremeluziam ao sol, como o calor do verão faz tremer a luz debaixo de um céu sem nuvens. E os Irmãos se ajoelharam e inclinaram a cabeça em sinal de reverência diante do poder dos anjos, que emanava da figura sentada de Jesus; e ele continuou sentado em silêncio, com as mãos fechadas, como se orasse, em derredor das hastes de relva.

E ninguém sabia se se passara uma hora ou um ano, pois o tempo estacionara e era como se toda a criação tivesse suspendido a respiração. Jesus abriu os olhos, e um aroma de flores encheu o ar quando ele falou: "Aqui está o segredo, Filhos da Luz; aqui na relva humilde. Este é o ponto de encontro da Mãe Terrena e do Pai Celestial; aqui está a Corrente da Vida que deu à luz toda a criação; em verdade vos digo, somente ao Filho do Homem é dado ver, ouvir e tocar a Corrente da Vida que flui entre os Reinos Terreno e Celestial. Colocai as mãos à roda da relva tenra do anjo da Terra e vereis, ouvireis e tocareis o poder de todos os anjos."

E, um por um, todos os Irmãos se sentaram, respeitosos, diante do poder dos anjos, segurando nas mãos a relva tenra. E cada qual sentiu a Corrente da Vida entrar-lhe no corpo com a força de uma corrente impetuosa depois de uma tempestade de primavera. E o poder dos anjos lhes fluiu para as mãos e para os braços, e sacudiu-os enormemente, como o vento do norte sacode os galhos das árvores. E todos entraram a ponderar no poder da relva humilde, capaz de conter todos os anjos e os reinos da Mãe Terrena e do Pai Celestial. E sentaram-se diante de Jesus e foram doutrinados por ele.

E Jesus disse: "Contemplai, Filhos da Luz, a relva despretensiosa. Vede dentro do que estão contidos todos os anjos da Mãe Terrena e do Pai Celestial. Pois agora entrastes na Corrente da Vida, que vos carregará, a seu tempo, para a vida imortal no reino de vosso Pai Celestial.

"Na relva estão todos os anjos. Aqui, no brilho da cor verde das hastes de trigo está o anjo do Sol. Pois ninguém pode olhar para o sol quando ele atinge o seu fastígio nos céus, já que os olhos do Filho do Homem são ofuscados pela sua luz radiante. E é por isso que o anjo do Sol confere a cor verde a tudo aquilo a que dá vida, para que o Filho do Homem possa fitar os muitos e vários matizes de verde e neles encontrar força e conforto. Em verdade vos digo, tudo o que é verde e tem vida tem também em seu âmago o poder do anjo do Sol, incluindo essas hastes tenras de trigo novo.

"E dessa maneira o anjo da Água abençoa a relva, pois em verdade vos digo, há mais do anjo da Água dentro da relva do que de qualquer outro anjo da Mãe Terrena. Pois se esmagardes a relva com as mãos, sentireis a água da vida, que é o sangue da Mãe Terrena. E todos os dias em que tocardes a relva e entrardes na Corrente de Vida, dai ao solo umas poucas gotas de água, para que a relva se renove pelo poder do anjo da Água.

"Sabei também que o anjo do Ar está dentro da relva, pois tudo o que está vivo e verde é o lar do anjo do Ar. Encostai o rosto na relva, respirai fundo e deixai o anjo do Ar entrar profundamente no interior do corpo. Pois ele habita na relva, como o carvalho habita na bolota e o peixe habita no mar.

"O anjo da Terra é o que dá à luz a relva, e assim como a criança no ventre vive da alimentação de sua mãe, assim também a terra dá de si ao grão do trigo, fazendo-o germinar para projetar-se ao encontro do anjo do Ar. Em verdade vos digo, cada grão de trigo que jorra para cima, na direção do céu, é uma vitória sobre a morte, onde reina Satanás. Pois a vida sempre recomeça.

"É o anjo da Vida que passa, através das hastes de relva, para o corpo do Filho da Luz, sacudindo-o com o seu poder. Pois a relva é Vida e o Filho da Luz é Vida, e a Vida flui entre o Filho da Luz e as hastes de relva, fazendo uma ponte para a Corrente Sagrada de Vida, que deu origem a toda a criação.

"E quando o Filho da Luz segura entre as mãos as hastes de relva, o anjo da Alegria lhe enche o corpo de música. Entrar na Corrente de Vida é unir-se ao canto do pássaro, às cores das flores silvestres, ao cheiro dos feixes de grãos, que acabam de ser revolvidos nos campos. Em verdade vos digo, quando o Filho do Homem não sente alegria no coração, trabalha para Satanás e traz esperança aos filhos da treva. Não há tristeza no reino da Luz, apenas o anjo da Alegria. Aprendei, portanto, com as hastes tenras de relva, o canto do anjo da Alegria, para que os Filhos da Luz possam caminhar sempre com ele e, destarte, confortar o coração dos Filhos dos Homens.

"A Mãe Terrena provê à subsistência do nosso corpo, pois nascemos dela e nela temos a nossa vida. Por isso mesmo ela nos fornece alimento nas mesmas hastes de relva que tocamos com as mãos. Pois em verdade vos digo, não é apenas como pão que o trigo nos alimenta. Podemos comer também das hastes tenras de relva, para que a força da Mãe Terrena entre em nós. Mastigai bem, contudo, essas hastes, pois os dentes do Filho do Homem são diferentes dos dentes dos animais, e somente quando mastigamos bem as hastes de relva o anjo da Água entra em nosso sangue e dá-nos força. Comei, pois, Filhos da Luz, da erva mais perfeita da mesa de nossa Mãe Terrena, para que os vossos dias sejam longos sobre a terra, pois encontram graça aos olhos de Deus.

"Em verdade vos digo, o anjo do Poder entranha-se em vós quando tocais a Corrente de Vida por intermédio das hastes de relva. Pois o anjo do Poder é como luz brilhante que envolve todas as coisas vivas, como a lua cheia é rodeada de anéis de radiância, como a névoa sobe dos campos quando o sol se ergue no céu. E o anjo do Poder introduz-se no Filho da Luz quando o seu coração é puro e o seu desejo se resume em confortar e ensinar os Filhos dos Homens. Tocai, pois, as hastes de relva, e senti o anjo do Poder entrar pela ponta de vossos dedos, alçar-se no interior do vosso corpo e sacudir-vos, até ficardes tremendo de espanto e de respeitosa admiração.

"Sabei que o anjo do Amor também está presente nas hastes da relva, pois o amor está no dar, e grande é o amor dado aos Filhos da Luz pelas tenras hastes de relva. Pois em verdade vos digo, a Corrente de Vida corre através de todas as coisas vivas, e tudo o que vive se banha na Corrente Sagrada da Vida. E quando o Filho da Luz toca com amor as hastes da relva, estas lhe retribuem o amor e o conduzem à Corrente da Vida, onde ele encontra a vida sempiterna. E esse amor nunca se exaure, pois a sua fonte está na Corrente da Vida, que flui para o Mar Eterno e, por mais que o Filho do Homem se tenha distanciado de sua Mãe Terrena e de seu Pai Celestial, o contato das hastes de relva lhe traz sempre uma mensagem do anjo do Amor, e seus pés voltam a banhar-se na Corrente Sagrada da Vida.

"Eis que o anjo da Sabedoria governa o movimento dos planetas, o círculo das estações e o crescimento ordenado de todas as coisas vivas. Dessa maneira, o anjo da Sabedoria ordena a comunhão dos Filhos da Luz com a Corrente da Vida, por intermédio das tenras hastes de relva. Pois em verdade vos digo, vosso corpo é santo porque se banha na Corrente da Vida, que é a Ordem Eterna.

"Tocai as hastes de relva, Filhos da Luz, e tocai o anjo da Vida Eterna. Pois, se olhardes com os olhos do espírito, vereis realmente que a relva é eterna. Agora, nova e tenra, tem o brilho de uma criancinha recém-nascida. Logo se tornará alta e graciosa, como a árvore nova com seus primeiros frutos. Em seguida, amarelará com a idade, e inclinará a cabeça com paciência, como o campo depois da colheita. Finalmente, murchará, pois o potezinho de barro não pode encerrar todo o período de vida do trigo. Mas não morre, pois as folhas amareladas voltarão para o anjo da Terra, que acalenta a planta nos braços e a faz dormir, e como todos os anjos trabalham nas folhas desbotadas, eis que elas se modificam e, em vez de morrer, tornam a erguer-se em outra forma. E, assim, os Filhos da Luz nunca vêem a morte, e são, apenas, mudados e guindados à vida eterna.

"De modo que o anjo do Trabalho nunca dorme, mas enfia as raízes do trigo profundamente no seio do anjo da Terra, a fim de que os rebentos de verde tenro superem a morte e o reinado de Satanás. Pois vida é movimento e o anjo do Trabalho, que nunca pára, executa um trabalho incessante na vinha do Senhor. Fechai os olhos quando tocardes a relva, Filhos da Luz, mas não adormeçais, pois tocar a Corrente da Vida é o mesmo que tocar o ritmo eterno dos reinos imortais, e banhar-se na Corrente da Vida é sentir, cada vez mais, o poder do anjo do Trabalho dentro de vós, criando na terra o reino do Céu. A paz é a dádiva da Corrente da Vida aos Filhos da Luz. Daí a razão por que sempre nos saudamos uns aos outros dizendo, 'A paz seja convosco'. Ainda assim a relva vos saúda o corpo com o beijo da Paz. Em verdade vos digo, a Paz não é tão-só a ausência da guerra, pois muito rapidamente pode o rio pacífico transformar-se em torrente desencadeada, e as mesmas ondas que embalam o barco podem, num instante, despedaçá-lo de encontro às rochas. Assim se esconde a violência emboscada, à espera dos Filhos do Homem, quando eles não fazem a vigília da Paz. Tocai as hastes de relva e, por esse modo, tocai a Corrente da Vida. Dessa maneira encontrareis a Paz, a Paz construída com o poder de todos os anjos. E, assim, com essa Paz, os raios da Luz Sagrada expelirão toda a escuridão.

"Quando os Filhos da Luz se identificam com a Corrente da Vida, o poder das hastes de relva os conduz ao reino imortal do Pai Celestial. E sabereis mais a respeito desses mistérios quando chegar o momento de ouvi-los, que este ainda não é o instante adequado. Pois outras Correntes Sagradas existem nos reinos imortais; em verdade vos digo, os reinos celestiais são cruzados e recruzados por arroios de luz de ouro, que formam arcos muito além da abóbada do céu e não têm fim. E os Filhos da Luz viajarão por esses arroios para sempre, sem conhecer a morte, guiados pelo amor eterno do Pai Celestial. E em verdade vos digo, todos esses mistérios estão contidos na relva modesta, quando a tocais com ternura e abris o coração para o anjo da Vida que se encontra dentro dela.

"Juntai, portanto, os grãos de trigo e plantai-os em potezinhos de barro; e, todos os dias, de coração alegre, comungai com os anjos, a fim de que eles possam guiar-vos à Corrente Sagrada da Vida, e vós possais trazer de sua fonte eterna conforto e força para os Filhos dos Homens. Pois em verdade vos digo, tudo o que aprendeis, tudo o que vêem os olhos do vosso espírito, tudo o que ouvem os ouvidos do vosso espírito, não será mais que um caniço oco levado pelo vento se não mandardes uma mensagem de verdade e luz aos Filhos dos Homens. Pois pelo fruto conhecemos o valor da árvore. E amar é um ensinar sem fim, incessante. Pois assim foram vossos pais ensinados em outro tempo, até o nosso pai Enoque. Ide agora e a paz seja convosco."

E Jesus mostrou o potezinho em que se viam as hastes de relva nova, como num gesto de bênção, e dirigiu-se às colinas ensolaradas, ao longo da margem do rio, como era costume de todos os Irmãos. E os outros o seguiram, cada qual retendo para si as palavras de Jesus, como se fossem uma jóia preciosa encerrada no peito.

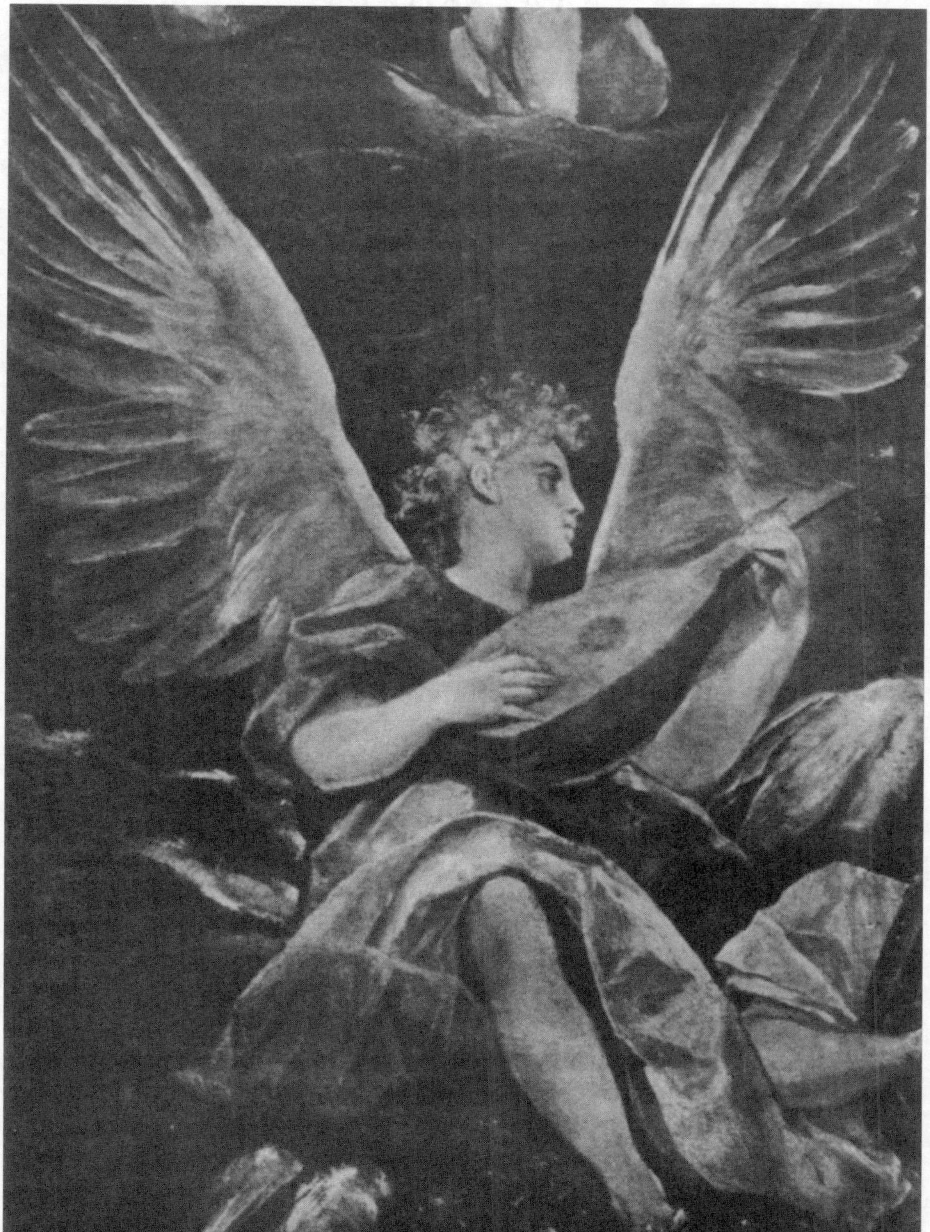

A PAZ SÉTUPLA

"A paz seja convosco", disse o Ancião saudando os Irmãos reunidos para ouvir-lhe os ensinamentos.

"A paz seja contigo", responderam eles; e caminharam juntos ao longo da margem do rio, pois assim era o costume quando um Ancião doutrinava os Irmãos, para que estes pudessem partilhar os ensinamentos com os anjos da Mãe Terrena: do ar, do sol, da água, da terra, da vida e da alegria.

E o Ancião disse aos Irmãos: "Eu quisera falar-vos hoje da paz, pois de todos os anjos do Pai Celestial o da paz é o mais desejado pelo mundo, como a criancinha cansada anela colocar a cabeça no seio de sua mãe. É a ausência de paz que perturba os reinos, até quando não estão em guerra. Pois a violência e a luta podem imperar num reino mesmo quando não se ouve o tinir de espadas que se entrechocam. Embora os exércitos não marchem uns contra os outros, ainda assim não há paz quando os Filhos dos Homens não caminham com os anjos de Deus. Em verdade vos digo, muitos são os que não conhecem a paz; pois estão em guerra com o próprio corpo; estão em guerra com os seus pensamentos; não têm paz com os pais, com as mães, com os filhos; não têm paz com os amigos e vizinhos; não conhecem a beleza dos Manuscritos Sagrados; não trabalham o dia todo no reino de sua Mãe Terrena; tampouco dormem, à noite, nos braços do seu Pai Celestial. A Paz não reina dentro deles, pois estão sempre desejando ardentemente o que, no fim, só traz miséria e sofrimento, até os ornamentos de riquezas e fama de que Satanás se utiliza para tentar os Filhos dos Homens; e vivem na ignorância da Lei, até da Lei Sagrada segundo a qual vivemos: o caminho dos anjos da Mãe Terrena e do Pai Celestial."

"Como, então, podemos levar a paz a nossos irmãos, Mestre?" perguntaram alguns ao Ancião, "pois desejaríamos que todos os Filhos dos Homens compartissem das bênçãos do anjo da Paz".

E ele respondeu: "Em verdade, somente o que está em paz com todos os anjos pode derramar a luz da paz sobre outros. Em primeiro lugar, portanto, estai em paz com todos os anjos da Mãe Terrena e do Pai Celestial. Pois os ventos de um temporal movem e perturbam as águas do rio, e somente a calma que se segue pode serená-las outra vez. Quando vosso irmão vos pedir pão, cuidai de não lhe dar pedras. Vivei primeiro em paz com todos os anjos, pois a paz será então para vós como a fonte que se reabastece dando, e quanto mais derdes tanto mais vos será dado, pois essa é a Lei.

"Três são as habitações do Filho do Homem, e ninguém pode entrar à presença de Deus que não conheça o anjo da Paz em cada uma das três. Estas são o corpo, os pensamentos e os sentimentos. Quando o anjo da Sabedoria lhe conduz os pensamentos, quando o anjo do Amor lhe purifica os sentimentos e quando os atos do corpo lhe refletem o amor e a sabedoria, o anjo da Paz o guia, infalivelmente, ao trono do Pai Celestial. E ele deve rezar sem parar para que o poder de Satanás com todas as suas moléstias e impurezas seja expulso das três habitações; para que o Poder, a Sabedoria e o Amor reinem no seu corpo, nos seus pensamentos e nos seus sentimentos.

"Primeiro que tudo o Filho do Homem procurará a paz com o próprio corpo; pois o seu corpo é a lagoa da montanha que reflete o sol quando está imóvel e clara; mas quando se enche de lodo e pedras, não reflete coisa alguma. É preciso, primeiro, que Satanás seja expelido do corpo, para que os anjos de Deus possam entrar e habitá-lo de novo. Em verdade, a paz não reina em nenhum corpo que não seja um templo da Lei Sagrada. Portanto, quando o que padece sofrimentos e tormentos atrozes pedir a vossa ajuda, dizei-lhe que se renove com jejum e orações. Dizei-lhe que invoque o anjo do sol, o anjo da água e o anjo do ar, para que possam entrar-lhe no corpo e expulsar dele o poder de Satanás. Mostrai-lhe o batismo interno e o batismo externo. Dizei-lhe que coma sempre à mesa de nossa Mãe Terrena, repleta de seus dons: os frutos das árvores, a relva dos campos, o leite dos animais bom para tomar e o mel das abelhas. Que não invoque o poder de Satanás comendo a carne dos animais, pois quem mata, mata seu irmão, e quem come a carne de animais sacrificados, come o corpo da morte. Dizei-lhe que prepare seus alimentos com o fogo da vida e não com o fogo da morte, que os anjos vivos do Deus vivo só servem a homens vivos.

"E conquanto não os veja, não os escute e não os toque, ele está, a todo momento, cercado pelo poder dos anjos de Deus. E posto que seus olhos e seus ouvidos estejam cerrados pela ignorância da Lei e anelem os prazeres de Satanás, ele não os verá, não os ouvirá e não os tocará. Quando, porém, ele jejuar e orar ao Deus vivo para que o livre de todas as moléstias e impurezas de Satanás, seus olhos e seus ouvidos se abrirão, e ele encontrará a paz.

"Pois não somente sofre o que abriga em si as moléstias de Satanás, como também sofrem sua mãe, seu pai, sua esposa, seus filhos e seus companheiros, visto que nenhum homem é uma ilha por si só, e os poderes que fluem através dele, venham eles dos anjos, venham de Satanás, na verdade influem nos outros para o bem ou para o mal.

"Deste modo, portanto, orai para o vosso Pai Celestial quando o sol estiver no ponto mais alto ao meio-dia: 'Pai nosso, que estás no céu, manda a todos os Filhos dos Homens o teu anjo da Paz; e manda ao nosso corpo o anjo da Vida, para que nele more permanentemente!

"O Filho do Homem buscará então a paz com os próprios pensamentos; que o anjo da Sabedoria possa guiá-lo. Pois em verdade vos digo, não há maior poder no céu e na terra do que os pensamentos do Filho do Homem. Embora invisível aos olhos do corpo, cada pensamento tem uma força imensa, uma força capaz de sacudir os céus.

"Pois a nenhuma outra criatura do reino da Mãe Terrena foi dado o poder do pensamento, visto que nenhum animal que rasteja e nenhuma ave que voa vivem do próprio pensamento, senão da Lei que a todos governa. Somente aos Filhos dos Homens foi concedido o poder do pensamento, incluindo o que pode romper os laços da morte. Não penseis que, por não poder ser visto, o pensamento careça de poder. Em verdade vos digo, o raio que fende o carvalho poderoso, ou o terremoto que abre rachaduras na terra, são brincadeiras de crianças comparados ao poder do pensamento. Na verdade, cada pensamento de treva, motivado pela maldade, pela raiva ou pela vingança, provoca destruição semelhante à do fogo que se alastra por cavacos secos debaixo de um céu sem vento. Mas o homem não vê a mortandade, nem ouve os gritos deploráveis de suas vítimas, pois está cego para o mundo do espírito.

"Mas quando esse poder é guiado pela santa Sabedoria, os pensamentos do Filho do Homem dirigem-no para os reinos celestiais e assim se constrói o paraíso na terra; seus pensamentos elevam então a alma dos homens, como as águas frias de uma corrente impetuosa vos reanimam o corpo no calor do verão.

"Quando o passarinho que acaba de empenar-se tenta o primeiro vôo, suas asas não podem sustentá-lo, e ele cai repetidas vezes ao chão. Mas torna a tentar e, um belo dia, voa muito alto, deixando a terra e o ninho para trás. O mesmo acontece com os pensamentos dos Filhos dos Homens. Quanto mais caminham com os anjos e lhes cumprem a Lei, tanto mais fortes se tornam seus pensamentos na santa Sabedoria. E em verdade vos digo, dia virá em que os seus pensamentos superarão até o reino da morte e se elevarão a uma vida imortal nos reinos celestiais; pois, com os pensamentos guiados pela santa Sabedoria, os Filhos dos Homens construirão uma ponte de luz por cujo intermédio chegarão a Deus.

"Dessa maneira, portanto, orai para o vosso Pai Celestial quando o sol estiver em seu fastígio ao meio-dia: 'Pai nosso, que estás no céu, envia a todos os Filhos dos Homens o teu anjo da Paz; e envia aos nossos pensamentos o anjo do Poder, para podermos romper os laços da morte.'

"O Filho do Homem buscará então a paz com os próprios sentimentos; a fim de que sua família se alegre com a sua afetuosa bondade, incluindo o pai, a mãe, a esposa, os filhos e os filhos de seus filhos. Pois o Pai Celestial é cem vezes maior do que todos os pais pela carne e pelo sangue, e a Mãe Terrena é cem vezes maior do que todas as mães pelo corpo, e seus irmãos verdadeiros são todos os que fazem a vontade de vosso Pai Celestial e de vossa Mãe Terrena, e não os vossos irmãos pelo sangue. Mesmo assim vereis o Pai Celestial em vosso pai pela carne, e vossa Mãe Terrena em vossa mãe pelo corpo, pois não são estes também filhos do Pai Celestial e da Mãe Terrena? Mesmo assim, amareis vossos irmãos pelo sangue como amais os vossos verdadeiros irmãos que caminham com os anjos, pois não são eles também filhos do Pai Celestial e da Mãe Terrena? Em verdade vos digo, é mais fácil amar os que conhecemos recentemente do que os de nossa própria casa, que experimentaram nossas fraquezas, ouviram nossas palavras de cólera e nos viram em nossa nudez, pois eles nos conhecem como nós nos conhecemos, e isso nos deixa envergonhados. Chamaremos, então, o anjo do Amor para entrar em nossos sentimentos, a fim de purificá-los. E tudo o que antes era impaciência e discórdia se transformará em harmonia e paz, como o solo ressequido bebe a chuva mansa e passa a ser verde, suave e tenro com sua nova vida.

"Pois muitos e opressivos são os sofrimentos dos Filhos dos Homens quando não abrem caminho para o anjo do Amor. Com efeito, um homem sem amor projeta uma sombra escura em todas as pessoas que encontra, principalmente naquelas com as quais vive; suas palavras ásperas e iradas caem sobre os irmãos como o ar fétido que se exala de uma poça de água estagnada. E sofre mais o que as profere, pois a treva que o envolve é um convite a Satanás e a seus demônios.

"Quando, todavia, ele chama o anjo do Amor, dispersa-se a treva, dele jorra a luz do sol, as cores do arco-íris giram-lhe ao redor da cabeça, uma chuva mansa lhe cai dos dedos e ele traz paz e força a quantos se avizinham dele.

"Dessa maneira, portanto, pedi a vosso Pai Celestial quando o sol estiver em seu fastígio ao meio-dia: 'Pai nosso, que estás no céu, manda a todos os Filhos dos Homens o teu anjo da Paz; e manda aos da nossa semente e do nosso sangue o anjo do Amor, a fim de que a paz e a harmonia habitem em nossa casa para sempre.'

"O Filho do Homem buscará, então, a paz com outros Filhos dos Homens, até com fariseus e sacerdotes, mendigos e desabrigados, reis e governadores. Pois todos são Filhos dos Homens, seja qual for a sua posição, seja qual for a sua ocupação, quer se tenham aberto os seus olhos para ver os reinos celestiais, quer continuem eles a andar no escuro e na ignorância.

"Pois a justiça dos homens pode recompensar os maus e punir os inocentes, mas a Lei Sagrada é a mesma para todos, sejam mendigos ou reis, pastores ou sacerdotes.

"Buscai a paz com todos os Filhos dos Homens e deixai chegar aos Irmãos da Luz o conhecimento de que temos vivido segundo a Lei Sagrada desde o tempo de Enoque de outrora e antes dele. Pois não somos ricos nem pobres. E compartilhamos todas as coisas, até as roupas e os instrumentos que usamos para amanhar o solo. E juntos trabalhamos nos campos com todos os anjos, produzindo as dádivas da Mãe Terrena para todos comerem.

"Pois o mais forte dos anjos do Pai Celestial, o anjo do Trabalho, abençoa todo homem que trabalha da maneira que mais lhe convém, pois desse jeito não conhecerá escassez nem excesso. Há, de fato, abundância para todos os homens nos reinos da Mãe Terrena e do Pai Celestial quando cada homem executa a sua tarefa; e quando um homem foge da sua tarefa, outro precisa tomar-lhe o lugar, pois todas as coisas nos são dadas nos reinos do céu e da terra ao preço do trabalho.

"Os Irmãos da Luz sempre viveram onde se comprazem os anjos da Mãe Terrena: perto de rios, de árvores, de flores, da música dos pássaros; onde o sol e a chuva podem abraçar o corpo, que é o templo do espírito. Tampouco temos algo que ver com os editos dos governantes; tampouco os aprovamos, visto que a nossa lei é a Lei do Pai Celestial e da Mãe Terrena; tampouco nos opomos a eles, pois ninguém governa senão pela vontade de Deus. Antes forcejamos por viver de acordo com a Lei Sagrada e reforçamos sempre o que é bom em todas as coisas; o reino da treva será então mudado em reino da luz; visto que onde há luz, como pode subsistir a escuridão?

"Deste modo, portanto, rezai para o vosso Pai Celestial, quando o sol estiver em seu fastígio ao meio-dia: 'Pai nosso, que estás no céu, envia a todos os Filhos dos Homens o teu anjo da Paz; e envia a toda a humanidade o anjo do Trabalho, para que, tendo já uma tarefa sagrada, não peçamos nenhuma outra bênção.'

"O Filho do Homem buscará, então, a paz com o conhecimento de tempos passados; pois em verdade vos digo, nos Manuscritos Sagrados há um tesouro cem vezes maior do que qualquer uma das jóias e do ouro do mais rico dos reinos, e mais precioso, pois eles contêm seguramente toda a sabedoria revelada por Deus aos Filhos da Luz, incluindo as tradições que nos chegaram através do velho Enoque e, antes dele, num caminho sem fim do passado, os ensinamentos dos Grandes. E estes são a nossa herança, assim como o filho herda todas as propriedades do pai quando se mostra digno da bênção paterna. Em realidade, estudando os ensinamentos da sabedoria imortal, chegamos a conhecer a Deus, pois em verdade vos digo, os Grandes viam Deus face a face; mesmo assim, quando lemos os Manuscritos Sagrados, tocamos os pés de Deus.

"E depois de vermos com os olhos da sabedoria e ouvirmos com os ouvidos do entendimento as verdades eternas dos Manuscritos Sagrados, temos de ir para o meio dos Filhos dos Homens e ensiná-los, pois, se escondermos ciosamente o santo conhecimento, alegando que ele pertence unicamente a nós, estaremos procedendo como o que encontra uma fonte no alto das montanhas e, em vez de deixá-la escorrer para o vale, a fim de saciar a sede do homem e do animal, enterra-a debaixo de rochas e terra, privando-se também de água como aos outros. Ide para junto dos Filhos dos Homens e falai-lhes da Lei Sagrada, para que eles possam, por esse meio, salvar-se e entrar nos reinos celestiais. Falai-lhes, contudo, com palavras que eles compreendam, em parábolas da natureza, que falam ao coração, pois a ação precisa primeiro viver como desejo no coração despertado.

"Deste modo, portanto, orai ao vosso Pai Celestial quando o sol tiver atingido o seu fastígio ao meio-dia: 'Pai nosso, que estás no céu, manda a todos os Filhos dos Homens o teu anjo da Paz; e manda ao nosso conhecimento o anjo da Sabedoria, para podermos percorrer os caminhos dos Grandes que viram o rosto de Deus.'

"O Filho do Homem buscará, então, a paz com o reino da Mãe Terrena, pois não pode viver muito nem ser feliz quem não honra sua Mãe Terrena e não lhe cumpre as leis. Pois a vossa respiração é a respiração dela; o vosso sangue é o sangue dela; os vossos ossos são os ossos dela; a vossa carne é a carne dela; os vossos intestinos são os intestinos dela; os vossos olhos e ouvidos são os olhos e ouvidos dela.

"Em verdade vos digo, estais unidos à Mãe Terrena; ela está em vós e vós estais nela. Dela nascestes, nela viveis e a ela retornareis. É o sangue da nossa Mãe Terrena que cai das nuvens e corre nos rios; é a respiração da nossa Mãe Terrena que sussurra nas folhas da floresta e sopra desde as montanhas com um vento poderoso; suave e firme é a carne de nossa Mãe Terrena nos frutos das árvores; fortes e inabaláveis são os ossos de nossa Mãe Terrena nas rochas e pedras gigantes que se erguem como sentinelas dos tempos perdidos; estamos, na verdade, unidos à nossa Mãe Terrena, e ao que se apega às leis de sua Mãe, a ele sua Mãe se apegará também.

"Dia virá, porém, em que o Filho do Homem desviará o rosto de sua Mãe Terrena e a atraiçoará, chegando a renegar sua Mãe e o seu direito de primogenitura. Logo a estará vendendo como escrava, e a carne dela será devastada, seu sangue poluído, sua respiração sufocada; ele levará o fogo da morte a todas as partes do reino dela, e sua fome lhe devorará todas as dádivas e deixará em seu lugar apenas um deserto.

"Todas essas coisas serão perpetradas por ignorância da Lei, e assim como o homem que morre lentamente não sente o mau-cheiro do próprio odor, assim o Filho do Homem será cego à verdade: e assim como ele saqueia, devasta e destrói sua Mãe Terrena, assim também saqueia, devasta e destrói a si. Pois ele nasceu de sua Mãe Terrena, está unido a ela e tudo o que faz à sua Mãe, faz também a si mesmo.

"Há muito tempo, antes até do Grande Dilúvio, os Grandes percorriam a terra, e as árvores enormes, incluindo as que hoje não são mais do que lendas, eram o seu lar e o seu reino. Eles viveram grande número de gerações, pois comiam da mesa da Mãe Terrena, dormiam nos braços do Pai Celestial e não conheciam moléstia, nem velhice, nem morte. Aos Filhos dos Homens legaram toda a glória dos seus reinos, até o conhecimento oculto da Árvore da Vida, que se ergue no meio do Mar Eterno. Mas os olhos dos Filhos dos Homens estavam ofuscados pelas visões de Satanás e por promessas de poder, inclusive o poder que se logra pela força e pelo sangue. O Filho do Homem cortou, então, os fios de ouro que o ligama à sua Mãe Terrena e ao seu Pai Celestial; ele saiu da Corrente Sagrada da Vida em que o seu corpo, seus pensamentos e seus sentimentos se uniam à Lei, e principiou a usar apenas os próprios pensamentos, os próprios sentimentos e as próprias ações, fazendo centenas de leis onde antes só havia Uma.

"Dessa maneira, se exilaram do seu lar os Filhos dos Homens e, a partir de então, se amontoaram atrás dos seus muros de pedra e deixaram de ouvir os suspiros do vento nas árvores das florestas, fora das cidades.

"Em verdade vos digo, o Livro da Natureza é um Manuscrito Sagrado e, se quiserdes que os Filhos dos Homens se salvem e encontrem a vida eterna, ensinai-os mais uma vez a ler nas páginas vivas da Mãe Terrena. Pois em tudo o que é vida está escrita a lei. Está escrita na relva, nas árvores, nos rios, nas montanhas, nos pássaros do céu e nos peixes do mar; e, sobretudo, no interior do Filho do Homem. Só quando voltar ao seio de sua Mãe Terrena encontrará ele a vida sempiterna e a Corrente da Vida que conduz ao Pai Celestial; somente dessa maneira a visão escura do futuro não subsistirá.

"Deste jeito, portanto, rezai ao vosso Pai Celestial quando o sol estiver no seu fastígio ao meio-dia: 'Pai nosso, que estás no céu, manda a todos os Filhos dos Homens o teu anjo da Paz; e manda ao reino de nossa Mãe Terrena o anjo da Alegria, para que o nosso coração se encha de cânticos e alegria quando nos aninharmos nos braços de nossa Mãe.

"Por fim, os Filhos do Homem buscarão a paz no reino do Pai Celestial; pois, na realidade, o Filho do Homem só nasceu de seu pai pela semente e de sua mãe pelo corpo, a fim de poder encontrar sua herança verdadeira e saber, por fim, que é o Filho do Rei.

"O Pai Celestial é a Lei Única, que afeiçoou as estrelas, o sol, a luz e a escuridão, e a Lei Sagrada dentro da nossa alma. Ele está em toda parte, e não há parte alguma em que ele não esteja. Tudo em nosso entendimento e tudo o que não sabemos é governado pela Lei. O cair das folhas, o fluir dos rios, a música dos insetos à noite, tudo é governado pela Lei.

"No reino do nosso Pai Celestial existem inúmeras mansões e sem conta são as coisas ocultas que ainda não podeis conhecer. Em verdade vos digo, o reino do nosso Pai Celestial é vasto, tão vasto que nenhum homem lhe conhece os limites, pois estes não existem. Entretanto, todo o seu reino pode ser encontrado na menor gota de orvalho sobre uma flor silvestre, ou no aroma da relva recém-cortada nos campos debaixo do sol estival. Com efeito, não existem palavras capazes de descrever o reino do Pai Celestial.

"Gloriosa, de fato, é a herança do Filho do Homem, pois só a ele é dado entrar na Corrente da Vida que o conduz ao reino do seu Pai Celestial. Antes disso, porém, faz-se mister que procure e encontre a paz com o corpo, com os pensamentos, com os sentimentos, com os Filhos dos Homens, com o conhecimento sagrado e com o reino da Mãe Terrena. Pois em verdade vos digo, esta é a embarcação que carregará o Filho do Homem, pela Corrente da Vida, a seu Pai Celestial. Ele precisa ter a paz sétupla antes de poder conhecer a paz que sobreleva o entendimento, incluindo o de seu Pai Celestial.

"Desta maneira, portanto, rezai para o vosso Pai Celestial quando o sol estiver em seu fastígio ao meio-dia: 'Pai nosso, que estás no céu, envia a todos os Filhos dos Homens o teu anjo da Paz; e envia ao vosso reino, nosso Pai Celestial, o vosso anjo da Vida Eterna, a fim de que possamos alçar-nos além das estrelas e viver para todo o sempre.'"

Nisso, o Ancião se calou e um silêncio grande se estendeu sobre os Irmãos, e ninguém quis falar. As sombras do entardecer brincavam sobre o rio, sereno e argênteo como vidro, e no céu, que lentamente escurecia, podia ver-se de leve a filigrana da lua crescente da paz. E a grande paz do Pai Celestial a todos envolveu em amor imortal.

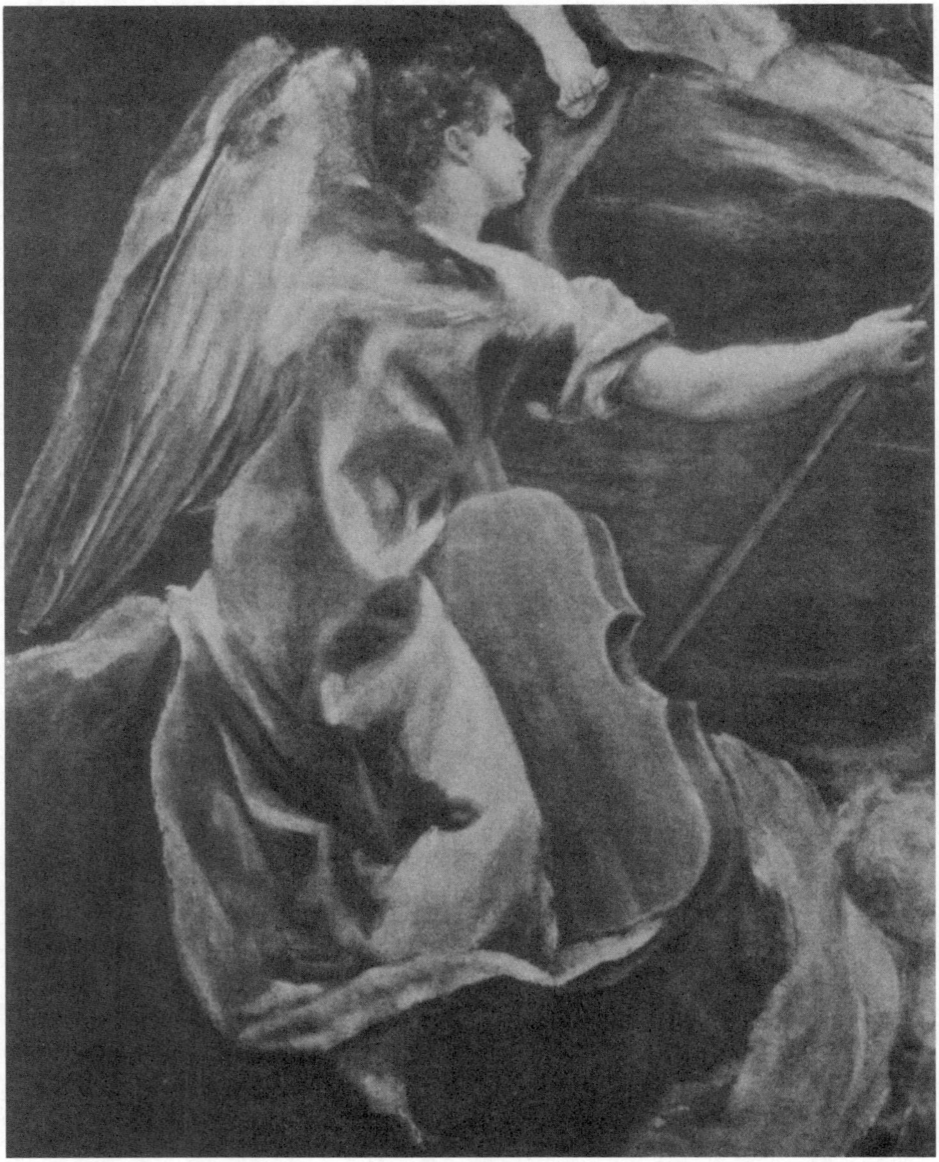

AS CORRENTES SAGRADAS

Chegaste ao círculo mais íntimo, ao mistério dos mistérios, àquele que era velho quando nosso pai Enoque era jovem e andava pela terra. Andaste em círculos na tua jornada de muitos anos, sempre seguindo o caminho da honradez, vivendo de acordo com a Lei Sagrada e com os votos sagrados da tua Irmandade, e fizeste do teu corpo um templo sagrado onde moram os anjos de Deus. Durante muitos anos compartilhaste a luz do dia com os anjos da Mãe Terra; durante muitos anos dormiste nos braços do Pai Celestial, instruído pelos seus anjos indescritíveis. Aprendeste que as leis do Filho do Homem são sete, as dos anjos três, e a de Deus, uma. Agora tu deverás conhecer as três leis dos anjos, o mistério das três Correntes Sagradas e o modo antigo de percorrê-las; assim, deves banhar-te na luz do céu e, por último, guardares a revelação do mistério dos mistérios: a lei de Deus, que é Uma.

Agora, na hora que antecede o nascimento do sol, imediatamente antes de os anjos da Mãe Terra inspirarem vida na Terra que ainda dorme, tu deves entrar na Corrente Sagrada da Vida. É a tua Irmã Árvore, que conhece o mistério dessa Corrente Sagrada e é a tua irmã Árvore, que deves abraçar em teu pensamento, assim como durante o dia tu a abraças saudando-a quando caminhas pela margem do lago. E serás um com a árvore, pois no início dos tempos todos nós compartilhávamos a Corrente Sagrada da Vida que deu nascimento à toda a criação. E à medida que abraçares a tua Irmã Árvore, o poder da Corrente Sagrada da Vida encherá todo o teu corpo e estremecerás diante da sua força. Então inspira profundamente o anjo do ar, e dize a palavra "Vida" ao exalares o ar. Então realmente tu te tornarás a Árvore da Vida cujas raízes mergulham profundamente na fonte eterna da Corrente Sagrada da Vida. E assim como o anjo do sol aquece a Terra, e todas as criaturas terrestres e aquáticas se rejubilam com o novo dia, assim o teu corpo e espírito rejubilar-se-ão na Corrente Sagrada da Vida que flui para ti através da Irmã Árvore.

E quando o sol estiver alto no céu, deverás buscar a Corrente Sagrada do Som. No calor da maré do meio-dia, todas as criaturas estão silenciosas e buscam a sombra; os anjos da Mãe Terra ficam quietos por algum tempo. É quando deves deixar entrar em teus ouvidos a Corrente Sagrada do Som; pois ela só pode ser ouvida no silêncio. Pensa nas correntes que nascem no deserto depois de uma tempestade repentina, e no som rumorejante das águas quando elas passam ligeiras. Realmente, essa é a voz de Deus, caso tu ainda não a conheças. Pois, como está escrito, no princípio era o Som, e o

Som estava com Deus, e o Som era Deus. Na verdade eu te digo, quando nós nascemos, entramos no mundo com o som de Deus nos nossos ouvidos, até mesmo com os cantos dos grandes coros do céu, e o cântico sagrado das estrelas em suas órbitas fixas; e é a Corrente Sagrada do Som que atravessa o vazio das estrelas e cruza o reino infinito do Pai Celestial. Ela sempre está nos nossos ouvidos, por isso nós não a ouvimos. Procura ouvi-la, então, no silêncio da maré do meio-dia; banha-te nela, e deixa que o ritmo da música de Deus bata nos teus ouvidos até seres um com a Corrente Sagrada do Som. Foi esse Som que formou a terra e o mundo, e criou as montanhas e fixou as estrelas nos seus tronos de glória nos mais altos céus.

 E deverás banhar-te na Corrente Sagrada do Som, e a música das suas águas deverá fluir sobre ti; pois no início dos tempos, todos nós compartilhávamos a Corrente Sagrada do Som que deu nascimento à toda a criação. E o forte rugido da Corrente do Som encherá todo o teu corpo, e tremerás diante da sua força. Então, exale profundamente o anjo do ar, e torna-te o próprio som, para que a Sagrada Corrente do Som possa levar-te ao reino infinito do Pai Celestial, lá onde todo o ritmo do mundo se eleva e cai.

 E quando a escuridão gentilmente fechar os olhos dos anjos da Mãe Terra, então tu também deves dormir, para que o teu espírito possa acompanhar os anjos indescritíveis do Pai Celestial. E no momento antes de dormires, deves pensar nas estrelas brilhantes e gloriosas, nas estrelas brancas, ofuscantes, que piscam na distância. Pois os teus pensamentos antes do sono são o arco do arqueiro habilidoso, que envia a sua seta para onde ele quer. Deixa que, antes de dormir, os teus pensamentos fiquem com as estrelas; pois as estrelas são Luz, e o Pai Celestial é Luz, mesmo que seja uma Luz mil vezes mais brilhante do que o brilho de mil sóis. Entra na Corrente Sagrada da Luz, para que os grilhões da morte possam perder seu domínio para sempre e, libertando-te dos vínculos da Terra, ascendas à Corrente Sagrada da Luz através da radiação ofuscante das estrelas, até chegares ao reino infinito do Pai Celestial.

 Abre as tuas asas de luz, e com a visão do teu pensamento, flutua com as estrelas até os mais distantes reinos do céu, onde sóis incontáveis cegam com seu brilho. Pois no início dos tempos, a Lei Sagrada disse, que se faça a Luz, e a Luz se fez. E deves ser um com ela, e o poder da Corrente Sagrada de Luz encherá todo o teu corpo, e estremecerás diante da sua força. Dize a palavra "Luz" enquanto respiras profundamente o anjo do ar, e tu te tornarás a própria Luz; e a Corrente Sagrada te levará ao reino infinito do Pai Celestial, perdendo-se lá no eterno Mar de Luz que deu nascimento à toda a criação. E serás um com a Corrente Sagrada da Luz, perpetuamente, antes de dormires nos braços do Pai Celestial.

Na verdade te digo, o teu corpo não foi feito apenas para respirar, e comer, e beber, mas ele também foi feito para entrar na Corrente Sagrada da Vida. E os teus ouvidos não foram feitos apenas para ouvir as palavras dos homens, o canto dos pássaros e a música da chuva que cai, mas eles também foram feitos para ouvir a Corrente Sagrada do Som. E os teus olhos não foram feitos apenas para ver o nascer e o pôr-do-sol, a ondulação dos feixes de trigo, e as palavras dos Pergaminhos Sagrados, mas eles também foram feitos para ver a Corrente Sagrada da Luz. Um dia o teu corpo voltará à Mãe Terra, assim como os teus ouvidos e os teus olhos. Mas a Corrente Sagrada da Vida, a Corrente Sagrada do Som e a Corrente Sagrada da Luz, estas nunca nasceram e nunca morrerão. Entra nas Correntes Sagradas, inclusive nessa Vida, nesse Som e nessa Luz que te deram nascimento; para que possas alcançar o Reino do Pai Celestial e tornares-te um com Ele, assim como o rio deságua no mar distante.

Mais do que isto não pode ser dito, pois as Correntes Sagradas te levarão ao lugar onde não existem mais palavras, cujos mistérios nem mesmo os Pergaminhos Sagrados podem registrar.

Alguns livros em ínglês de
EDMOND BORDEAUX SZEKELY

THE ESSENE WAY – BIOGENIC LIVING. The Essene-Biogenic Encyclopedia.	US $8.80
THE ESSENE WAY – BIOGENIC LIVING. Hard-Cover Limited Edition.	15,00
THE ESSENE GOSPEL OF PEACE ONE. 1 Million Copies, 23 Languages.	1.00
ESSENE GOSPEL OF PEACE, BOOK 2: The Unknown Books of the Essenes.	7.50
ESSENE GOSPEL OF PEACE, BOOK 3: Lost Scrolls of the Essene Brotherhood.	7.50
ESSENE GOSPEL OF PEACE, BOOK 4: The Teachings of the Elect.	5.95
DISCOVERY OF THE ESSENE GOSPEL OF PEACE. The Essenes & the Vatican.	5.95
THE ESSENE BOOK OF ASHA: JOURNEY TO THE COSMIC OCEAN.	7.50
SEARCH FOR THE AGELESS, I: My Unusual Adventures on Five Continents.	7.80
SEARCH FOR THE AGELESS, II: The Great Experiment.	8.80
SEARCH FOR THE AGELESS, III: The Chemistry of Youth.	7.50
THE TENDER TOUCH: BIOGENIC FULFILLMENT.	5.50
THE BIOGENIC REVOLUTION. The 1977 International Essene-Biogenic Seminar.	9.50
THE FIRST ESSENE. Dr. Szekely's Last, Unforgettable Seminar (1979).	9.50
BIOGENIC REDUCING: THE WONDER WEEK.	4.50
THE ESSENE BOOK OF CREATION. Light on the Mystery of Mysteries.	4.50
THE ORIGIN OF LIFE. A Panoramic History of the Known and the Unknown.	7.50
TEACHINGS OF THE ESSENES FROM ENOCH TO THE DEAD SEA SCROLL.	5.95
THE ESSENE JESUS. Revaluation of the Latest Essene Master and his Teachings.	5.95
THE ZEND AVESTA OF ZARATHUSTRA. Powerful Universal Masterpiece.	5.95
ARCHEOSOPHY, A NEW SCIENCE. The Beginning of the Beginnings.	5.95
THE ESSENE ORIGINS OF CHRISTIANITY. 100 Facts and 200 Fallacies.	8.50
THE ESSENES, BY JOSEPHUS AND HIS CONTEMPORARIES.	3.50
THE ESSENE TEACHINS OF ZARATHUSTRA. Immortal Legend of the Wheat.	3.50
THE ESSENE SCIENCE OF LIFE. Companion Book of the Essene Gospel of Peace.	3.50
THE ESSENE CODE OF LIFE. The Natural and Cosmic Laws.	3.50
ESSENE COMMUNIONS WITH THE INFINITE. Holy Life, Sound, and Light.	4.50
THE ESSENE SCIENCE OF FASTING AND THE ART OF SOBRIETY.	3.50
COSMOTHERAPY OF THE ESSENES. Unity of Man, Nature and the Universe.	3.50
THE LIVING BUDDHA. A Comparative Study of Buddha and Yoga.	5.95
SIDDARTHA, THE PILGRIM. Dynamic Spiritual Revelation, set in Ancient India.	2.95
PILGRIM OF THE HIMALAYAS. The Discovery of Tibetan Buddhism.	3.50
TOWARD THE CONQUEST OF THE INNER COSMOS.	6.80
FATHER, GIVE US ANOTHER CHANCE. Survival Through Creative Simplicity.	6.80
THE ECOLOGICAL HEALTH GARDEN, THE BOOK OF SURVIVAL.	5.95
THE DIALECTICAL METHOD OF THINKING. Key to Solution of All Problems.	3.50
THE EVOLUTION OF HUMAN THOUGHT. 87 Great Philosophers, 38 Schools.	2.95
MAN IN THE COSMIC OCEAN. Where No One Has Ever Gone.	4.50
THE SOUL OF ANCIENT MEXICO. Hundreds of Ancient Pictographs.	7.50
THE NEW FIRE. Renewal of Life in a Precolumbian Spiritual Rhapsody.	5.95
DEATH OF THE NEW WORLD. Children of Paradise. 200 Illustrations.	5.95
ANCIENT AMERICA: PARADISE LOST. Pictorial Encyclopedia of a Lost World.	5.95
MESSENGERS FROM ANCIENT CIVILIZATIONS. Ancient Migrations.	3.50
SEXUAL HARMONY, THE NEW EUGENICS.	3.50
LUDWIG VAN BEETHOVEN, PROMETHEUS OF THE MODERN WORLD.	2.95
BOOKS OUR ETERNAL COMPANIONS. Culture, Freedom, Tolerance.	3.50
THE FIERY CHARIOTS. The Mysterious Brotherhood of the Dead Sea.	5.95
CREATIVE WORK: KARMA YOGA. Ancient, Mystic Role of Creative Work.	3.50
THE ART OF STUDY: THE SORBONNE METHOD. The Joy of Learning.	3.50
COSMOS, MAN AND SOCIETY. Guide to Meaningful Living in the 20th Century.	6.80
I CAME BACK TOMORROW. 20th Century Nightmare and the Essene Dream.	3.50
BROTHER TREE. Charming Ecological Parable for Children of All Ages.	3.50
THE BOOK OF LIVING FOODS. A Gastro-Archeological Banquet.	3.50
SCIENTIFIC VEGETARIANISM. Nutritional, Economical, Spiritual Guide.	3.50
THE CONQUEST OF DEATH. Longevity Explored. The Dream of Immortality.	3.50
HEALING WATERS. Fifty European Spa Treatments at Home.	3.50
THE TREASURY OF RAW FOODS. Menus, Meals, Recipes.	3.50
BOOK OF HERBS, BOOK OF VITAMINS, BOOK OF MINERALS. Each Volume:	3.50

Para receber gratuitamente o nosso catálogo,
escreva para o seguinte endereço: I.B.S. International, P.O. Box 849, Nelson, B.C., Canadá V1L 6A5
Os pedidos de livros devem ser pagos antecipadamente.
Cheques ou ordens de pagamento devem ser feitos para IBS INTERNATIONAL.
Acrescente 15% para selos e embalagem (mínimo de $1.50).